統計でみる中国近現代経済史

ECONOMIC HISTORY OF MODERN CHINA:
AN APPROACH BASED ON STATISTICAL DATA

久保　亨
加島　潤 [著]
木越義則

東京大学出版会

Economic History of Modern China: An Approach Based on Statistical Data

Toru KUBO, Jun KAJIMA, and Yoshinori KIGOSHI

University of Tokyo Press, 2016
ISBN 978-4-13-042144-7

はしがき

　今，われわれの前には，巨大な中国経済が広がっている．服飾品から家電，パソコンにいたるまで，さまざまな中国製品があふれ，街は中国からの観光客でにぎわう．ビジネスや観光，留学などで中国を訪れる機会も多い．

　しかし，こうした情景が広がったのは，つい最近のことである．50 年前，あるいは 100 年前の中国は，近現代の東アジア世界の中で経済発展が立ち遅れた地域だと見なされていた．そうした状況は，いつ，どのようにして変わってきたのだろうか．中国経済がこれまでたどってきた曲折に満ちた過程を振り返り，近現代の中国経済を歴史的に理解するというのが本書の課題である．それは中国との今後の関係を展望し，環境汚染の深刻化や格差の拡大など現在の中国経済が抱えるさまざまな問題を考える手がかりにもなる．

　そのため，本書には数多くの統計資料を掲載した．中国経済に関する統計資料は時代をさかのぼるほど乏しいと言われる．それはそうなのだが，やはり経済活動の結果は数字に示される．そこで可能な限り多くの統計資料を集め，整理して示すよう心がけた．ただし，個々の数字の背後にあるものを読みとることが大切であり，数字に示されないものが少なからず存在することにも留意しなければならない．

　本書が対象とする時期は，19 世紀の半ば過ぎから現在までである．1949 年に成立した中華人民共和国の経済史だけに注意を向けていては，現在の中国経済は理解できない．「今」を理解するため，本書のような歴史的アプローチが参照されることを期待したい．

　2016 年 7 月

久保　亨，加島　潤，木越義則

目　次

はしがき　i
図表凡例　vii

序章　中国近現代経済史への招待……………………………………1

I　中国経済のプロファイル………………………………………7
　1.　領域と地理　7
　2.　人口・都市化率・就業構造　11
　3.　国民経済計算　14

II　近代工業の発展………………………………………………21
　1.　綿　　業　21
　2.　製　糸　業　32
　3.　製　粉　業　39
　4.　その他の軽工業　43
　5.　セメント製造業　50
　6.　化学工業　53
　7.　機械工業・造船業　58
　8.　鉄　鋼　業　64
　9.　まとめ　72

III　交通通信の近代化……………………………………………75
　1.　鉄　　道　75
　2.　汽　　船　81

3. 自動車　83
4. 電　信　87
5. まとめ　89

IV　鉱業・エネルギー産業の発展　　91
1. 石炭産業　91
2. 石油産業　99
3. 電力産業　103
4. まとめ　106

［コラム］PM 2.5　108

V　商品的農業の拡大　　109
1. 商品作物栽培の普及　109
2. 米穀生産の増加と商品作物化　112
3. 農家経営と土地制度の変遷　115
4. まとめ　121

［コラム］稲（イネ）の多収量品種　120

VI　商業・金融業の変遷　　123
1. 商　業　123
2. 金融業　129
3. まとめ　135

［コラム］経済学者・孫冶方　136

VII　対外経済関係の構造的変容　　137
1. 貿　易　137
2. 投　資　147
3. まとめ　156

［コラム］セント・ジョン大学　158

VIII　財政経済政策の展開……………………………………………… 159
　　1. 財　　政　159
　　2. 幣　　制　165
　　3. 経済政策　168
　　4. ま と め　178
　　[コラム] 中国と台湾の経済関係　180

終章　中国の経済発展の趨勢………………………………………… 181

　文献目録　187
　　　文献略称一覧　197
　図表一覧　199
　あとがき　203
　執筆者紹介　204

図表凡例

記号類
図表の作成に際し，以下のような記号類を用いた．
　「—」：当該項目の数値が，0であることを意味する．
　「＊」：当該項目の数値が，四捨五入すると記載単位に満たないことを意味する．
　「…」：当該項目の数値が，史料の欠如等により不明であることを意味する．

用語類
図表中の用語は，下記のような意味において使った．
　消費量＝生産量＋輸入量－輸出量（ストックの問題は捨象されている）
　自給率＝生産量÷消費量×100
　輸出比率＝輸出量÷生産量×100

換算率
各種の統計数値を下記の換算率によってメートル法に統一し，比較しやすくした．
　1 海関担（picul ピクル）＝60.453 kg
　綿糸 1 包（bale 梱コリ）＝181.6 kg
　綿布等 1 碼（yard ヤード）＝0.91438 m
　小麦粉 1 袋＝22.0 kg
　セメント 1 袋＝40 kg
　セメント 1 桶（barrel バーレル）＝170 kg
　マッチ 1 箱＝50 羅（gross グロス）＝600 打（dozen ダース）＝7200 個
　石油 1 American gallon＝3.7854345l（リットル）
　石油 1 Imperial gallon＝4.545963l（リットル）
　石油等 1 gross ton（英噸）＝1.016047 t
また石油の容積表示を重量表示に換算するため，下記の標準的な比重を月いた．
　ガソリン等 0.74，灯油等 0.81，軽油等 0.84，潤滑油等 0.89，原油 0.855
通貨の単位は中国元におおむね統一した．
　1 海関両（Hai-kuang Tael）＝1.558 元

東北修正
1931-45 年は東北地方が，また 1938-45 年は華北華中の大半の地域が日本の占領下に置かれたため，この期間の貿易生産統計は，種々の修正を施して使わなければならない．
東北の貿易統計について修正が必要なのは，1932 年下半期からである．
本書では，たとえば 1933 年と 1936 年の貿易量について，次のような処理を行った．
　　中国政府統治地域の総輸出量　　　　　E1

viii　図表凡例

　　中国政府統治地域の東北向け輸出量　　E2
　　東北の総輸出量　　　　　　　　　　　E3
　　東北の中国各地向け輸出量　　　　　　E4
　→中国の輸出量（修正値）　　　　　　　E1－E2＋(E3－E4)

むろんこれによっても，必ずしも正確な数値が掌握できるわけではない．ただしある程度の概況を把握するためには，有効な処理の方法だと考えられる．なお満洲国時代の東北貿易については，満洲国政府が編纂した統計が出されている．

人民共和国期の統計について
近現代中国の経済統計には多くの問題が存在することがすでに指摘されており，本書においても，できる限り不正確な統計を用いることがないように努力した．しかし，とくに1949年以降の人民共和国期については，ほとんどの数字を中国政府の国家統計局が編纂した統計に頼らざるをえなかった．したがって1949年以前の経済統計との連続性，統計作成のための行政機構自体がマヒしたこともあったという1950年代末から60年代初めと1960年代末から70年代半ばの経済統計の信憑性などについては，今後，厳密に検討すべき課題が残されている．

外為レート
中国の通貨の英ポンド，米ドル，日本円に対する代表的な交換レートを掲載する．

		英ポンド			米ドル	日本円
		(シリング)		(ペンス)		
1870	1 海関両＝	6	7	1/2	—	
80	同上	5	9	5/8	1.38	
90	同上	5	2	1/4	1.27	
1900	同上	3	1	1/4	0.75	
10	同上	2	8	5/16	0.66	1.31
20	同上	6	9	1/2	1.24	2.38
25	同上	3	5	7/8	0.84	2.04
30	同上	1	10	11/16	0.40	0.92
35	1 元(法幣)＝	1	5	3/4	0.36243	1.25903
40	同上	—	3	15/16	0.06043	0.75099
47	1000 元(法幣)＝	—	5	5/32	0.08428	—
52	1 元(人民幣)＝			0.15771	0.44160	159.46
60	同上			0.14507	0.40621	146.23
70	同上			0.16925	0.40621	146.23
80	同上			0.28717	0.66738	151.32
90	同上			0.11774	0.20906	30.27
2000	同上			0.07984	0.12079	13.02
10	同上			0.09559	0.14770	12.97
14	同上			0.09892	0.16278	17.25

　　出所：1870-1947; Hshiao [1974] pp. 190-194.　1952; 南・牧野編 [2014] 411頁，UNdata (http://data.un.org/).　1960-2014; World Bank Open Data (http://data.worldbank.org/).　UNdataとWorld Bank Open Dataの原データは，International Monetary Fund の International Financial Statistics (www.imf.org/)
　　注：空欄は，原著に記載がない．英ポンドは，1952年以降，十進法で表記．
　　　1952年以降は年平均値で，元・ポンドレート，元・円レートは，元・ドルレートとポンド・ドルレート，円・ドルレートからそれぞれ計算したもの．

序章

中国近現代経済史への招待

　中国経済のここ150年ほどのあゆみを，統計的データを軸に大づかみに把握することが本書の狙いである．清朝，中華民国北京政府，南京国民政府，人民共和国と政治体制が転変する間に，中国経済が19世紀半ばから今日まであゆんできた道筋を一望の下に見渡してみたい．そこを貫流しているものは，いったい何であろうか．

　現在の中華人民共和国は，南北3800 km，東西5000 kmの範囲に横たわる面積およそ956万 km^2 の大陸国家である．これはロシア東部を含むヨーロッパの面積1050万 km^2 に匹敵する．人口は13億人を越えた．経済活動の規模を示す国内総生産（GDP）は，2014年に名目値で10兆4300億ドルに達し，日本の2倍以上となった．

　その中国と日本との間は，隣接する国同士であるにもかかわらず，現在，ただならぬ関係になっている．尖閣諸島，歴史認識，環境汚染などさまざまな問題が重なり，中国に親近感を持つ日本人は15％弱，逆に親近感を持たない人々は83％に達した（2015年，日本政府調査）．その一方，同じ調査によれば，中国との関係が重要だと思う日本人は73％を占め，実際，日本の貿易の29％までが中国・香港・台湾との輸出入に依存するようになった（同年）．要するに日本の隣に位置する世界第2位の経済大国中国は，今や日本が否応なく向きあわざるを得ない存在である．

　しかし，日本人の中国認識は揺れやすい．かつて1970年代末から80年代半ばにかけ，日本人の中国に対する親近感は71％という高い水準にあり，親近感を持たないとする21％を圧倒していた（1978-88年の平均）．現在とは全く逆

の数字である．中国自体の不安定性もさることながら，その不安定な中国の激動に直面する私たち日本人自身が，主体的に，何を見つめ判断していくかが問われているように思われる．無論，欧米人の中国認識にも大きな歪みが存在する．しかし私たち日本人の場合，欧米人の場合とはまた違った意味において，その中国認識には複雑な歪みがつきまとっている．前近代に大陸で発達した文明の圧倒的な優越，その後の近代化の過程における日本の急速な変貌と中国の挫折，そしてその過程が常に日本の対中国侵略にともなって進んだという歴史的事実，さらに第二次世界大戦後の冷戦体制下に生じた日中関係の異常な断絶，……これらの事情のすべてが，日本人の中国認識にさまざまな歪みを生じさせるとともに，それを動揺常ならぬものにさせているのではなかろうか．もしそうだとしたら，そうした情況の克服は，一朝一夕にしてなるものではない．いわば私たち日本人の国民的な歴史体験そのものが，そうした情況をもたらしているからである．私たちが定見ある中国認識を獲得していくためには，多方面からの意識的な努力が求められよう．中国近現代の経済発展を概観しようという本書が，そうした方向に向けた一助となれば幸いである．

次に本書が具体的に課題とするところを挙げておこう．

① 中国経済の全体像の提示

中国経済の特定分野，個別産業，個別経営に関する研究は，これまでにも数多くなされてきた．しかしそれらの貴重な研究成果を総合し，どのような全体像を描き出せていたか，となると，率直にいってはなはだ心もとない．そもそも日本には，中国近現代の経済史に関する概説書の類が，ほとんど存在しなかった．しかし丹念な個別実証研究がどれほど積み重ねられようとも，それらの研究が互いに異なった全体像を構想しているのであれば，一つのまとまったイメージを描き出すことは至難の業であろう．本書のもっとも大きな狙いは，従来の個別的な研究成果をよりすぐり，それらを総合して中国経済の全体像を提示することである．

② 今日の中国経済の歴史的把握

中国経済に関する研究は，今日，その大部分が現状分析にかかわるものであり，歴史的な接近はあまりにも手薄である．しかも歴史的な回顧を試みた数少ない論著のほとんどが，1949年以降を考察の対象としており，19世紀半ば以

来, 21世紀初頭に到るまでの中国経済の展開過程を巨視的に捉えようとする視点に欠けている．こうした情況が生まれた原因は単純ではない．そもそも日本の社会においては，政府や経済界を中心に実学的な中国研究ばかりが重視され，歴史学的な分析が疎んじられてきた．また1949年の中華人民共和国の成立による断絶面をあまりにも過大に評価し，49年前後の連続面ないし継承面に十分な注意を払わない傾向が根強く存在しており，その結果，49年以前の経済史研究に対する関心がきわめて希薄だったということも指摘されよう．しかしながら，私たちが目にする中国経済の"現在"が，これまでの"歴史"の中で形成されてきたものであり，その重みを背負っているという厳然たる事実は否定しようがない．本書は，中国経済に関する歴史的考察の持つ意義を明らかにする．

③　中国認識の深化

冒頭にも指摘したように，日本人の中国認識にはさまざまな歪みがみられた．経済面についてみれば，戦前の場合，「中国は列強の圧迫と古い社会体制の下，経済的発展が困難な停滞した国」という停滞論的なイメージが支配的であったし，戦後の場合は，逆に「共産党の指導下，経済発展を遂げた国」という現状礼賛的な見方が，一時期まで幅をきかせていた．それぞれの中国認識の偏りや一面性を，現在の時点から批判することはたやすい．しかしそれが単に過去のあやまてる認識に対しその後の史実を対置するだけに終わるならば，そうした批判は過去のあやまてる認識を本当に克服したことにはならない．過去の中国経済認識における方法論上の問題点を深く解明するとともに，中国経済の発展の全過程を貫く論理を具体的に探究していくことが，今後，中国認識全体を深めていくための大切な手がかりにもなると思われる．

近現代中国の経済発展を概観するにあたり，本書は次の諸点に留意した．こうした接近方法が唯一最良のものだとはいえないにしても，現在までの研究情況に照らし，一つの有効な方法であるということは認められると思われる．

①　部門別・産業別の経済発展史を基礎におくこと

本書は，中国経済全体の長期的な動態を概観した後，工業，交通，エネルギー産業，農業，金融といった分野別に19世紀半ば以降今日に到るまでの経済発展の歩みを通観し，ついでそれをふまえて経済政策史を回顧し，最後に，改

めて以上の考察結果を総合する形で近現代中国経済の発展の全般的な趨勢を探る，という構成を採っている．中国で出版されている近現代経済史の概説書の場合，20世紀半ばまでの中国を「半植民地半封建社会」であったとし，列強の圧迫と古い社会体制の下，経済発展が妨げられた時期として描き出すのが，今なお一般的である．そして，1949年の人民共和国成立以降については，共産党政権の下，社会主義経済が成立発展した過程として全体には肯定的に描き出す画然たる枠組みをもっている．それに対し，人民共和国成立前後の連続性を意識した本書の構成は異色なものであり，これに近い体裁を採るものとしては，対象とする時期がやや短いことを別にすれば，アメリカのフォイエルワーカーの著書が挙げられる程度である［Feuerwerker, Albert 1995］．

このような構成を採用した理由は，中国経済の発展過程における一貫した流れを鮮明にするためである．そもそも上記のような共産党政権中心の理解を叙述の前提におくと，それに適合的な事実だけが並べられ，それにあてはまらない多くの事実が書き落とされるという弊に陥りやすい．それよりも個々の分野の動向を具体的に把握し，中国近現代経済の発展過程を考える素材を確定しておくことが，有意義な作業であるように思われる．こうした方法を採ることによって，人民共和国成立前後の連続性ないし継承性の問題についても，新しい角度から考えを深めていくことができるであろう．

② 生産力の実体分析を重視すること

農鉱工業の別を問わず，生産力の実体とその変化を整理して示すことに留意した．それが，あらゆる経済史的な考察の前提に据えられるべき事柄だと考えるからである．従来，中国で出版された経済史の著作の多くは，生産手段の所有形態，労資関係，土地制度など，総じていわゆる生産関係に関する叙述に重きを置いており，その反面，生産力の実体分析をないがしろにしてきた嫌いがある．結果的にみるとそうした叙述は，中国経済の発展傾向を見えにくいものにしてしまった．

③ 生産力発展の担い手を明らかにすること

上記のような生産力の発展がまったく新しい階層によって担われることもあれば，新しい産業が勃興したといっても，実は，それまで当該分野の在来産業に従事していた人々がほとんどそのまま新興の産業に従事するように変わった

だけ，という場合もある．中国に進出してきた外国資本が主要な役割を果たし続けた産業分野もあれば，最終的には中国資本が大多数を占めるようになったという分野も少なくない．そうしたさまざまな具体的な情況について，種々の相違が生じた理由も含め，生産力の担い手たちの実体に注目したい．むろん同じ産業分野にあっても，成功した企業経営者と失敗した経営者とがいる場合は，両者の違いまで問題にされなければならないであろう．また企業経営者のみならず，直接生産者たる労働者や農民の在り方にも，注意していく必要がある．

④　国家の役割と経済政策の歴史的な変化の趨勢を考察すること

近現代中国の社会経済全体を，どのような概念によって総括的に捉えるか，という問題は，実はきわめて議論を呼んできた問題である．中国で今も広く用いられている「半植民地半封建社会」論には大きな欠陥が指摘されているし，一方，近現代の中国経済を資本主義の発展史と見なす場合は，その始期と終期をめぐり議論の種が尽きないことになる．さらに現代の中国経済を，資本主義経済と対比し得るような存在としての社会主義経済と呼ぶことにも，多くの無理が付きまとう［久保亨 1982; 2012］．

本書はこれらの一連の問題について，完璧な回答を用意しようとするものではない．今，必要なことは，資本主義の発展史や社会主義の成立史もしくは崩壊史などとして整理してしまう前に，経済発展全般の趨勢とその担い手の問題を整理し，その過程において国家が果たしてきた役割や経済政策の性格などについて考察を深めることではないだろうか．

本書では，以上に挙げた課題と留意点とを踏まえ，経済活動の諸分野・諸産業ごとに設定したII-VIII章の個別的な分析を積み重ね，近現代中国経済のあゆみと今後を考えていくことにしたい．

I

中国経済のプロファイル

　本章では，領域や地理，人口，都市化率，就業構造，国民経済計算といったマクロな視点から中国経済の長期的な動態を概観する．序章で述べた通り，中国は広大な国土と膨大な人口を擁する国であり，また地域ごとの多様性も高いため，その全貌を把握することは容易ではない．本章で行うのは，そうした一筋縄ではいかない中国経済にマクロ統計という網をかけ，その輪郭を浮かび上がらせる作業である．

1. 領域と地理

　本書の目的は，19世紀半ばから現在までの中国経済の長期的趨勢を描くことにあるが，指摘しておかなければならないのは，その間に中国の領域やそれを統治する政権が大きく変化したという事実である．もっとも，そもそも「中国」とは地理的にどこからどこまでを指すのかということ自体，必ずしも明らかではない．よく知られているように，現在一般に「中国」として認識されている中華人民共和国（1949年成立），およびそれ以前に「中国」を統治していた中華民国（1912年成立）は，基本的に17世紀に誕生しユーラシア大陸東部を広域にわたって支配していた清朝の領域を継承している．本書が取り扱う時期は，これら三つの政権の統治期間にまたがっており，対象とする領域は自ずと清朝のものがベースとなる（図I-1-1）．
　しかし，19世紀半ば以降の諸外国による進出と国内の政治状況により，清

8 I 中国経済のプロファイル

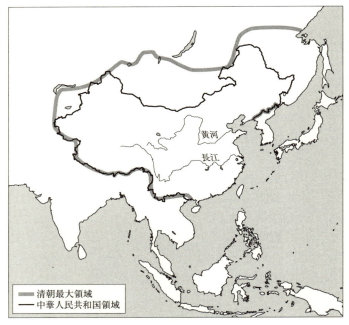

図 I-1-1　清朝の領域と中華人民共和国

朝とその後の政権の支配領域は少なからず変動してきた．その皮切りとなったのが，1840年のアヘン戦争を契機とする香港島のイギリスへの割譲（後に対岸の九龍半島と周辺島嶼も租借もしくは割譲）であり，香港は1997年に中華人民共和国に返還され特別行政区となるまでイギリスによる植民地支配が続いた．同様に，香港の近隣に位置し古くからポルトガル人の居住地であったマカオも，1887年に正式にポルトガル領となった（1999年に返還）．

その後も列強による清朝領域の「分割」が進み，東北地域ではアイグン条約（1858年），北京条約（1860年）でアムール川以北とウスリー川以東が，西北地域でもイリ条約（1881年）などでバルハシ湖の東南一帯がロシア領とされた．さらに，日清戦争での敗戦の結果，1895年の下関条約で台湾・澎湖諸島が日本に割譲されることとなる．そしてこれに続く1898-99年には，イギリスの威海衛，ロシアの旅順・大連（後に1905年の日露講和条約および満洲に関する日清条約により日本が租借），ドイツの膠州湾（後に1914年の日本軍占領を経て，1922年に

中華民国へ返還)，フランスの広州湾などの各国による租借地獲得が進んだ．

　清朝が崩壊し中華民国が成立した後も，領域の変動は続いた．1921年にはモンゴル北部がソ連の支援を受けて独立(1924年モンゴル人民共和国成立)した．さらに，1932年に東北地域に日本の傀儡政権である満洲国が成立し，中華民国の領域から切り離された．その後も日本は華北地域への進出を強め，1937年の日中戦争勃発以降は，華北・華中地域と華南地域の一部に日本の占領地が形成される一方で，中華民国の南京国民政府は内陸部の重慶に遷都するなど実質的な支配領域が縮小した．

　第二次世界大戦が終結すると，日本の支配下にあった占領地および旧満洲国地域と台湾は中華民国の領域に組み入れられるが，台湾についてはその後再び独自の道を歩むこととなる．戦後の中国国民党と中国共産党の内戦の結果，勝利した共産党が1949年に中華民国の支配領域をほぼ継承する中華人民共和国を成立させた一方で，国民党は同年に中華民国の台北遷都を実施し，以後台湾島および周辺島嶼を実効支配した．1990年代の民主化以降は，国民党と民主進歩党の間で政権交替が繰り返されているが，台湾に独自の政権が存在する構図は現在も続いている．

　このように，長期的に見れば「中国」の領域自体がかなり流動的なものであったといえる．本書では，この事実をふまえたうえで，現存する中華人民共和国の領域との連続性を重視する立場から，2015年時点の中華人民共和国の実効的な支配領域から香港・マカオを除いた地域を「中国」として取り扱うこととする．

　こうした領域の変化や政権の変遷が，経済の長期的な把握に与える大きな困難の一つは，統計の非連続性という問題である．領域の変化で特に深刻であったのは，満洲国の成立とその中華民国からの離脱であった．満洲国の領域は，1933年時点で中国(中華民国＋満洲国)の人口の6.4％(約3300万人)，GDPの8.1％を占めたと見積もられており，その離脱は統計の連続性に重大な影響を与えている［南亮進・牧野文夫編 2014］．また，専制王朝であった清朝から近代国家を志向する中華民国への政権交代は，近代的な概念にもとづく統計の導入を促進した．しかし，1912-28年の北京政府時期は必ずしも中央政府の統治が安定せず，本格的な全国統計の整備は1928年の統一政権としての南京国民政

府の成立を待たねばならなかった．その南京国民政府にしても，1937年以降は日中戦争，また戦後は国共内戦の影響により，安定的な全国統計の作成には大きな困難がともなった．その後に成立した中華人民共和国では，国内の統一は維持されたものの，後述する社会主義体制の導入にともなう統計制度の変更や，大躍進期（1958-60年）および文化大革命初期（1966-69年）などに見られた急進的な政策や政治運動による統計機構の機能不全が，大きな問題となった．

ここで，中国として括られる領域の自然地理と民族構成に目を向けてみよう．まず地形から見れば，西高東低で階段状をなしており，(1) 海抜4000m以上の青海・チベット高原，(2) その東および北側から大興安嶺―太行山―巫山―雪峰山のラインまでの，ジュンガリア盆地・タリム盆地・四川盆地，内モンゴル高原・黄土高原・雲貴高原などを含む海抜1000-2000mの地域，(3) そのさらに東から沿海部に至る，東北平野・華北平野・長江中下流平野を含む海抜500m以下の平野地域という三つの部分に分かれる．そのうち人口や経済活動の中心は第3部分の平野地域であり，全面積の約50%（第1部分21%，第2部分29%）を占めている［野村浩一他 1991］．

さらに，中国の自然地理を特徴づけるのは，西から東に流れる黄河と長江という二大河川である．この二つの大河はともに青海・チベット高原を源流としており，流域もほぼ同じ緯度帯にあたるが，その中間を流れる淮河を境として南北で気候や生態系が大きく異なる．黄河流域は，雨の少ない乾燥地域であるが，「中原」として古くから文明の発達が見られた．これに対して，長江流域は「江南」と呼ばれ，相対的に遅れて開発が進行した地域であり，高温多湿で水稲栽培を中心とする．この「中原」と「江南」から構成される万里の長城以南，青海・チベット高原以東の地域こそが，漢民族が中心的に居住するいわゆる「中国本土」（チャイナ・プロパー）と呼ばれる地域であった［岡本隆司編 2013］．

一方，長城以北に目を向けると，そこには広大な草原地帯が広がり，かつては遊牧国家が存在した．そして「中原」の中心地域であった関中盆地から西へと展開する甘粛回廊を抜ければ，そこは中央アジアにつながるいわゆる「西域」であり，砂漠地帯が続く．さらに，青海・チベット高原では高地の厳しい生活環境のなかで，独自の文化が育まれた．そもそも清朝の統治とは，モンゴ

ル，ウイグル，チベットなど固有の文化を持つ民族を緩やかに統合したものであったため，その領域を引き継いだ中華民国，中華人民共和国はともに，最大多数の漢民族のほかに決して少なくない「少数民族」を抱える複雑な民族構成の国家とならざるを得なかった．2010年時点で，中華人民共和国には公式に認定された55の「少数民族」が存在し，その合計人口は，チワン族，回族，満族，ウイグル族などを筆頭に約1.1億人，総人口の8.3%を占めているとされる［TN 2015］．

なお，経済地理的な区分として，沿海地域—内陸地域という2大区分もしばしば用いられる．大陸東部の沿海地域には，上海，広州，天津，大連など大きな近代都市が連なっており，とくに1978年以降の対外経済開放政策の展開にともない，それらの大都市と衛星都市，近郊農村地域が一体となってめざましい経済発展を遂げてきている．この2大区分に若干の修正を加えて使う場合もある．たとえば1980年代末に発足した中国政府内部の地域開発研究プロジェクトでは，既存工業発展地域（上海・北京・遼寧）・新興工業発展地域（江蘇・浙江・広東・山東等）・中西地域という三つの地域区分にもとづく分析が試みられた．前の2地域が沿海地域に，最後の中西地域が内陸地域に該当している［馬洪他 1991］．

自然地理的な条件，気候，風土等の違いにもとづく東北・西北・華北・華中・華南・西南などの呼称も慣習的に用いられている．1961年には，軍事上の要請にも配慮し，各地域の自立的な経済発展を図ろうとする政策的見地から，東北・華北・華東（上海・江蘇・浙江・山東・福建・安徽）・中南（湖北・湖南・広東・広西・河南）・西北・西南という六つの「経済協作区」が設定された［陳敦義他 1983］．その後この6大地域区分は，正式の行政区画としては撤廃されているが，このようなつながりで中国国内の地域が構想される場合もあることには，注意しておくべきであろう．

2. 人口・都市化率・就業構造

次に，経済活動の基礎となる人口や都市化率，就業構造について見てみよう．

表 I-2-1　中国と世界の人口および中国の都市人口比率

(単位:万人)

年	中国人口	都市人口比率(%)	世界人口	中国人口比率(%)
1880	36,800	…	…	…
90	38,000	…	…	…
1900	40,000	4.1#	165,000	24.2
10	42,300	…	175,000	24.2
20	46,192	…	186,000	24.8
30	49,808	…	207,000	24.1
36	53,999	5.1##	…	…
40	53,982	…	230,000	23.5
46	55,093	…	…	…
50	55,900	11.2	252,515	22.1
60	67,018	19.7	301,834	22.2
70	81,523	17.4	368,249	22.1
80	98,020	19.4	443,963	22.1
90	113,439	26.4	530,967	21.4
2000	126,483	36.2	612,662	20.6
10	133,922	49.9	692,973	19.3
14	136,582	54.8	726,579	18.8

注:1) 人口は年央値。ただし,中国人口1880-1910年,世界人口1900-40年は不明。
　2) 2014年中国人口は,出所の数値に2010年人口センサス-統計局系列比率を適用して修正。詳細は南亮進・牧野文夫編 [2014] 65頁を参照。
　3) #,## は,それぞれ1900-10年,1938年の都市人口推計値 (1958年時点で人口10万人以上の都市を対象) と,1900年と1910年の中国人口の算術平均,および南・牧野編 [2014] の1938年中国人口により算出。
　4) 1950-2014年都市人口比率は,出所の都市戸籍人口比率を採用。
出所:中国人口　1880-1910; Liu and Hwang [1979] p.82, Perkins [1969] pp.192-216. 1920-2010; 南・牧野編 [2014] 361頁,統計表2.1.1.
　都市人口比率　1900, 1936; Perkins [1969] pp.290-296, 南・牧野編 [2014] 361頁,統計表2.1.1. 1950; 国家統計局国民経済綜合統計司編 [2010] 6頁. 1960-2014; TN [2015] 33頁.
　世界人口　1900-1940; The Population Division of the Department of Economic and Social Affairs at the United Nations Secretariat [1999] p.5. 1950-2014; The Population Division of the Department of Economic and Social Affairs at the United Nations Secretariat [2015].

　中国の人口は,古来より王朝の興亡とともに増減を繰り返してきたが,宋代 (960-1279年) に最大で約9000万人に到達した後,清朝統治下の18世紀以後に急激に増加し,19世紀半ばにはおよそ4億人程度に達したとされている [岡本編 2013]。その後,1851-64年の太平天国の乱による大幅な減少を経て,20世紀に再び4億人まで回復する (表I-2-1)。中華民国成立以後は,1930年代後半に日中戦争の影響等により減少を迎える局面はありつつも,全体としては継続的な増加傾向を示し,1910年から1946年までに1億2800万人程度の増加を

実現した．しかし，より印象的なのは中華人民共和国期における急増であり，1950年の5億5900万人から2014年には13億6582万人と，64年間で約2.4倍に達した．1880年から1946年の66年間で約1.5倍であったことを考えると，1950年以降の増加がいかにハイペースであったかがわかる．

ただし，20世紀後半以降に中国人だけが急増したと考えるのは誤りで，同時期は世界的に人口が激増した時期であった．中国の人口が世界の人口に占める割合は，1950年から80年にかけて増減を繰り返しながらほぼ一定であり，1980年以降はむしろ低下傾向にある（表I-2-1）．これには中国で1979年から実施された「一人っ子政策」（産児制限）による人口増加の抑制と，その他の途上国での人口増加が影響している．1980年代の改革開放以降に増加したとみられる中国から海外への移住者を考慮に入れるとしても，中国に住む人々の数が世界に占める割合は20世紀前半と比較して小さくなっているのである．

中国の都市化率については，20世紀半前半までは極めて断片的なデータしか得られない．いくつかの推計によれば，19世紀末から1930年代にかけての中国の都市人口は，都市の定義に幅があるものの，全人口のおよそ4-6%であったとされる [Perkins, Dwight H. 1969; Feuerwerker 1977; Skinner, G. William eds. 1977; 斯波義信 2002]．1950年以降に関しては，政府の公式統計に示される都市戸籍者数とその比率を参照することができる．ただし，都市戸籍者数とは行政的に区分された「都市」と「農村」のうち都市の戸籍を保有する人の数であり，出稼ぎなどで都市に来ている農村戸籍者を含まないため，実際の都市居住者数とは同義でない点には注意しなければならない．

1950年以降の都市人口比率は，1960年にかけて上昇した後，1970年，1980年とやや停滞気味であった（表I-2-1）．これは，1958年の「戸口登記条例」に代表される一連の戸籍制度により，政府が政策的に農村から都市への移動を制限したことが影響している．この戸籍制度は現在にいたるまで基本的に継続しているが，1980年以降，都市人口比率は急激に上昇し，2014年には54.8%と農村人口をはじめて上回った．上述の都市戸籍者数データの性格を考えれば，実際の都市居住者の比率がこれよりもさらに大きいことは疑いがない．

次に，就業者数と産業別の就業構造を見てみよう（表I-2-2）．まず特筆すべきは，中華民国期から中華人民共和国の成立を経て1990年まで，農林水産業

14　I　中国経済のプロファイル

表 I-2-2　就業者数と産業別就業構造

(単位：万人)

年	就業者数	就業率（％）	産業別就業者数比率（％）		
			A	M	S
1933	28,287	87.4	79.4	10.4	10.2
36	29,155	86.0	77.7	11.2	11.1
40	28,087	82.5	79.1	10.4	10.5
52	29,739	80.2	86.1	7.3	6.7
60	32,276	78.8	72.8	17.2	10.0
70	39,572	78.5	83.5	10.1	6.4
80	50,044	77.7	73.6	17.2	9.3
90	65,083	78.9	71.7	16.9	11.4
2000	71,473	73.1	64.2	19.3	16.5
10	78,096	69.0	48.1	27.6	24.3

注：就業者数は年央値．就業率＝就業者数÷15歳以上人口×100．
A：農林水産業．
M：鉱工業，電気・ガス，運輸通信業．
S：商業，金融・保険業，サービス業，政府．
出所：南・牧野編［2014］362-371頁．統計表 2.1.2, 2.2.1, 2.2.2, 2.2.3, 2.2.4 を整理して作成．

に従事する人口の比率（A）は一貫して70％を越えていたという事実である．大躍進期の1960年には鉱工業の増産により一時的に比率が低下するが，1970年には再び上昇している．農林水産業の比率の傾向的な低下が表れてくるのは1980年以降であり，2010年にはじめて50％を下回った．この意味で，20世紀の中国は，とりもなおさず農林水産業就業者が中心を占める国であったのである．

　1980年以降の農林水産業の比率低下の要因としては，鉱工業（M）の拡大もさることながら，1970年代から着実に成長してきたサービス業（S）の台頭がある．これは上述の都市人口比率の拡大，および後述する産業構造自体の変化と密接に関係しており，改革開放後の中国社会の変化を象徴している．

3. 国民経済計算

　すでに述べたように，中国の統計はその連続性という点で多くの問題があり，本書が対象とする時期の国民経済計算を通時的に示すことは極めて困難である．

3. 国民経済計算　15

　中国経済を国民経済計算の枠組みで捉える試みとして最も早いものは，第二次世界大戦後に発表された劉大中と巫宝三の1930年代を対象とする推計である［Liu, Ta-chung 1946；巫宝三主編 1947］．しかし，社会主義体制の導入を図った共産党政権は，現在世界各国の国民経済計算で標準的に用いられているSNA（System of National Accounts）ではなくソ連型のMPS（Material Product System, 物的生産物方式）を採用したため，これらの成果は十分に継承されなかった．SNAとMPSの大きな違いは，後者が物的生産に直接結びつかないサービス（旅客輸送，金融，保険業，行政，教育・文化・保健など）を計上していない点にあり，これ以後，SNA概念にもとづく中国の国民経済計算の推計は，アレキサンダー・エクスタインや劉大中・葉孔嘉など国外の研究者により展開されることになった［Eckstein, Alexander 1961; Liu, Ta-chung and Yeh, Kung-chia 1965］．1978年より改革開放政策が実施され，市場経済化のなかでサービス業が発展してくると，政府の統計機関である国家統計局は1980年代半ば以降，MPSからSNAへの転換を図った（1993年に完全にSNAへ移行）．これにともない，SNAに準拠した形でのGDPの遡及推計も行われたが，その対象は1952年までであり，中華民国期以前はカバーされていない［国家統計局国民経済核算司編 2007; 許憲春 2009; 南・牧野編 2014］．

　こうした状況のなかで，中国の長期GDP推計として最も広く利用されているのは，アンガス・マディソンの推計であろう．マディソンは1990年ゲアリー＝ケイミス・ドル（Geary-Khamis $）という統一通貨単位での世界各国の長期実質GDP推計を行っており，中国に関しては紀元後1年から2030年までの推計値を挙げている［マディソン，アンガス 2004; Maddison, Angus 2007］．マディソンの推計は，そのカバーする領域の広さと統一通貨単位の採用により，異なる時点間・地域間のGDP絶対水準の比較を可能とする点で優れているが，反面，その大胆な推計手法については問題点も指摘されている［斎藤修 2008; 南・牧野編 2014］．

　これに対して，日本の一橋大学経済研究所を中心とする研究グループは，アジア諸国の長期経済統計を整備・作成するプロジェクトの一環として，1912年から2010年までの中国の経済統計を国民経済計算の枠組みでデータベース化した『アジア長期経済統計3　中国』を刊行した［南・牧野編 2014］．同書の

大きな特徴の一つは，1949年前後の時期についてそれぞれ既存統計の吟味と推計を行い，それらを接合して約100年間をカバーする独自の推計系列を示した点にある（以下，南・牧野推計と呼ぶ）．また，上述の満洲国の成立による領域変動の問題については，満洲国部分の推計を別途行い，中華民国部分と合算することで領域的な一貫性を保っている．こうしてできた推計系列は，本書の対象とする時期・領域とほぼ重なるため，本章では主にこれに依拠する．

なお，南・牧野推計の中華民国期（1932-40年）のGDPは，マディソン推計などで広く採用されている劉・葉推計の数値より低い水準になっている．ベンチマークである1933年の当年価格GDPは，劉・葉推計が298.8億元なのに対し，南・牧野推計は229.3億元で，どちらかといえば巫推計の203.2億元（ただし純付加価値概念）に近い．これは主に農林水産業の生産額，特に農産物価格の推計の差によるものであり，同推計は農林水産業を相対的に小さく見積もっている点に特徴があるといえる．また，1952年以降については，基本的に国家統計局の統計をベースとして，工業部門の実質GDP成長率のみハリー・ウーの推計を利用して修正を行っている．その結果，南・牧野推計は，2000年以前については公式統計よりも低い成長率，それ以降は高い成長率となっている［巫 1947; Liu and Yeh 1965; 南・牧野編 2014; Wu, Harry X. 2011］．

南・牧野推計が示すデータから見て取れるのは，大まかにいえば，(1) 中華民国期（1930年代）の1937年を境とした成長と衰退，(2) 計画経済期の高率ではあるが不安定な成長，(3) 改革開放期の安定的な高成長という時期ごとの特徴である（表I-3-1，図I-3-1，表I-3-2）．

中華民国期（1930年代）については，1932-36年の成長は世界恐慌（1929年）による打撃からのゆるやかな回復を示しているが，1937年の日中戦争の勃発以後はマイナス成長に転じ，1932-40年全体で見ても年平均成長率はマイナスとなっている．そして中華人民共和国の計画経済期（1949-78年）に入ると，1952-60年には年平均成長率8.87%という高成長を達成したが，1960-62年と1967-68年にそれぞれ大躍進と文化大革命の影響で大幅なマイナス成長を記録するなど，成長は必ずしも安定的ではなかった．それに比べて，改革開放期（1978-）の成長は高率であるうえに持続的であった点で特徴的である．とりわけ，2000-10年の年平均経済成長率11.83%は注目すべき値であり，日本の

3. 国民経済計算   17

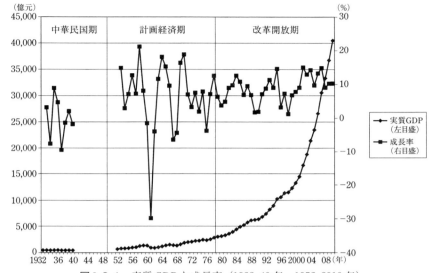

図 I-3-1　実質 GDP と成長率 (1932-40 年, 1952-2010 年)

注：数値は 1952 年参照年価格表示．
出所：南・牧野編 [2014] 360 頁，統計表 0.1 をもとに作成．

表 I-3-1　実質 GDP と 1 人当たり実質 GDP

年	実質GDP（億元）	指数（1933年=100）	1人当たり実質GDP（元）	指数（1933年=100）
1933	473	100	91	100
36	499	105	92	101
40	446	94	83	90
52	679	143	117	128
57	1,039	220	161	176
60	1,341	283	200	219
65	1,374	290	193	211
70	1,866	394	229	250
78	2,831	598	297	324
80	3,124	660	319	348
90	6,333	1,338	558	610
2000	13,238	2,797	1,047	1,144
10	40,496	8,557	3,024	3,305

注：数値は 1952 年参照年価格表示．
出所：南・牧野編 [2014] 360-361 頁，統計表 0.1, 2.1.1 を整理して作成．

表 I-3-2　年平均経済成長率

(単位：%)

期間	GDP	1人当たりGDP
1932-40	-0.34	-1.03
1932-36	2.10	0.68
1936-40	-2.73	-2.72
1952-78	5.65	3.65
1952-60	8.87	6.96
1960-78	4.24	2.21
1978-2010	8.67	7.53
1978-90	6.94	5.41
1990-2000	7.65	6.49
2000-10	11.83	11.19

出所：南・牧野編 [2014] 29 頁，360-361 頁，表 0.6, 統計表 0.1, 2.1.1 をもとに作成．

表I-3-3　1人当たりGDP（当年価格表示）の国際比較

	1934-36年平均		2014年			
	市場為替レート評価		市場為替レート評価		購買力平価評価	
	米ドル	指数	米ドル	指数	国際ドル	指数
中国	15.7	100.0	7,571.5	100.0	13,224.0	100.0
インド	24.7	157.5	1,607.6	21.2	5,808.4	43.9
朝鮮	27.2	173.5	27,970.5	369.4	35,379.0	267.5
台湾	47.4	302.1	22,599.8	298.5	46,035.8	348.1
日本	76.2	486.1	36,221.8	478.4	37,518.8	283.7
アメリカ	584.0	3,725.9	54,369.8	718.1	54,369.8	411.1

注：1）朝鮮の2014年は韓国の数値．
　　2）インドの2014年は推計値．
　　3）国際ドルの概念については，International Monetary Fund [2015] を参照．
出所：南・牧野編［2014］20頁，表0.7，International Monetary Fund [2015] をもとに作成．

高度経済成長期（1955-73年）の9.22%（68SNA数値，1990年価格）と比較すれば，その成長がいかに急激なものであったかがわかる［三和良一・原朗編 2010］．結果として，1933年から2010年にかけて，中国の実質GDPは85.57倍，1人当たり実質GDPは33.05倍になったのである．

　ただし，しばしば指摘されるように，1人当たりGDPの水準で見ると，中国と先進国との間には依然として相当の格差が存在する（表I-3-3）．1930年代と2014年の1人当たりGDP（当年価格表示）を国際的に比較すると，まず1930年代については，市場為替レート評価での数値のみであり十分な比較は困難であるが，中国が，アメリカはいうに及ばず，日本，台湾，朝鮮，そしてインドよりも低い水準であったことが確認できる．一方，2014年に目を移すと，インドとの間では逆転が生じているものの，その他の国との間には市場為替レート評価では依然として3-7倍の差がある．購買力平価で見れば，日本・アメリカとの差はかなり縮まるが，それでも格差の存在は否定できない．

　次に，当年価格粗付加価値額の産業別構成比から産業構造について見てみよう（表I-3-4）．まず注目すべきは，1930年代から70年代にかけての鉱工業の力強い拡大である．これは，計画経済期に政府が掲げた「重工業優先発展戦略」の下で，重工業を中心に集中的な投資がなされた結果である．大躍進期にあたる1960年の急拡大は例外としても，鉱工業の比率は1933年の19.6%から1980年の52.9%まで継続的に増加し，その構造は2010年代に入っても基

本的には変化していない．20世紀後半の中国の成長の約半分は鉱工業によってもたらされたものであるといえる．逆に，農林水産業の比率は，1960年の急落を度外視するとしても，1933年の54.1％から一貫して低下しており，2014年には9.5％と10％を下回った．ここから，農林水産業の粗付加価値額の比率低下は，先に見た就業者の比率低下よりも早くから進んでいたことがわかる．一方，計画経済期には相対的に低い比率

表 I-3-4　産業構造（当年価格粗付加価値額の産業別構成比）

（単位：％）

年	A	M	S	計
1933	54.1	19.6	26.2	100.0
36	53.4	19.8	26.8	100.0
40	53.2	24.7	22.2	100.0
52	51.0	25.2	23.9	100.0
60	23.6	51.6	24.8	100.0
70	35.4	44.8	19.8	100.0
80	30.2	52.9	16.9	100.0
90	27.1	47.6	25.3	100.0
2000	15.1	52.1	32.8	100.0
10	10.1	51.4	38.5	100.0
14	9.5	51.7	38.8	100.0

注：産業分類は表 I-2-2 と同じ．
出所：南・牧野編［2014］20頁，表0.8．ただし，2014年は TN［2015］58-59頁，表3-1 により追加．

であったサービス業は，1990年以降の台頭が著しく，2000年に農林水産業の比率を追い抜き，鉱工業と並び立つ構造になっている．

　以上のように，19世紀半ばから現在までの中国経済の歩みをマクロな視点から見てみると，全体的にいえば，農林水産業を中心とする社会から鉱工業・サービス産業を中心とした社会へと変化を遂げつつ，一定の経済成長を達成してきたことが確認できる．しかしその過程は，何度かの政権の交替や領域の変動，そして経済制度の変更をともなう，紆余曲折に満ちたものであった．

　19世紀後半に西洋から中国に移植された近代工業は，農業を中心とする伝統的な産業が支配的であった中国の経済構造を変え，軽工業製品の自給化は20世紀半ばまでにほぼ達成された．しかし，マクロ統計が示すように，その変化は極めて長い期間にわたるものであった．鉱工業は，中華民国期にすでに粗付加価値額のうえで一定のシェアを占めていたものの，本格的に主要産業となるのは社会主義体制下で重工業優先戦略が採用された1950-70年代であり，これが農林水産業を中心とする構造からの移行を大きく促進した．そしてそれに続く改革開放期のサービス業の発展が，少なくとも粗付加価値額の比率の上では農林水産業をマイナーな存在へと押しやったのである．

　しかしその一方で，就業構造や都市化率まで含めた社会全体の変化は，さら

に緩慢なものだった．就業構造は，すでに見たように，必ずしも産業構造と同じように計画経済期に鉱工業中心へと移行したわけではなかった．また都市化率も，上昇が顕著になるのは1980年代の改革開放以降のことであった．こうした産業構造の変化と就業構造・都市化率の変化のギャップは，農村と都市，農民と労働者の区分を固定し，前者から後者への資金移転によって工業化を進める計画経済期の政策の産物という側面もある．結果として，中国は高度経済成長を経過した2010年時点でも，農林水産業就業者が48.1％，また農村戸籍者が2014年で45.2％存在するなど，農林水産業あるいは農村の存在感が依然として大きい社会であり続けている．その意味で，19世紀後半にはじまった変化は，現在もなお進行中の過程であると言える．

II

近代工業の発展

　中国の近代工業は，19世紀の半ば頃から次第に発展した．しかし西欧近代の産物である機械制大工業が中国に根付いていくまでには，さまざまな紆余曲折を経なければならなかった．そもそも高度な手工業生産とその商品流通網が組織されていた当時の中国経済にとって，19世紀西欧の機械制大工業が作り出した製品は，在来の生産流通機構を脅かす存在として警戒されこそすれ，決して必要不可欠な存在などではなく，在来の商工業者・農民・労働者などから排斥されることさえあったのである．くわえて，外国の生産技術が中国へ持ち込まれるに際しては，欧米列強の軍事侵略や政治的外交的圧力をともなう場合が多かったことも，近代工業の発展過程を複雑なものにした．さらに中国人自身の資本と経営による発展がめざされた工業分野のなかでも，国営企業主体で臨むか，それとも民間企業主体に進むのか，という経営の基本的なあり方にかかわる問題は，近代工業が開始された当初から現在に到るまで，繰り返し問い直されてきている．

　本章は以上の諸点に留意しながら，繊維食品などの軽工業分野の動向と，鉄鋼機械などの重化学工業分野の動向とを区別して扱い，主な業種ごとに機械制大工業の移植・発展過程を分析していく．

1. 綿　　業

　中国の人々にとって綿製品は，もっとも普及した衣類である．化繊の衣服も

ずいぶん普及してきたとはいえ，街角で見かける朝夕の通勤着や田畑で働く農民の作業衣の多くは，綿製品もしくは綿を含む混紡製品である．このように13億の人々が毎日身につけている国民的衣料を，現在中国はほぼ自給している．いや単に自給しているだけではなく，日本も含む世界各国に対し輸出しているほどである．こうした巨大な生産力を備えた綿紡織工業は，どのような経緯を経て形成されてきたのだろうか．

中国近代綿業の形成過程は，中国における工業化の典型的な事例ともいいうるものを持っている．そもそも有力な在来手工業が存在していたこの分野において，近代的機械工業がどのようにして導入され確立していったかが問題となるし，中国へ進出してきた外国資本と新興中国資本との間において，どのような角逐の過程があったのかも問われなければならない．

中国の長い歴史に照らしてみると，綿製品が普及したのはそれほど古い時代のできごとではない．原種の多年生木本が一年生草本に変化し，江南地方一帯に棉花栽培が普及していくのが11世紀以降，華北にそれが広がるのは明代の14世紀以降のこととされている．いずれにせよ19世紀には，強固な棉花─綿糸─綿布の生産体系が確立していた．華中南の農民たちは，自作の棉花のみならず華北方面から運ばれてくる棉花も購入し自らの手紡器で綿糸を紡ぎ，それを問屋商人に販売する．一方，問屋商人は，購入した手紡綿糸を綿織業に従事する農民たちへ供給するとともに，できあがった綿布を集め市場に販売していたのである．このような在来の生産体系に対し，最初に加えられた衝撃が，外国製綿製品の流入であった．ただし外国資本の期待に反し，必ずしも綿布の輸入量は激増していない．品質面でもコスト面でも，在来の生産システムが供給する綿布に，輸入綿布が対抗できなかったためである［小山正明 1992］．それに対し綿糸の輸入の伸びは比較的に順調であり，19世紀の末には10万トン近くに達していた（表 II-1-1, II-1-2, II-1-4）．この綿糸輸入量は，20世紀初頭の中国における総綿糸需要量の4割程度に相当するものと見積もられている（表 II-1-3）．中国の農民は，さしあたり手紡綿糸の代わりに輸入綿糸を購入して新たな品質の土布（地織綿布）を生産・販売し，外国綿製品の流入という新しい状況に対応していたのである［田中正俊 1973a］．

外国からの機械綿糸輸入の増加は，輸入品を取り扱っていた在華欧米商人た

ちの間に機械紡績工場設立の気運を引き起こした．もっとも早い時期の工場設立計画としては，1860-70年代に上海のイギリス商社義昌洋行やグラヴァー洋行が準備していた「土布（地織綿布）を模倣した機械織綿布の生産」という構想がある［鈴木智夫 1992］．これは，近代的機械紡績工場を創設して機械紡績綿糸を製造するとともに，それを原料に用いて土布に類似した品質の機械織綿布を製造し，広大な土布市場に参入していこうという計画である．しかしそれまで土布の生産流通に携わってきた在来の中国人綿布商たちは，自らの既得権益を脅かすものとして，こうしたイギリス商社の計画に激しく反対した．加えて清朝政府の側も，手織綿布生産に従事していた農民の生計への配慮と，外国人が工場を経営することに対する警戒心から，上記の構想を認可しなかったため，結局この計画は具体化されずに終わった［同上］．

代わって1880年，中国最初の機械綿紡織工場として上海機器織布局を設立

表 II-1-1　機械製綿糸の生産と輸出入

(単位：1万 t，（　）内%)

年	生産量：P	輸入量：I	輸出量：E	消費量：C	自給率：R
1880	—	0.9	—	0.9	（—）
90	0.4	6.5	—	6.9	（ 5.8）
1900	6.1	9.0	—	15.1	（ 40.4）
10	8.6	13.8	—	22.4	（ 38.4）
20	16.8	8.0	0.4	24.4	（ 68.9）
30	44.0	1.0	2.0	43.0	(102.3)
36	39.7	0.5	1.4	38.8	(102.3)
46	27.2	＊	＊	27.2	(100.0)
50	43.7	—	0.2	43.5	(100.5)
60	109.3	—	2.3	107.0	(102.1)
70	205.2	—	2.2	203.0	(101.1)
80	292.6	—	3.1	289.5	(101.1)
90	462.6	—	17.6	445.0	(104.0)
2000	*657.0*	—	21.1	…	…
10	*2,572.8*	…	52.5	…	…
14	*3,379.2*	201.0	43.1	…	…

注：消費量（C）＝P＋I－E，自給率（R）＝P÷C×100，＊は0.05未満．
　　2000-14年の生産量（イタリック体）は綿糸，化繊糸，混紡糸の合計値．したがって綿糸のみの消費量，自給率は算出できない．
出所：1880-1936；趙岡・陳鍾毅［1977］294-295頁，HB［各年］．1946；上海市棉紡織工業同業公会籌備会編［1951］7頁，HB［1946］．1950-90；TN［1991］422, 624頁．DN［1984］IV-92頁．2000；TN［2001］456, 595頁．2010；GN［2015］18頁．TN［2011］233頁．2014；TN［2015］370, 461頁．2014；輸入量；SN［2015］118頁．

表 II-1-2 機械織綿布の生産と輸出入

(単位：百万 m², ( ) 内 %)

年	生産量：P	輸入量：I	輸出量：E	消費量：C	自給率：R
1880	―	451.6	―	451.6	(―)
90	5.2	518.2	―	523.4	(1.0)
94	17.6	444.3	―	461.9	(3.8)
1900	42.3	531.6	―	573.9	(7.4)
02	44.0	764.5	―	808.5	(5.4)
10	50.5	566.5	―	617.0	(8.2)
12	63.9	638.3	―	702.2	(9.1)
20	160.4	670.5	2.2	828.7	(19.4)
26	381.8	673.7	52.2	1,003.3	(38.1)
30	565.3	500.7	43.9	1,022.1	(55.3)
33	844.7	279.9	37.0	1,087.6	(77.7)
36	1,203.1	196.5	8.1	1,391.5	(86.5)
50	2,520	―	27.7	2,492	(101.1)
57	5,050	―	349.7	4,700	(107.4)
60	5,450	―	591.7	4,858	(112.2)
70	7,800	―	695.5	7,105	(109.8)
80	8,710	―	1,086.3	7,624	(114.2)
90	10,825	―	2,221.6	8,603	(125.8)
2000	13,922	―	3,212.5	10,710	(130.0)
10	38,330	―	…	…	…
14	38,800	―	…	…	…

注：消費量と自給率の算出方法は表 II-1-1 に同じ.
出所：1880-1936；趙岡・陳鐘毅 [1977] 299-303 頁，HB [各年]．1950-60；TN [1991] 422, 624 頁．DN [1984] IV-92 頁．1970-2014；生産量；GN [2015] 18 頁．1970-90；輸出量；TN [1991] 624 頁．DN [1984] IV-92 頁．2000；輸出量；TN [2001] 595 頁．

表 II-1-3 手工業綿糸布生産量の比重の推計

(単位：%)

年	綿 糸			綿 布		
	機械	輸入	手紡	機械	輸入	手織
1875	―	1.9	98.1	―	21.8	78.2
1905	11.5	38.6	49.9	1.1	20.2	78.7
19	36.8	22.0	41.2	5.8	28.7	65.5
31	90.9	-7.1	16.3	28.2	10.2	61.6

注：輸入のマイナスは輸入を上まわる輸出の意味.
出所：Feuerwerker [1977] p.31.

表 II-1-4 綿糸布輸入額と総輸入額中の比重の推移（1870-94 年，5 年間平均）

(単位：1万海関両，( ) 内は %)

期 間	綿 糸	綿 布
1870-74	226 (3.4)	2,348 (35.3)
75-79	283 (3.9)	1,956 (26.8)
80-84	464 (5.9)	2,329 (29.5)
85-89	1,093 (10.6)	3,567 (34.7)
90-94	2,027 (14.2)	4,969 (35.0)

出所：HB [各年].

する（会社設立が1880年，操業開始は1890年，その後1893年に火災で焼失し94年に再建されている）ことになったのが，当時上海で手広く商売を営んでいた広東出身の鄭観応（1842-1922年）らであり，清朝の高官であった李鴻章（1823-1901年）もこれを支持した．やはり紡織兼営だったにもかかわらず，この上海機器織布局の場合，外国産輸入綿布の代替生産とそれによる貿易収支の改

表II-1-5 綿紡織生産設備の資本国籍別比率の推移

(単位：%)

年	綿糸紡錘数比率			綿布織機台数比率		
	中国	日本	欧米	中国	日本	欧米
1894	100	—	—	100	—	—
1902	66	4	30	77	—	23
12	69	10	21	56	19	25
20	63	28	9	65	13	23
25	57	37	6	59	31	10
30	56	40	4	51	42	7
36	52	44	4	44	49	7

出所：趙岡・陳鐘毅 [1977] 285-287, 290-292頁．

善を主な目的にしていたことが先行したイギリス商社の構想とは大きく異なる点であり，それはまたその創設が在来綿布商や清朝当局から強い反対を受けなかった理由でもある［波多野善大 1961］．中国の輸入総額の3割以上を占めていた綿布の輸入を減少させることは，貿易収支全体の改善にとっても大きな意味を持つ，と考えられたのである（表II-1-4）．さらに日清戦争後の下関講和条約によって外国人の工場設立権が明確に規定されると，上海等で活躍していた欧米系商社主導の綿紡織工場設立ラッシュが起こり，その後に中国の民間資本も続いた［田中正俊 1973b；中井英基 1996］．

その後の発展過程を通観してみよう．機械紡績綿糸の場合は1910年代から20年代にかけて，また機械織綿布の場合は1920年代から30年代にかけて，それぞれ生産量を急増させるとともに自給化も達成しつつあったことが示されている（表II-1-1，II-1-2）．手紡糸と手織布の比重は同じ時期に低下傾向をたどった（表II-1-3）．こうした発展を担ったのは，中国に急進出してきた日本資本の紡績工場（いわゆる「在華紡」）と，中国人棉花商や綿布商などが設立した中国資本の紡績工場であり，発展の初発段階で目立った在華欧米商社系の紡績工場は，大きくその地位を後退させている（表II-1-5）．

ここで第1に問題となるのは，なぜ在華欧米商社系の紡績工場の比重が下がっていったのか，という点である．これについては，イギリス系の大商社ジャーディン・マセソン商会が設立した怡和紗廠をほとんど唯一の例外として，多くの工場が，①低い自己資本比率に象徴される経営基盤の脆弱性，②原料供給

表 II-1-6 紡績会社配当率推移（1896-1909 年）

（単位：％）

年	怡和	老公茂	瑞記	鴻源	協隆	大生
1896	—	—	—	—	—	8
97	7	0	4	3	—	8
98	0	4	0	0	0	8
99	0	0	0	0	0	8
1900	0	0	0	0	0	8
01	0	0	0	0	0	15
02	0	0	0	0	—	21
03	8	0	0	0	—	29
04	0	0	0	0	—	31
05	16	8	5	0	—	21
06	20	8	10	8	—	31
07	5	0	0	0	—	10
08	10	4	0	0	—	16
09	22	6	7	10	—	18

注：怡和（イギリス資本），老公茂（イギリス資本），瑞記（ドイツ資本），鴻源（アメリカ資本），協隆（ドイツ資本），大生（中国資本）．
出所：中井［1979］63 頁．

面・製品販売面における中国商人への依存度の高さ，③上記の点を原因とする金利コストや流通コストの増大＝収益の低下，などの問題を抱えていたことが，指摘されている［中井 1996］．怡和紗廠を除く欧米商社系の各社は，一時の好況期を除きほとんど毎年のようにゼロ配当を続けた末，1910 年代から 20 年代にかけて，あるいは倒産し，あるいは日本資本や中国資本に売却されていくことになった（表 II-1-6）．

第 2 に，ではなぜ，欧米商社系紡績工場の撤退と入れ替わるように，日本資本の紡績工場が猛進出していったのだろうか．この点についていえば，①日本資本の場合，商社系のものは進出の初期に目立ったにとどまり，大多数の在華紡は，相当の資金力と高い技術力を備えた本国の産業資本が，自ら経営に乗り出していくものであったこと，②日本の国内綿製品市場が狭まるなかで，中国への工場設立は，過剰資本輸出という本国の産業資本自身の切迫した要請を帯びた行為であったこと，③日本国内の賃金水準の上昇，中国の関税引き上げ（正確には，5％税率の厳格な実施），日中間の生産技術格差の縮小などのため，そもそも日本本国綿業の中国に対する輸出競争力が失われてきており，生き残っていくためには資本輸出という方途を選択せざるを得なくなっていたこと，などの諸点を挙げることができる［高村直助 1982］．

以上の経緯をふまえると，第 3 に，資金力・技術力では劣位にあったとみられる中国資本紡が，日本の在華紡とも競いあって発展していったという事実が改めて注目される．地域別に 1920 年代から 30 年代にかけての生産設備の発展情況を整理してみると，日本の政治的軍事的圧力が顕著だった華北の都市部に

おいてのみ，日本資本の優勢が認められるだけであって，上海では両者の伸びが拮抗状態にあり，他の地域は中国資本紡の独壇場であった（表II-1-7）．中国資本紡は太糸中心，日本の在華紡は細糸中心という市場の相違があったことも指摘されている［森時彦 2001］．ただし必ずしもそれは固定的なものではなく，逆の事例も存在している．収益面からみても，上海の永安や申新，華北内陸部の汲県華新や楡次晋華といった中国資本紡各社は，在華紡に匹敵する高い利益率を記録している（図II-1-1, II-1-2）．中国資本紡がこのように発展し得た理由としては，上海にあった工場の場合，経営基盤が比較的しっかりしていたものが多く，ある程度の技術力も備え，廉価な輸入

表II-1-7 中国資本紡と日本在華紡の紡錘数推移

(単位：千錘，( ) 内は指数［1930年の紡錘数=100］)

年	上海		江浙	華北都市		同内陸
	中国	日本	中国	中国	日本	中国
1922	624 (65)	587 (51)	420 -81	230 (104)	85 (22)	165 (65)
30	953 (100)	1148 (100)	518 -100	221 (100)	379 (100)	255 (100)
36	1117 (117)	1331 (116)	672 -130	112 (51)	689 (182)	330 (130)

注：指数は原表の数値により算出．
出所：久保［2005］112頁．

表II-1-8 第一次世界大戦期の綿糸布輸入と利益率

(単位：千t, 百万m², %)

年	綿糸輸入	綿布輸入	利益率*
1914	164	815	16
15	162	605	-3
16	149	536	6
17	126	626	21
18	68	490	11
19	85	682	34
20	80	671	31
21	77	504	5
22	74	624	-10

注：*は綿糸生産量当たりの利益とコストの百分率．
出所：HB［各年］，厳中平［1955］等．

外国棉を利用する便宜もあったことが，また華北内陸部や江浙地域の工場の場合，原棉産地であるとともに土布生産が盛んな大量の綿糸消費地でもあるという有利な工場立地条件が，それぞれ発展の大きな理由であったと考えられる［久保亨 2005］．むろん1910-30年代の中国綿業の発展を可能にした全般的な条件としては，①第一次世界大戦の勃発にともなう輸入品激減で生じた1910年代後半から20年代初めにかけての市場条件の好転（表II-1-8），②1920年代末から30年代にかけ国民政府が実施していった保護関税政策（図II-1-3），③紡織機械類の国内自給化の進展［清川雪彦 1983］，④政府民間が協同で推進した棉花改良事業の成果（V章参照）などが，それぞれ評価されなければならない．

1937年に始まる日本の中国侵略は，中国綿業の発展に対し複雑な影響を及

28   II 近代工業の発展

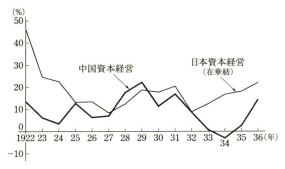

図 II-1-1　紡績会社利益率推移の日中比較（1922-36 年）
出所：久保 [2005] 115 頁.

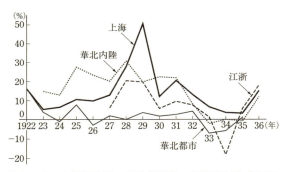

図 II-1-2　中国資本紡の利益率推移の地帯別比較（1922-36 年）
出所：久保 [2005] 117 頁.

ぼした．全般的にみれば，戦争の惨禍――爆撃などの戦闘行為による直接的な被害，鉄の供出のために日本軍が中国資本紡の一部に強制した機械設備廃棄，日本の軍需生産に打撃を与えるために中国軍が行った青島在華紡の爆破などさまざまな形で生じている――によって中国綿業の生産力水準が低下したのは，否めない事実である（表 II-1-1）．しかし日本の在華紡は，戦争勃発による品薄で綿製品の価格が高騰していたうえ，日本軍の管理下に置かれた一部の中国資本紡を軍から委託されて経営することにもなったため，空前の高利潤を獲得していた[高村 1982]．在華紡だけではない．日本軍の手がしばらく及ばなかっ

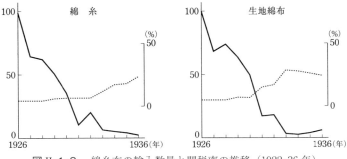

図 II-1-3 綿糸布の輸入数量と関税率の推移（1922-36 年）
出所：久保［1999］163 頁.

た上海の租界で辛くも営業を続けていた中国資本紡の一部も，同様の市場条件の下，多額の収益をあげている［王子建 1990］．また，統制を逃れるため生産設備を江南の農村地域に分散配置し，小規模工場を経営するという対応をとった中国資本紡も存在した［久保亨 2013］．さらに戦時期，四川省など国民政府支配下の内陸部地域で新たに設立された綿業企業も，相当の利潤を蓄積していたことが知られる．

　日本の敗戦によって戦争が終結すると，国民政府は敵国資産の一部として日本資本の在華紡工場を接収した．しかし政府自身が本来，軽工業は民営にまかせるとの原則を掲げていたこと，接収された在華紡の生産設備が優秀なものであったこと，戦後の経済復興期に当たり，大量の綿製品需要が見込まれたこと，などのため，中国資本紡の経営者の間には，旧在華紡工場の民間払下げ方針をめぐって深刻な対立が生じるに到る．抗戦中に内陸部で操業していた業者たちが，抗戦の大義に尽くしたという政治的正当性を誇示し，払下げを受けようとしていたのに対し，日本軍占領下の沿海部で操業を続けてきた業者たちは，自らの有する高い技術力を，自分たちへの払下げの根拠に挙げていたのである．こうした対立の調整に苦慮した国民政府は，暫定的（3 年後に民間へ払下げを予定）に，直接，政府自身が旧在華紡工場の経営に当たる方針を決め，中国紡織建設公司（中紡）を設立した［川井伸一 1987］．

　しかし中紡が成立して 3 年目，まだそれが民間に払い下げられる以前に，国民政府は倒壊し人民共和国政府が成立した．人民政府は中紡公司を接収すると

ともに,民間資本の「公私合営」化(実質的な国有化)を強力に推進していき,最終的にはすべての綿紡織工場を国家の管轄下に置くのである(表II-1-9).人民政府は,重工業への資金供給源としての意味——ある試算によれば綿糸の利益率は26%に達し5年間に約100億元の利益を国庫にもたらした——と民衆への衣料品の安定供給という意味とを重視し,繊維工業全体に対する投資総額の8-9割を綿業に集中して(表II-1-10)生産設備の増強を図った[久保亨 2011](表II-1-11).その際,内陸部の開発を重視する見地から,沿海部の上海や青島ではなく,内陸部の西安や石家荘などの綿業の発展に力を注いでいたことが知られる[同上].戦時から戦後にかけ,在華紡を通じ紡織機製造に関する技術移転が進んでいたことも,こうした人民共和国政府の政策を可能にした条件の一つであった[富澤芳亜 2011](本章7.機械工業・造船業参照).

上記のような政策の結果,1950年代に綿布の1人当たり消費量は次第に増加した(表II-1-12).しかし多数の餓死者すらも生んだ「大躍進政策」の破綻によって食糧の大量輸入が必要になり,そのための外貨獲得源として,相当な部分の綿製品が輸出にまわされるようになった(表II-1-13).折からの人口増加も重なり,綿糸布の生産量自体は漸増していったにもかかわらず,国民の1人当たり綿布消費量は1960年代から70年代にかけて低迷に陥る.化学繊維製品も含めた繊維製品の1人当たり消費量が上昇に転じるのは,1970年代半ば以降のことであった.しかもこのような量的発展が,必ずしも十分な質的発展をともなうものではなかったことにも注意しておかなければならない[当代中

表II-1-9 綿紡績業の国営化の展開過程

(紡錘数の比率,単位:%)

年	国営	公私合営	民営
1947	43.7	—	56.3
52	49.0	14.5	36.5
54	50.1	38.3	11.0
56	51.8	48.2	—

注:「公私合営」も実質的には国営に近い.
出所:中華人民共和国国家統計局工業統計司編[1958] 149, 177頁.

表II-1-10 綿紡織業への投資動向(1950-56年)

(単位:万元,( )内%)

年	綿紡織業への投資	繊維工業投資総額	綿業投資の比重
1950	2,133	3,645	(58.5)
51	5,422	9,928	(54.6)
52	15,116	25,363	(59.6)
53	23,244	27,398	(84.8)
54	38,078	42,414	(89.8)
55	20,154	21,989	(91.7)
56	28,777	33,391	(86.2)

出所:中華人民共和国国家統計局工業統計司編[1958] 154, 159頁.

表 II-1-11　綿紡設備の地帯分布

(単位：%,（　）内は万錘)

年	総紡錘数	沿　海	内　陸
1936	(564)	79.6	20.4
52	(561)	77.9	22.1
57	(726)	58.3	41.7
65	(980)	44.8	55.2
78	(1,562)	40.8	59.2
82	(2,019)	40.4	59.6

注：沿海＝上海・天津・江蘇・山東・遼寧，内陸＝その他．
出所：当代中国叢書編集部編 [1984] 185頁，上海市棉紡織工業同業公会籌備会編 [1951].

表 II-1-12　綿布等1人当たり消費量

(( )内は化学繊維布，単位：m)

年	全 国	都 市	農 村
1952	5.7	13.3	4.6
57	6.8	11.4	6.0
65	5.8	10.6	4.8
	(0.3)	(1.1)	(0.2)
70	7.6	14.0	6.3
	(0.5)	(1.6)	(0.3)
80	7.3	10.7	6.6
	(2.7)	(5.6)	(2.0)
90	*10.61	…	…
92	*10.73	…	…

注：*は各種布の合計．
出所：国家統計局貿易物価統計司編 [1984] 36-37頁，TN [1994] 257頁．

表 II-1-13　「大躍進」失敗前後の食糧輸入と綿糸布輸出（1957-64年）

(( )内 %)

年	1人当たり穀物消費/kg	死亡率/千人当たり人	米麦生産量/万t	穀物輸入量/万t	穀物輸入額とその比重/百万US$	綿糸布輸出額と比重/百万US$
1952	198	17.00	8,656	*	…	4.5 (1)
57	203	10.80	11,042	17	14.7 (1)	75.8 (5)
60	164	25.43	8,190	7	4.2 (*)	151.0 (8)
61	159	14.24	6,789	581	384.7 (27)	151.5 (10)
62	165	10.02	7,966	492	360.5 (31)	140.2 (9)
63	165	10.04	9,225	595	398.4 (31)	150.1 (9)
64	182	11.50	10,384	657	500.8 (32)	182.5 (10)
82	226	6.60	22,966	1,612	2,914.1 (17)	794.3 (4)

注：*は0.5未満．
出所：国家統計局貿易物価統計司編 [1984] 27, 499, 510頁，TN [1983] 105, 158, 420, 438頁．

国叢書編集部編 1984].

　1980年代以降，「改革開放」政策の下，生活水準が上昇し衣料品に対する需要が増大する一方，棉花の栽培が奨励されて原棉供給量が増加し，企業に対する利潤保障政策が採られたこともあって，紡織製品の生産量は急伸した（表 II-1-1, II-1-2）．ただし，中央政府の度重なる指示にもかかわらず，過剰になった生産設備が各地に存在していること，棉花の生産量と価格がさまざまな要因によって大きく変動するようになったこと，などのため企業の経営状況は安

定していない．その背景には生産設備の他産業への転換が困難であるという綿紡織業自体の特質が存在し，さらには工場閉鎖によって失業者が増え社会不安が大きくなることを回避しようとする地方政府の意向も働いているといわれる［江小涓 2003］．

2. 製糸業

　滑らかな独得の光沢と抜群の伸張力を持つ天然繊維，絹は，古来中国の特産品であり，近代経済史上においても典型的な国際市場向け輸出産品として，重要な役割を果たし続けてきた．しかし中国における近代的な製糸業の発展は必ずしも順調なものではなく，とくに1910年代から30年代初めにかけては，日本産の生糸によって国際市場を席捲され，さらに1950年代以降は，化学繊維の台頭にともない急速に昔日の勢いを失ってしまった（表II-2-1，II-2-2）．とはいえ，製糸業が現在も中国の重要な繊維産業の一つである事実に変わりはなく，天然繊維の持つ特性が見直されるなかで世界最大の産出量を誇る中国の製糸業は今後も存続していくだろう．

　製糸業の場合にも，先にみた綿業の場合と同様，手工業の長い伝統が存在した．宋・元代から長江下流域が主要産地となり，明末清初の16・17世紀頃には，太湖近辺に産する湖糸（七里糸）と呼ばれる高品質の手工業糸の商品生産が，隆盛をきわめていたのである．生産面においてすでにそうした質的量的な条件が存在していたことが，ヨーロッパ向けの対外貿易が拡大した19世紀に，生糸が中国の輸出品の大部分を占める大きな要因になった．むろんこの時期にヨーロッパ向け生糸輸出が激増した直接の契機としては，当時ヨーロッパ各国で蚕の伝染病が猛威をふるい，絹織物業が深刻な原料不足に陥っていたという事情も影響している．

　ところが皮肉なことにこうした生糸輸出の激増は，粗悪品にも高値がついて取引されるような過熱状態を引き起こしてしまった．それはやがて中国産生糸全体の評価を低めて競争力を低下させ，価格暴落を招いていったのである（表II-2-3，II-2-4）．そうした危機への対応策こそ，1870年代末における近代的な

2. 製糸業

表 II-2-1　生糸（器械糸・手繰糸合計）の生産と輸出

(単位：千 t，( ) 内 %)

年	生産量：P	輸出量：E	輸出比率 E÷P×100	消費量 P−E	器械糸生産量	器械糸輸出量
1880	…	4.96	…	…	—	—
90	…	4.90	…	…	…	…
1900	…	5.87	…	…	…	2.11
10	…	8.41	…	…	…	3.87
20	…	6.29	…	…	…	4.41
26	15.24	10.22	(67.1)	5.02	7.65	8.29
30	…	9.19	…	…	…	7.62
36	…	3.81	…	…	…	2.90
40	…	3.87	…	…	…	2.84
46	…	1.45	…	…	…	0.60
50	3.4	1.55	(45.6)	1.9	…	…
60	8.3	2.38	(28.7)	5.9	…	…
70	16.7	4.28	(25.6)	12.4	…	…
80	35.4	7.73	(21.8)	27.7	…	…
90	56.6	7.60	(13.4)	49.0	…	…
2000	73.3	12.53	17.1	60.8	…	…
10	…	8.51	…	…	…	…
14	…	6.36	…	…	…	…

出所：生産量 1926；蚕糸業同業組合中央会編（上原重美執筆）［1929］16頁，1950-90；TN［1994］405頁，2000；TN［2001］451頁．
　　　輸出量 1880-1946；HN［各年］，1950-80；DN［1984］IV92頁，1990；TN［1991］623頁，2000；TN［2001］594頁，2010；TN［2011］232頁，2014；TN［2015］369頁．

　器械製糸業の導入にほかならない．生糸輸出に携わっていたアメリカ資本のラッセル商会が設立した旗昌絲廠（1878年），有力な生糸商の黄宗憲が設立した公和永絲廠（1880年）などは，いずれも高品質の生糸を器械生産し輸出へ振り向けることを目的にしたものであった［鈴木智夫 1992］．

　もっとも，中国最初の器械製糸工場は，これらの動きに先立つ20年ほど前にすでに存在している．1861年，イタリアでの製糸工場経営に失敗して上海に移り住んできたイギリス人メジャーが，当時上海でもっとも大きなイギリス系商社の一つになっていたジャーディン・マセソン商会の援助を得て設立した工場がそれである．しかしこのメジャーの試みは，在来の生糸生産者たちの妨害によって原料繭の入手が困難をきわめたうえ，優秀な労働力の不足にも悩まされ，ついに赤字続きのまま1869年の彼の死とともに中断されてしまっていた［石井摩耶子 1998］．

II 近代工業の発展

表 II-2-2 絹織物の生産と輸出
(単位：1880-1946；千t，1950-93；億m，（ ）内%)

年	生産量：P	輸出量：E	輸出比率
1880	4.90	0.48	(9.8)
90	…	0.67	…
1900	…	1.09	…
10	…	1.81	…
20	…	2.30	…
26	5.02	2.36	(47.0)
30	…	1.81	…
36	…	1.03	…
40	…	0.36	…
46	…	0.06	…
50	0.52	0.08	(15.4)
60	2.83	1.27	(44.9)
70	4.32	0.84	(19.4)
80	7.59	1.32	(17.4)
90	17.12	1.74	(10.2)
2000	…	1.34	…

注：2010年，2014年のデータは不明。
出所：生産量 1926：表 II-2-1 より推計，1950-80：国家統計局工業統計司編 [1985] 40頁，1990-90：TZ [1994] 77頁。
　　　輸出量 1880-1946：HB [各年]，1950-80：DN [1984] IV92頁，1990：TZ [1994] 107頁，2000：TN [2001] 595頁。

表 II-2-3 上海糸の平均輸出価格推移（1担当たり価格）
(単位：海関両)

期　間	価　格
1864-73	480
74-83	333
84-93	303

出所：鈴木 [1992] 322頁より算出。

表 II-2-4 各国産生糸の欧米市場占有率
(単位：%，（ ）内t)

年	市場規模	中国生糸	日本生糸	インド生糸	イタリアフランス
1867	(6,537)	35.9	9.7	9.6	45.8
77	(8,390)	42.3	13.1	8.0	29.2
87	(11,888)	32.5	18.7	4.5	38.1

出所：鈴木 [1992] 322頁。

　1860年代にメジャーが直面したような困難は，1870年代以降に設立された諸工場においても生じている。在来農村製糸業を擁護する立場から器械製糸工場に対する規制論が展開され，それを受けた清朝の地方政府は，1882年，上海に続々と創立されつつあった器械製糸工場に対し，即時閉鎖を命令したのである。この時は，結局，外国政府が工場経営の保護に乗りだしたため，既設工

場からの新税徴収と以後の工場の開設規制を条件に，ようやく器械製糸工場の存続が認められることになった［鈴木智夫 1992］．一方，同じ頃広東では，ベトナム在住華僑出身の陳啓沅(けん)が 1873 年に南海県に設立した半器械式の製糸工場，継昌隆絲廠が成功を収め，それに類似した工場の設立が相継いでいた．しかしそうした製糸工場の増加によって原料繭の不足と値上がりがもたらされたとみる在来絹織物業者らは，1881 年にある工場の打ち壊し事件を引き起こしたため，それを機に一時は清朝の地方政府が工場閉鎖を命じるという状況に陥っている［同上］．

　このように新しい器械製糸工場の出現はさまざまな抵抗に直面しなければならなかったのであるが，しかし，その困難を過大に評価する必要はないであろう．なぜなら 1890 年代から 1920 年代にかけ，無錫や四川などへも生産地が広がるとともに，工場数・生産量の顕著な増加が認められるからである（表 II-2-1，II-2-5）．上海を中心にその発展の要因を探ってみると，①江蘇省北部地域などからの女子労働力の持続的流入，②「繭行(けんこう)」（繭取扱問屋）制度の普及による原料の安定供給，③「租廠制」（工場施設のレンタル経営方式）の広がりにともなう創業資金難の解消，などを指摘できる［曽田三郎 1994］．

　むしろ中国近代製糸業の発展にとって，より深刻な問題になったのは，国際市場における日本との競争であった．中国の生糸輸出量が漸増している間に，日本の輸出量は，とくに 20 世紀に入ってから急速な伸びを見せ，やがて中国の輸出量をはるかに凌駕し国際市場を席捲するに至っている．もっとも中国産の生糸と日本産の生糸とは，必ずしも同じ販売市場で競いあっていたわけではない．中国の輸出糸の主力である上海器械糸は，イタリア式の煮繰分業・直繰方式を特徴にしており，生産性が低い反面，高品質の糸を生産することができ，フランスのリヨンを中心とする精巧な高級絹織物業が主な需要先であった．それに対し，諏訪式と呼ばれた簡便な煮繰兼業の器械を用い，再繰方式によってある程度の品質を備えた均質な糸を生産していた日本の製糸業は，品質の点において上海糸より若干劣るもののきわめて安価な生糸を大量に供給することが可能であったため，南北戦争後のアメリカで発達した力織機絹織物業の緯糸（よこ糸）用に最適の原料として，広大な市場を見いだすことになった［曽田 1994］．そしてフランスの高級手織絹織物業の生糸消費量が停滞的に推移し

表 II-2-5　器械製糸業の地域別工場数推移

(( ) 内釜数，単位：百釜，ただし 1990-93 年の〈 〉は生産量，単位：千 t)

年	上　海	その他江浙	うち無錫	広　東	四　川
1880	2（…）	—	—	10（ 24）	—
90	5（…）	—	—	50（…）	—
1902	21（ 73）	—	—	86（346）	—
12	48（134）	14（ 36）	5（ 14）	109（421）	3（11）
20	63（181）	24（ 61）	14（ 39）	147（722）	10（29）
26	81（187）	36（100）	20（ 66）	202（952）	18（44）
30	107（251）	81（230）	48（147）	121（623）	20（62）
33	61（150）	…	…	37（203）	…
36	49（111）	86（259）	51（167）	58（302）	…
90	〈0.5〉	〈28.8〉	…	〈2.4〉	〈14.6〉
93	〈0.5〉	〈49.8〉	…	〈5.1〉	〈22.2〉

出所：蚕糸業同業組合中央会編（上原重美執筆）［1929］236, 557, 630, 671-679, 773-774, 944 頁，東亜研究所編（藤本實也執筆）［1943］129-131, 163 頁，TN ［1994］405 頁．

ていたのに対し，比較的廉価な普及品を製造していたアメリカの力織機絹織物業は，大衆消費財の衣料品市場の拡大にともない急速にその生糸消費量を増加しつつあったのである（表 II-2-6）．こうした事情が，日中間の輸出向け生糸生産量の格差を広げていた．

　1920 年代になると中国の製糸業界もアメリカの市場に着目するようになり，一方，アメリカの絹織物業界の側でも，原料面における過度の日本依存から脱却すべく，中国産生糸のアメリカへの輸入に力を入れるようになっていく．しかしそうした動きがようやく実を結ぼうとしていた矢先，1929 年に勃発したのが世界大恐慌であった．奢侈品という性格の強かった絹織物製品の需要の落ち込みにはきわめて激しいものがあり，日中両国とも製糸業界は大打撃を喫している（表 II-2-7）．そして恐慌とそれを克服する過程を通じ，製糸業のなかには新しい情況が生まれてくるのである．中国の製糸業の場合について見れば，自己資本が少なく経営基盤が不安定であった上海の製糸工場が衰退していき，かわって，原料立地という利点を備え自己資本も相対的に充実していた無錫の製糸工場が発展していくことが，この時期における顕著な変化の一つであった［奥村哲 2004］（表 II-2-5）．さらに恐慌から抜け出すため，あるいは江蘇省の事例のように有力な製糸資本（無錫の薛家が経営する永泰公司［池田憲司 2012］など）の主導により，あるいはまた浙江省の事例のように行政サイドの省政府主

表 II-2-6　各国生糸消費量

(単位：千 t)

年	欧　州	米　国	総　計
1901	13.1	5.3	19.4
02	13.0	6.0	20.0
03	12.0	5.1	18.0
04	13.0	7.3	21.4
05	11.4	6.9	19.3
06	13.5	7.6	22.3
10	14.0	10.1	25.3
11	13.5	9.2	24.1
12	14.5	11.2	27.8

注：総計は欧米以外も含む．
出所：曽田［1994］46 頁．

表 II-2-7　大恐慌期の生糸価格と国際市場

(( )内 %)

年	生糸価格 1担当元#	アメリカ輸入量 千t（中/日）	フランス輸入量 千t（中/日）	綿糸価格 1梱当元$
1930	1,712.9	34.5 (19/76)	4.8 (49/7)	242.8
31	1,616.7	…	…	262.2
32	1,131.8	…	…	243.4
33	963.6	…	…	206.4
34	624.6	25.6 (2/98)	…	189.9
35	634.6	30.7 (5/94)	4.0 (37/53)	190.8
36	808.6	27.4 (4/92)	2.6 (35/62)	218.9

注：# 上海器械糸 Double Extra，$ 永安「金城」20 番手綿糸．
出所：東亜研究所編（藤本實也執筆）［1943］404-405, 407 頁，財政部国定税則委員会編［1937］92, 75 頁．

導によって，原料繭の改良普及をめざす蚕種統制や機械化の程度を一歩進める多条機の導入が促進されたことは，中国製糸業の発展にとって大きな意味を持った．その結果，1930 年代半ばすぎに到ると，永泰公司などの有力資本の製品は，アメリカ市場で日本品と十分競争する力を持つようになっていたといわれる［奥村 2004］．

このようななかで日本の中国侵略が始まった．製糸業の先進地域であった江浙地方一帯は日本軍の占領下に置かれ，1938 年，華中蚕糸公司という日本側の生産統制機構が設立される．華中蚕糸は，占領地開発のための日本の国策会社，中支那振興株式会社と，日本の製糸業を代表する郡是，片倉，鐘紡などの民間企業が共同出資してつくった会社であり，戦火で荒れはてた江浙地方の蚕

糸業を復興させ，外貨獲得，農村経済再建，失業者救済などを図り，占領地経営を支えようとする試みであったが，同時にまたもう一つの重要な狙いが存在していた．それは江浙の蚕糸業が「日本蚕糸業との摩擦を惹起」しないように，適宜規制を加えることである．したがって，農民からの原料繭一括買付け→契約製糸工場への委託加工→できあがった生糸の一括輸出，という同公司の事業活動においては，常に日本産の生糸と国際市場で競合しないことが配慮されていた．これは，中国製糸業の側からみれば，先に述べたような新しい発展の芽が，日本によって抑えられてしまうことを意味する［永瀬順弘 1978］．

結果的には，①日本側の統制を逃れ，上海の租界で工場を再開し操業を続ける中国人製糸業者が多かったこと，②戦時経済の下で棉花や小麦の需要増加—価格高騰が生じ，桑畑が棉花畑や小麦畑に転換されてしまい，養蚕業そのものが急速に衰退したこと，③とくに太平洋戦争の勃発後は，生糸の国際市場自体もあらかた失われたこと，などのため，華中蚕糸は，設立当初に 40％ 程度の高い利潤率を確保した後は次第に経営難に陥り，1943 年に解散された［同上］（表 II-2-8）．

他方，奥地に移って抗戦を続けた国民政府の下では，貴重な外貨獲得産業の一つとして製糸業の振興が図られ，四川省を中心に戦後の発展につながるような基礎も築かれている［趙国壮 2014］．

抗戦勝利後の 1946 年，国民政府は，中国蚕糸公司という蚕糸の改良と統制にあたる国営企業を創設した．これは主に旧華中蚕糸公司の資産を接収して設けられたものであり，同年に設置された蘇浙皖三省収繭貸款聯合管理処（1947 年，蚕糸産銷協導委員会に拡大改組）とともに，中国蚕糸業の復興を促進することになる［朱新予主編 1985］．浙江省を例にとると，1947 年までに，製糸業の戦前の生産力水準のほぼ 8 割程度が復活していた．ただし桑畑の回復には時間を要するため，産繭量の方は 1948 年になっても戦前の 3 割程度にとどまっており，生糸の生産増加も大きな制約を受けていたのである（表 II-2-1）．

しかも人民共和国期に入ると，V 章で触れるように政策的に食糧増産が最優先されるようになり，桑の栽培といった商品的農業はきわめて疎んじられるようになった．製糸業の存立基盤そのものが狭められたといえよう．くわえて，戦後，世界中に普及していった化学繊維は，生糸の国際市場を大幅に縮小して

しまう．こうして中国の製糸業は，1950年代から60年代にかけ，ほとんど停滞した状況のまま推移した．その後70年代から80年代にかけ，世界的にも天然繊維の価値が見直されるようになるなかで，有力な外貨獲得産業として改めて蚕糸業・絹織物業に注意が向けられるようになり，生産量・輸出量ともに増加傾向に転じて生産設備の革新も進められつつある（表II-2-1）．

表II-2-8 華中蚕糸公司の営業推移

（単位：担（約60 kg））

年	生糸計画生産量	生糸実際生産量	繭購買量
1939	9,700	17,276	91,790
40	19,400	16,448	115,864
41	32,400	15,298	68,330
42	32,400	6,953	47,043

出所：永瀬［1978］163, 165頁．

3. 製粉業

長江以北の食文化は小麦を主食とする．しかし小麦をそのまま煮炊きして食べることは少なく，一度粉に挽いてから包子（パオズ）や麺条（ミェンティアオ＝日本語の麺類に相当する）に加工し食卓に供した．ここに成立するのが製粉業であり，それは中国北方の食文化と同じほどの長い歴史を持っていることになる．ただし中国において，機械を動力に用いた近代製粉工場が初めて設立された場所は，イギリスの植民地になっていた香港であった．香港在住の欧米人の食品需要に応じ，彼らの口にあったパンを製造すべく機械製粉業が持ち込まれたのである．また1863年には，上海で短期間，在来の挽き臼式製粉場の動力部分のみに機械を用いた工場（「機器磨坊」）が操業したと伝えられており，同種の工場は1880年代から90年代にかけ上海，天津，広州などの各地で十数カ所確認されている．これは在来の挽き臼式製粉場が完全な機械式製粉工場へ移行していく際の，過渡的な存在だったと考えられる．その後，欧米人の居住者が急増した上海にも，1897年，増裕公司というイギリス人経営の機械製粉工場が創設され，これを皮切りに，中国人商人たちの間でも機械製粉工場を建設する動きが相継いだ（表II-3-1）．上海近郊都市の無錫を本拠地に，やがて中国有数の大製粉会社に発展していく茂新・福新両公司も，この頃に設立されたものである．

表 II-3-1　機械製小麦粉の生産と輸出入

(単位：千 t，（　）内 %)

年	生産量：P	輸入量：I	輸出量：E	消費量：C	自給率：R
1910	…	45	53	…	…
12	1,034#	194	39	1,189	(87.0)
20	2,211##	31	240	2,002	(110.4)
30	…	314	＊	…	…
36	2,711	31	9	2,733	(99.2)
46	1,698	55	2	1,751	(97.0)
50	…	…	…	…	…
60	…	…	…	…	…
70	…	…	…	…	…
80	…	…	…	…	…
90	26,810	…	…	…	…
2000	27,590	…	…	…	…
10	101,185	…	…	…	…
14	132,040###	…	…	…	…

注：消費量と自給率の算出方法は表 II-1-1 参照．#は 1913 年，##は 1921 年，###は 2013 年の数値．＊は 0.5 未満．
出所：生産量 1912-46；上海市糧食局他編［1987］101, 106 頁，1990；SGN［1991］259 頁，2000；SGN［2001］155 頁，2010；SGN［2011-13］97 頁，2014；SGN［2014］401 頁，輸入量・輸出量；HB［各年］．

一方，ロシアの勢力が南下してきた東北地方でも，ロシア人資本によりロシア軍将兵や商人相手の機械製粉業が設立された．ただしその多くは，日露戦争後，ロシアの勢力が後退したことにともない中国人商人や日本人商人に売却されている．

機械製粉業の発展は必ずしも順調に進んでいたわけではない．たとえば無錫では，機械製粉業に仕事を奪われるのを恐れる在来製粉業者やその取扱商人たちにより「機械で挽いた小麦粉は栄養が無い」「消化に悪い」などの噂が流されたりしたという［上海社会科学院経済研究所 1962］．しかしこうした妨害にもかかわらず，1910 年代から 20 年代にかけて，都市部を中心に製粉工場の数は着実に増え続けた（表 II-3-2）．とくにその大きな契機となったのが，第一次世界大戦期の輸入粉途絶と外国市場向けの輸出急増であった（表 II-3-3）．大戦により欧米の小麦粉需給そのものが逼迫した上，欧米からアジアへの海上輸送にも困難が生じたため，それまで欧米産の小麦粉が押さえていた中国内外の市場に，中国産機械製小麦粉が進出していくことが可能になったのである．この時期の発展の主力は中国の民間資本であって，外国資本の工場はほとんど増えて

表 II-3-2 新設製粉工場数

期間（年）	中国資本	外国資本
1896-1912	47	43
1913- 21	105	18
1922- 31	83	2
1932- 36	40	12
1937- 45	157	23
1946- 49	131	—
不明	71	4

出所：中国科学院経済研究所・中央工商行政管理局資本主義経済改造研究室編［1966］15-18頁．

表 II-3-3 第一次世界大戦期の小麦粉輸出入の推移

（単位：千t）

年	輸入	輸出
1912	194	39
13	157	7
14	133	4
15	11	12
16	14	18
17	41	48
18	＊	122
19	16	163
20	31	240

注：＊は0.5未満．
出所：HB［各年］．

おらず，地域的にもそれは東北地方などに限定されている（表II-3-2）．機械製粉業のように生産技術が比較的簡単な場合，外国資本と中国資本の間に競争力の格差が生じにくかったこともその一つの要因であろう．またこの時期には，従来の上海近辺と東北地方に加え，天津，済南，武漢などといった華北華中の大都市にも機械製粉業が広まっていった．しかしそうしたなかにあっても上海の比重はずば抜けて高い（表II-3-4）．中国最大の国際貿易都市であり国内流通の中心地でもあった上海は，小麦の収穫状況や取引価格に応じ，適宜低廉な輸入小麦を利用できる便宜があったし，上海以外の全国の小麦粉販売市場に製品を売り込むことも可能だったからである．

以上のような機械製粉業の発展にもかかわらず，中国の小麦粉市場を全体として見た場合，内陸部の中小都市や農村地帯を中心に，在来の挽き臼式手工業製粉が占めていた比重はなお相当に大きなものだった．さらに個々の農家により自家製粉されていた部分も無視できない．これらの諸点を考慮したある推計によれば，1930年代の半ばに到っても，機械製粉が占める比重は全体の2割程度だったとされている（表II-3-5）．製粉業における工業化の進展程度を示唆する数字である．

日中戦争期から国共内戦期にかけて，一部の地域を除き機械製粉業は衰退した（表II-3-1）．戦争により市場に出回る原料用小麦が激減したこと，交通路の分断により都市の機械製粉工場で作られた小麦粉が工場所在地以外の市場に運

表 II-3-4　機械製小麦粉の地域別生産高（1933年）

（単位：千 t，（　）内 %）

地　域	生産量	比　率
上　海	758	(43.3)
江　浙	206	(11.8)
山　東	157	(9.0)
天　津	152	(8.7)
武　漢	62	(3.5)
東　北	200	(11.4)
合　計	1,752	(100)

出所：中国科学院経済研究所・中央工商行政管理局資本主義経済改造研究室編［1966］50, 59 頁.

表 II-3-5　生産形態別の小麦粉生産量の推計

（単位：千 t，（　）内 %）

年	機械製小麦粉 中国資本	機械製小麦粉 外国資本	半機械製小麦粉	手工業製小麦粉	自家製粉小麦粉	総　計
1913	448	587	20	3,646	5,597	10,298
(%)	(4.4)	(5.7)	(0.2)	(35.4)	(54.4)	(100)
21	1,902	310	137	3,091	7,178	12,618
(%)	(15.1)	(2.5)	(1.1)	(24.5)	(56.9)	(100)
36	2,402	309	325	3,784	7,911	14,731
(%)	(16.3)	(2.1)	(2.2)	(25.7)	(53.7)	(100)
46	1,698	…	…	…	…	…
(%)	…	…	…	…	…	…

注：自家製粉の数値は，その年の小麦生産量×0.47×0.7（上海市糧食局他編［1987］94 頁）．半機械製とあるのは「機器磨坊」による生産のこと．本文参照．
出所：上海市糧食局他編［1987］82, 94, 101, 106, 111 頁．ただし 1 袋＝22 kg で換算．

べなくなったこと，そうした状況のなかで農村部の挽き臼式製粉場や都市近郊の「機器磨坊」で挽かれる小麦が増加したこと，などのためである．ただし国民政府が抗日戦争を続ける根拠地となった四川省などの奥地では，この時期に初めて機械式の製粉業が広がった．また日本軍占領下におかれた東北・華北地方を中心に，日本資本が買収したり，日本軍が接収して日本資本に経営を委託したりした製粉工場は，全部で 76 工場にのぼり，全国の機械製粉業の生産設備の半分近くに達している．戦後これらの工場の多くは，もとの所有者の中国資本に返還されたが，残りは国民政府に接収されたまま国営企業となった．し

かし国有化された部分は綿紡織業の場合などよりも少なく，全体の1割程度にとどまったようである．

　1949年の革命以降，急進的な工業化政策全体を支える要として，都市労働者への食糧供給が重視されるようになり，製粉業に対しても政府の強い介入がみられた．1950-80年の生産量等のデータは得られないが，改革開放以後の1990年の生産量は1936年のおよそ10倍であり，計画経済期および改革開放初期における増産が確認できる（表II-3-1）．しかしより印象的なのは2000年以降の急増であり，わずか13年間で約5倍と，経済成長にともなう消費量の拡大と自家製粉の分などが機械製粉に変わった可能性を示唆している．この変化には，従来米食中心であった南方での小麦粉消費量の増加やインスタントラーメンの普及が影響していると見られ，食生活の多様化をも反映している［王尚殿編 1987；白石和良 1999］．

4．その他の軽工業

　軽工業を構成するのは，繊維工業と食品工業，それにさまざまな雑貨工業などである．すでに詳しく論じてきた綿業・製糸業・製粉業以外の諸工業について，簡単に概観しておくことにしたい．

〈毛紡織業〉

　広大な国内市場に立脚して大きく発展した綿業や，伝統的な輸出産業として常に国際市場の一角を占め続けた製糸業などとは異なり，毛紡織業の場合，その展開過程は曲折に満ちたものであった．1881年，清朝の高官であった左宗棠らが創設した中国最初の毛紡織工場，蘭州織呢局はわずか3年で閉鎖され，その後20年以上の空白を経て1910年前後に北京・上海・武漢の各地に設立された三つの工場も，数年間のうちにやはりいずれも閉鎖されてしまった．このころまでは毛紡織品の用途が軍服や学生服に限られており，国内市場自体がそもそも小さかったこと，しかも原料と生産技術が劣る国産品の品質では，輸入品に対抗できなかったことが指摘されている（表II-4-1）［上海市工商行政管理局

表 II-4-1　毛糸・毛織物の生産と輸入

(単位:毛糸千t, 毛織物万m)

年	毛糸 生産量:P	毛糸 輸入量:I	毛織物 生産量:P	毛織物 輸入量:I
1912	…	0.6	…	1,148
20	…	0.4	…	572
30	…	3.6	…	776
36	4.1	0.6	…	…
40	…	0.2	…	…
50	1.3	…	488	…
60	9.5	…	3,646	…
70	21.7	…	5,776	…
80	57.3	…	10,095	…
90	238.0	…	29,505	…
2000	423.2	…	27,832	…
10	299.0	21.6	56,630	…
14	407.0	16.0	60,003	…

出所:毛糸　1912-40;上海市工商行政管理局他編 [1963] 41, 48, 87, 99, 106, 124 頁. 1950-90; TN [1994] 404 頁. 2000-14; GN [2015] 18 頁. SN [2011] 118 頁. SN [2015] 118 頁.
　　毛織物　1912-30;上海市工商行政管理局他編 [1963] 36, 42, 48, 87 頁. 1950-90; TN [1994] 404 頁. 2000-14; GN [2015] 19 頁.

他編 1963, 以下同様]. ある程度の技術力と経営力を備えた本格的な工場が出現するまでには, 1930 年, 劉鴻生による上海の章華織呢廠の誕生を待たねばならなかった. この時期になると, 上海にはラクダ毛を原料とする毛織物工場が小規模ながら十数軒も操業するようになっており, 天津では 1931 年から編物用毛糸を生産する東亜毛紡廠が操業を開始している. 1920 年代の輸入拡大からも知られるように, 服飾生活全体の欧風化にともなう国内市場の拡大により, 中国でも毛紡織工業が発展する条件が整ってきたのである. 1935 年には, 無錫の綿業資本によって協新毛紡織染織廠が創設され, 大きな利益をあげた. ある推計によれば, 1930 年代の毛紡織品自給率は 10% 程度になっていた (表 II-4-2). そうした情勢に応じて外国資本の進出も活発化し, 1933 年に日本の上海紡が, また 1934 年にはイギリスのボーデン社が, それぞれ上海に紡毛工場を設立している. しかし 1920-30 年代のこうした急発展は, 原料となる羊毛や半製品のトップなどの大半を輸入に依存したものであり, それらの輸入もこの時期に激増していた.

日中戦争が始まると, 太平洋戦争開始までの短期間, 上海の租界内の工場が異常な活況を呈したのを除き, 多くの工場が日本軍により接収され日本資本の工場にされてしまった. そして戦後, 綿業における場合と同様, 戦時期に日本資本の工場だったところは国営の中国紡織建設公司に接収され, 民間資本と匹敵する勢力を保持するようになる. さらに人民共和国の成立以降, 旧中紡公司所属工場を母体にすべての工場が実質的に国有化されていく. 生産は, おおむ

ね1950年代から70年代まで漸増状態が続いた後, 80年代以降に激増するという経緯をたどった（表II-4-1）. 1950-60年代の発展が, 原料の羊毛の国内生産の増大を基礎としつつも, 毛織物製品の40%程度はソ連東欧諸国向

表II-4-2 毛織物製品の自給状況（1934年）

（単位：千元, （ ）内は%）

織物種類	国内消費	国産品	自給率
サージ類	2,500-3,500	400	（約14）
ベネシャン	5,000	130-140	（約3）
ギャバジン	1,000	170	（約16）
柄 織	600	270-280	（約46）
合 計	9,100-10,100	970-990	（約10）

出所：上海市工商行政管理局他編［1963］91頁.

けの輸出にまわされるような国際市場依存のものであったのに対し, 1970年代末に始まる新たな発展は, 農村部を含む広大な国内市場に支えられたものであることが, 顕著な違いである［当代中国叢書編集部編 1984］. 消費生活水準の向上に加え, 化繊との混紡によって作られる低価格で丈夫な毛織物が普及したこともあって, これまで奢侈品と見なされてきた毛織物がようやく庶民の日用衣類になり, 毛紡織工業の裾野も広がったものといえよう.

〈紙巻タバコ製造業〉

そもそも紙巻タバコという製品自体, 近代になって欧米から持ち込まれたものであり, 1892年, 上海に初めて工場を建てたのもアメリカ資本の会社であった. その後の10年間に上海だけでも6の外資系タバコ工場が設立され, 1904年頃には中国資本による小規模な紙巻タバコ製造工場も見られるようになっている［方憲堂主編 1989］. そして1905年, アメリカ資本が主導権を握る多国籍企業であり, それから後の中国タバコ産業全体をリードする存在になる英米タバコ会社が, 上海へ進出した. 同社は, 上海や武漢で数千人規模の労働者が働く大工場を経営するとともに, 内陸部農村地帯の隅々にまで宣伝を繰り広げて大々的な市場拡大を図ったり, 山東省・河南省に原料用葉タバコの契約栽培制度を導入したりするなどの努力を重ね, 1920年代までには, 中国国内のみにおいて原料生産―製品加工―市場販売のすべての過程の垂直統合を実現した大企業へと発展した［Cochran, Sherman 1980；張仲礼他編 1983］. 1920-30年代の英米タバコの市場占有率は6-7割に達している（表II-4-3）.

この中国タバコ業界に君臨した巨人に対抗し, 中国人資本を代表する存在に

表 II-4-3 紙巻タバコ生産・販売量の推移

(単位:千箱、( )内%)

年	生産量	販売量全国合計	英米タバコ	同比率
1926	…	824.4	580.4	(70.4)
30	…	1,344.7	877.9	(65.3)
36	…	1,386.9	877.4	(63.3)
50	2,650.0[#]	…	…	…
60	2,440.0[##]	…	…	…
70	7,830.0	…	…	…
80	15,200.0	…	…	…
90	32,975.3	…	…	…
2000	33,970.0	…	…	…
10	47,505.2	…	…	…
14	51,207.7[###]	…	…	…

注:[#]は1952年の,[##]は1962年の,[###]は2013年の数値.
2010-14年生産量は,1箱=5万本で換算.
出所:1926-36: 張仲礼他編 [1983] 733頁. 1950-90; SGN [1991] 27頁. 2000; SGN [2001] 164頁. 2010-14; SGN [2014] 401頁.

なったのが南洋兄弟烟草公司(南洋タバコ)である[中国科学院上海経済研究所他編 1960].同社は,広東出身の在日華僑であった簡氏兄弟によって1905年に香港に創設され,第一次世界大戦勃発にともなう輸入品減少の機会を捉え,1915年には上海への工場進出を果たした.そもそも1910-20年代は,上海,青島,武漢,広州などの各地に中国資本の工場設立があいつぐ時代となっており,その数は1927年に上海だけでも182工場に達していたのである.しかし工場の規模はおしなべて小さなものが多く,上海を例にとれば,紙巻タバコ製造機の設置台数は南洋タバコの85台と華成タバコの33台とが目立つ程度に過ぎず,平均的には7-8台というところにとどまっていた(表II-4-4).したがって経済恐慌により嗜好品であるタバコの消費が落ち込むと,その影響をもろに受けてしまうことにもなり,上海の場合,1936年には48工場が操業を続けていたのみであった[方主編 1989].

中華人民共和国の成立以後,紙巻タバコの生産は特に1970年から著しく増加している(表II-4-3).この一つの要因と見られるのが,農民の生活水準の向上による紙巻タバコの農村地域への普及であり,1952年時点ではわずかであった農村での消費が1983年には全販売量の60%以上に達したとされる[当代中国叢書編集部編 1986].なお,1983年よりタバコは中国煙草総公司による専売となっている.

〈卵加工品製造業〉

鶏卵を長期保存できるように加工したり,卵粉を製造したりする卵加工品製造業は,食品工業の中では数少ない輸出志向型の産業であり,早い時期から機

表 II-4-4　上海の中国資本タバコ工場の生産設備規模（紙巻タバコ製造機の設置台数別工場数）

年	1-5台	6-10	11-20	21-40	41-	調査数	平均規模
1932	37	16	5	1	1	60工場	7.48台
37	25	8	6	2	1	42工場	8.29台

出所：方主編［1989］74頁．

械制工場生産が導入されていた［吉田建一郎 2005］．すでに1880年代に，安徽省蕪湖でイギリス人がヨーロッパへ製品を輸出するための卵加工工場を作ったという記録がある．その後とくに第一次世界大戦期に，ヨーロッパにおける生産量の低下と軍糧需要の増加が刺激となり，長江流域の開港都市であった漢口や南京を中心に，外国資本・中国資本の工場が林立していった．しかし第一次世界大戦が終結すると，ヨーロッパ各国の国内生産が回復し，それぞれの国が自国の産業保護につとめだしたこと，くわえて衛生管理の不備を理由に中国品を排斥する動きも出てきたこと，などのため，中国の卵加工品製造業はその命脈であった輸出市場の大半を失い，一部の外国資本の近代的設備を備えた大工場を除き，急速に衰退した［楊大金編 1938］．中国で展開した近代工業の中には，このようにある一時期に大きく発展しながらも，その後種々の理由で衰退してしまった工業も存在したのである．

〈マッチ製造業〉

1910-20年代に急成長した代表的な雑貨工業の一つである．マッチの輸入は19世紀半ばから始まっており，1880年には上海にイギリス人メジャーの経営する燧昌自来火局というマッチ製造工場が創設されている［青島市工商行政管理局史料組他編 1963，以下同様］．しかし19世紀の末までは輸入品が多く，その市場も都市周辺の一部に限られたものであった．民衆の多くは火打石に頼る生活だったのである．そうした情況が1920年代までに大きく転換した．全国各地に100を越える数の工場が設立されるようになり（表II-4-5），そこでつくられた国産品が輸入品を駆逐する勢いを示すようになっていったのである（表II-4-6）．その過程についてみるならば，①マッチが民衆の間にも普及し市場が拡大したこと，②小規模な資本と簡単な技術で製造できたため，工場の設立が比較的に容易であったこと，③とくに第一次世界大戦期に輸入代替化が急進展した

表 II-4-5 マッチ工場数推移

年	中国資本	外国資本
1913	52	…
21	113	…
30	141	16
33	172	13

出所：青島市工商行政管理局史料組他編[1963] 7, 21, 41 頁．

表 II-4-6 マッチの生産と輸入
(単位：万箱)

年	生産量	輸入量
1880	…	2.8
90	…	8.3
1900	…	18.6
10	…	49.5
20	…	17.0
30	約 80	17.0
33	約 110	0.2

注：1930 年の生産量は納税済マッチ生産量 57.9 万箱をもとに，1933 年の比率で推計．
出所：青島市工商行政管理局史料組他編[1963] 43, 302-304 頁．

表 II-4-7 大中華火柴公司の利益率推移
(単位：万元，( ) 内は %)

年	純益	資本金	利益率
1930	12.6	191.0	(6.6)
31	54.6	236.7	(23.1)
32	41.5	259.8	(16.0)
33	6.2	300.0	(2.1)
34	-42.4	365.0	(-11.6)
35	-50.7	365.0	(-13.9)
36	83.8	365.0	(23.0)
37	33.3	365.0	(9.1)

出所：青島市工商行政管理局史料組他編[1963] 82 頁．

こと，などを指摘し得る．こうしたマッチ工業の発展を象徴するような存在が，1930 年，民国期中国における著名な企業経営者の一人である劉鴻生が設立した大中華火柴公司であった．業界他社の吸収合併を繰り返した結果，同公司の規模は，30 年代半ばまでに資本金 360 万元・年産 12-13 万箱にまで膨れあがっている．これは当時の市場規模に照らすと，1 割を上回るシェアに相当した．1932-35 年に過剰生産からマッチ業界が不況に陥った際も，同公司が主導して中華火柴連営社という生産販売カルテルを結成，折からの全般的な景気回復傾向にも助けられ，業績を好転させることに成功している（表 II-4-7）．

〈ゴム製品製造業〉

第一次世界大戦期に日本資本や在日華僑資本の小工場が上海に設立されたことがあったが，結局，輸入品に対抗し得ず短命に終わった．ゴム製のタイヤやチューブ，ズック靴などをつくるゴム製品製造業が本格的に勃興するのは，

1920年代末から30年代にかけてのことである．上海を例にとると，1931年現在，資本金110万元，従業員数1800人の大中華橡膠廠（1928年設立）を始め全部で48工場が操業するようになっていた．当時，原料である天然ゴムの国際価格が暴落していたのに対し，輸入されるゴム製品の価格は，銀安＝中国の外国為替値上がりの影響により上昇傾向をたどっていた．原料価格が低く，製品価格が高いというこうした条件が，中国におけるゴム製品製造業の急成長を促したのである［上海市工商行政管理局他編 1979］．ただし原料をすべて外国に依存していたため，その後の発展過程には種々の困難がつきまとうことになった．

〈製紙業〉

　清朝の官僚でもあった曹子揮らが，鄭観応・唐景星などの有力商人たちの協力を得て1882年に設立した上海機器造紙局は，1884年から生産を開始した．これが中国最初の機械製紙工場である．しかし，そもそも洋紙自体に対する需要が限られていたうえ，輸入品との競争に耐えられるような製品をつくるのも困難だったため，同工場の経営は欠損続きとなり，1925年に天章造紙廠の工場の一つになるまで経営者や工場の名称が何度も変更を重ねることになる．この例からも知られるように，近代製紙業が国内に確立されるのは，西洋風文化の波及と国内産業の発展にともない，書籍用紙・包装用紙等への洋紙需要が急増した1920年代以降のことであった（表II-4-8）．とはいえ1930-40年代になってもなお相当量の洋紙が輸入されており，自給率は30％程度にとどまっていたものと推測される（表II-4-9）．

　日中戦争が始まると戦災で上海などの大工場に大きな被害が生じるとともに，日本軍に接収される工場も相継いだ．しかしこの時期，日本占領下の東北地域で日本資本の製紙工場が急増していること，その一方，抗戦を支えた四川省などの内陸部にも小規模な製紙工場が設立されていったことは，戦後の発展を見るうえでそれぞれ無視できない意味を持っている．戦後，それまで日本資本が経営していた工場の多くは，東北地域における生産設備の7割がソ連に持ち去られた以外，民間資本に払い下げられた．

　人民共和国成立以後は，輸入量が低く抑えられる一方で，生産量の増加が実現した（表II-4-9）．とりわけ劇的なのは1980年代以降の変動であり，2000年

表 II-4-8　近代製紙業の発展
（単位：t，〔　〕は外資）

年	工場数	年間生産能力
1894	2〔—〕	1,404〔　—　〕
1913	8〔1〕	9,117〔3,300〕
19	9〔1〕	12,634〔3,300〕
24	14〔—〕	36,634〔　—　〕
31	26〔1〕	63,415〔8,500〕
37	36〔4〕	92,207〔26,760〕
45	118〔41〕	219,867〔175,677〕
49	84〔—〕	139,020〔　—　〕

出所：上海社会科学院経済研究所・（軽工業部）軽工業発展戦略研究中心編［1989］58, 115頁．

表 II-4-9　洋紙類の生産と輸入
（単位：万t）

年	生産量：P	輸入量：I	パルプ輸入
1912	0.9*	3.6	…
20	1.3*	6.7	…
30	6.3*	16.3	…
36	9.2*	19.9	1.36
40	…	9.2	…
46	8.2*	10.1	…
50	14.0	3.4	1.57
60	180.0	0.2	4.25
70	241.0	7.2	4.65
80	535.0	75.3	42.00
90	1,372.0	66.9	54.54
2000	2,486.9	594.0	334.51
10	9,832.6	331.0	1,137.00
14	11,785.8	282.0	1,796.00

注：*は，最も近い年の生産能力と推定操業率による推計．
出所：1912-46：上海社会科学院経済研究所・（軽工業部）軽工業発展戦略研究中心編［1989］86, 105, 125, 141, 179, 230頁．
　1950-90：生産量 TN［1994］405頁．輸入量 DN［1984］IV117頁，DN［1991］430頁．
　2000-14：生産量 TN［2015］464頁．輸入量 DN［2001］530頁．SN［2011］116, 117頁．SN［2015］116, 118頁．

代の飛躍的な生産増加は経済成長にともなう需要の急増を示唆している．また，それに合わせて原料パルプの輸入が年々増加している点も注目される．

5. セメント製造業

　1889年，河北省開平炭鉱創設時の建材需要を満たすため，同炭鉱の所在地近くに，やはり官営の唐山細綿土工廠が設けられセメントを試験的に製造している．これが中国最初のセメント工場であったが，原料の石膏や石灰を広東などの遠方に求める状態でコストがかさんだうえ，製品の質にも難があったため，1893年には閉鎖されてしまった．一方，同じ1889年に香港でイギリス資本のグリーン・アイランド・セメント社（中国名・青州水泥廠）が操業を始めており，

こちらの方は，その後も比較的順調に営業を続けた．

上記の唐山工廠は，清朝財政のバックアップを受け，工場に近接した地域で原料を調達するめどをつけて1906年に再建された．やがて中国セメント業界の雄となる啓新洋灰公司の誕生である［南開大学経済研究所他編 1963］．また，同じ1906年には広東士敏土廠が，翌1907年には湖北水泥公司（大冶）がそれぞれ設立されており，日本資本の小野田セメントも，1910年，大連に工場を進出させた．いずれも鉄道・鉱山の開設にともなうセメント需要の増大に応えようとしたものであり，この頃には，すでに自給率が6-7割に達している（表II-5-1）．

再び会社設立が相継ぐ第2の発展期は，第一次世界大戦直後に訪れた．1921年設立の華商上海水泥公司と太湖水泥公司（無錫），1922年設立の中国水泥公司（南京）などであり，いずれの場合も，上海近辺の綿業・製粉業等の工場設立ブームに主な市場を見出そうとするものだった［上海社会科学院経済研究所 1981］．一種の後方連関効果を認めるべきであろう．

その後1920年代半ばから何度か不況に陥るが，そのたびに種々の不況カルテルを結んで切り抜け，各社とも営業規模の拡大に成功している．その発展過程において，国民政府による保護関税の設定と，政府主導の道路鉄道建設・軍事施設建設にともなうセメント需要とは大きな役割を果たした［南開大学経済研究所他編 1963；上海社会科学院経済研究所編 1981］．

日中戦争期になると大部分の工場が日本軍に接収され，軍需生産に従事させられた．戦後，その多くは，本来の経営主である民間資本各社に返還されたが，一部は資源委員会（VIII章参照）傘下の国営セメント会社に改組されている．

人民共和国の成立以降，経済建設のための基幹産業の一つとしてセメント産業は特に重視され，多額の資金の投入により設備拡充が図られるとともに，かなり早い時期から，実質的な国有化を意味する「公私合営」が強行された．その際，資源委員会の下にあった国営会社が重要な意味を持ったことは，いうまでもない．しかしその一方で，1960年代から70年代にかけて推進された「五小工業」（鉄鋼，化学，セメント，電力，農業機械など）と呼ばれる地方国営企業主体の重化学工業発展政策のなかで，小規模のセメント工場が各地に相継いで出現し，生産量の増加に大きく寄与した（表II-5-1，II-5-2，［田島俊雄他編 2010］）．

表 II-5-1　セメントの生産と輸出入

(単位：万 t，（　）内 %)

年	生産量：P	輸入量：I	輸出量：E	消費量：C	自給率：R
1895	*	0.7	—	0.7	…
1903	*	2.1	—	2.1	…
10	…	10.3	—	…	…
20	14.2	10.6	1.1	23.7	(59.9)
30	67.8	18.4	6.1	80.1	(84.6)
36	124.3	20.3	9.5	135.1	(92.0)
40	141.5	4.4	…	…	…
46	29.2	4.6	…	…	…
50	141	3.8	9.2	136	(103.7)
60	1,565	20.6	88.6	1,497	(104.5)
70	2,575	7.5	42.8	2,540	(101.4)
80	7,986	131.7	94.8	8,022	(99.6)
90	20,971	20.3	682.9	20,308	(103.3)
2000	59,700.0	142.6	606.0	59,236.6	(100.8)
10	188,191.2	…	1,616.0	…	…
14	249,207.1	…	1,391.0	…	…

注：＊は 0.5 未満．2010, 2014 年輸出量はクリンカーを含む．
出所：生産量 1912-46；Chang [1969] pp.122-123, 南開大学経済研究所・南開大学経済系編 [1963] 151-152 頁，上海社会科学院経済研究所編 [1981] 上巻 184, 225 頁，中巻 104 頁，等により独自に推計．1950-90；国家統計局国民経済綜合統計司編 [2010] 43 頁．2000-14；TN [2015] 465 頁．1950-93；TN [1994] 409 頁．
　輸入量 1912-46；HB [各年]．1950-80；DN [1984] IV114 頁．1990；DN [1991] 426 頁．2000；DN [2001] 532 頁．
　輸出量 1912-46；HB [各年]．1950-80；DN [1984] IV104 頁．1990；TN [1991] 624 頁．2000；DN [2001] 517 頁．2010；SN [2011] 112 頁．2014；SN [2015] 112 頁．

表 II-5-2　工場規模別セメント生産高（1957-90 年）

(単位：万 t)

年	大・中規模	小規模	合計
1957	667.1	18.6	685.8
60	1,012.4	462.9	1,565.3
70	1,517.1	1,057.8	2,574.9
80	2,558.5	5,427.2	7,985.7
90	3,985.0	16,986.0	20,971.0

注：合計の数値が各項目と一致しない年があるが、原表による．
出所：1957-80；当代中国叢書編集部編 [1990] 57 頁．1990；王燕謀編 [2005] 241-242 頁．

その後，改革開放下の建設需要の増加にともない，セメント産業も生産拡大の一途をたどり，2014年には世界生産量の約6割に達した［U.S. Geological Survey 2016］．しかしこの生産増加は，中央政府の構造調整（産業集中度の上昇）の意図にもかかわらず，依然として小規模工場による部分が少なくなく，その品質やコスト，環境負荷の面で問題が多いことも事実である．

6. 化学工業

近代産業全体の発展にとって化学工業の持つ重要性は，改めていうまでもない．繊維産業における漂白剤・染色剤，食品工業におけるベーキングパウダー等の添加剤，マッチ・ゴム製品・紙パルプ等の製造工業における原料など，およそ今まで取り上げてきた諸工業において化学製品を用いずにすむものはないほどである．さらに戦後発展した石油化学工業は，各種の化学繊維やプラスチック製品の最も重要な原料供給産業となった．しかし中国における化学工業製品の国産化は，軽工業製品の場合よりかなり立ち遅れたものとなった（表II-6-1，II-6-3）．民国期に比べ人民共和国期の発展が必ずしも順調ではなかったことも，一つの特徴である．このような事態はなぜ生まれたのであろうか？

化学工業のうち最初に発展したのがソーダ工業であった．第一次世界大戦が終結した1918年に天津に設立された永利化学公司は，1924年に操業を始め，1926年以降，ソーダ灰と苛性ソーダの生産を本格化させている［満鉄天津事務所 1937，以下主に同書による］．同公司の創設者だった范旭東は日本の京都大学に留学したことのある技術者であり，1914年に自ら創設していた久大精塩公司の産する精製塩を原料に，折からの工業ブームで需要が高まりつつあった工業原料を製造することを思い立ったのである．開業当初は製品の純度が足りず，市場に販売することも困難なほどであった．しかし同社は，アメリカ留学生出身の侯徳榜を中心とする技術陣の力でただちに製造設備の改善に着手し，ついに1926年9月，高純度のソーダ灰製造に成功，以後，狙いどおり永利公司の製品は国内の繊維・食品・雑貨・製紙等の各種工業用原料として大きな販路を持つにいたり，その一部は日本にも輸出されたほどであった（表II-6-2）．永利

54　II　近代工業の発展

表 II-6-1　ソーダ工業製品の生産と輸入

(単位：万 t，（ ）内 %)

年	ソーダ灰			苛性ソーダ		
	生産量：P	輸入量：I	自給率：R	生産量：P	輸入量：I	自給率：R
1910	—	1.97	(—)	—	—	(—)
20	—	4.46	(—)	—	—	(—)
30	2.3	6.46	(26.4)	0.7	1.31	(34.8)
36	5.0	4.48	(52.7)	0.8	2.04	(28.2)
46	…	1.38	(…)	…	1.13	(…)
50	16.0	0.08	(99.5)	2.3	2.43	(48.6)
60	81.5	—	(100.0)	40.7	—	(100.0)
70	107.7	—	(100.0)	89.2	—	(100.0)
80	161.3	30.22	(84.2)	192.3	10.98	(94.6)
90	379.5	21.05	(94.7)	335.4	4.05	(98.8)
2000	834.0	13.50	(98.4)	667.9	4.65	(99.3)
10	2,034.8	…	(…)	2,228.4	…	(…)
14	2,525.8	…	(…)	3,063.5	…	(…)

注：輸出はあってもわずかなため自給率 (R) ＝P÷(P+I)×100 により算出．比率は原表の数値により算出．
出所：ソーダ灰　生産量 1930-36；満鉄天津事務所（三品頼忠執筆）[1937] 15-16, 36, 81 頁．1950-90；TN [1994] 409 頁．2000-14；TN [2015] 464 頁．輸入量 1910-46；HB [各年]．1950-80；DN [1984] IV116 頁．1990；TN [1991] 627 頁．2000；DN [2001] 532 頁．
　　　苛性ソーダ　生産量 1926-36；満鉄天津事務所（三品頼忠執筆）[1937] 82 頁．1950-90；TN [1994] 410 頁．2000-14；TN [2015] 464 頁．輸入量 1910-46；HB [各年]．1950-80；DN [1984] IV116 頁．1990；TN [1991] 627 頁．2000；DN [2001] 532 頁．

表 II-6-2　永利公司
ソーダ灰生産推移

(単位：t)

年	生産量
1924	3,300
26	4,500
28	15,000
30	18,000
32	32,000
34	37,000
35	45,000

出所：満鉄天津事務所（三品頼忠執筆）[1937] 15-16 頁．

表 II-6-3　石油化学工業製品の生産と輸入

(単位：万 t, ( ) 内 %)

年	エチレン 生産量	ポリエチレン 生産量	ポリエチレン 輸入量	ポリエチレン 自給率	化学繊維(含再生繊維) 生産量	化学繊維(含再生繊維) 輸入量	化学繊維(含再生繊維) 自給率
1950	—	—	—	(—)	—	0.05	(—)
60	0.07	—	—	(—)	1.06	3.40	(23.8)
70	1.51	0.50	—	(11.3)	10.09	4.27	(70.3)
80	48.99	30.20	5.23	(85.2)	45.03	41.14	(52.3)
90	157.21	…	35.90	(…)	165.42	60.84	(73.1)
2000	470.00	…	296.69	(…)	694.00	174.74	(79.9)
10	1,421.34	…	487.89	(…)	3,090.00	58.59	(98.1)
14	1,696.69	…	665.00	(…)	4,389.75	61.31	(98.6)

注：自給率＝生産量÷(生産量＋輸入量)×100 により算出.
出所：エチレン　1950-90；国家統計局国民経済綜合統計司編 [2010] 44 頁. 2000-14；TN [2015] 464 頁.
　　　ポリエチレン　生産量 1950-80；当代中国叢書編集部編 [1987] 505 頁. 輸入量 1960-80；DN [1984] IV115-116 頁. 1990；TN [1991] 627 頁. 2000；DN [2001] 534 頁. 2010；SN [2011] 117 頁. 2014；SN [2015] 117 頁.
　　　化学繊維　生産量；TN [1994] 404, 518 頁. 2000-14；TN [2015] 464 頁. 輸入量 1957-80；DN [1984] IV117 頁. 1990；TN [1991] 626 頁. 2000；TN [2001] 597 頁, 17-9 表. 2010；SN [2011] 116 頁. 2014；SN [2015] 116 頁.

公司の製品が進出していったため，1930 年代半ばの時点で，中国のソーダ灰の自給率は 50％ 程度，苛性ソーダの自給率は 30％ 程度に達していたと推計されている（表 II-6-1）．この時期，東アジアの化学工業製品市場に君臨していたイギリスの I.C.I（Imperial Chemical Industries 通称プラナモンド社）に対抗して永利公司が活路を開いていけたのは，①原塩を系列会社の久大公司から調達でき，原料コストを引き下げられたこと，②原料に対する塩税や製品に対する国内移出税（「転口税」），輸出税等を減免され，国有鉄道の運賃割引制度の適用も受けるなど，中国政府の手厚い保護を享受できたこと，③技術重視の合理的な会社経営が追求されていたこと，などのためである．その後 1937 年からの日中戦争で天津の工場が日本軍によって接収されると，永利公司は国民政府統治下の四川省楽山に工場を新設して営業を続けた．

永利公司の開業に続き，1926 年，サルファーブラック等の硫化染料の原料になる硫化ナトリウムを製造する渤海化学公司が，やはり天津で操業を開始した．一方上海では，苛性ソーダや塩酸を製造する天原電化廠が 1929 年に設立され 30 年から操業を始めている．同社は，日本の「味の素」に似た化学調味料「味精」の製造会社である天厨味精廠経理の呉蘊初により，「味精」の原料

供給を目的に設立された会社であった．その後 1930 年に開元ソーダ（上海，ガラス工業等の原料の硅酸ソーダ製造），1932 年に天利窒素（上海，硫化染料工業原料の硝酸製造）などが設立され，1934 年には，化学肥料の原料となる硫安の製造工場が，国民政府実業部にバックアップされた永利公司によって南京に新設されている．以上の事例は主に 1920-30 年代に軽工業が急発展したことの後方連関効果として，中国民間資本の主導により化学工業が成立していった経緯を示すものである [Rawski, Thomas G. 1980]．だが同時に，原料・製品に対する免税特権供与や，工場建設に対する金融協力など，政府が意識的系統的に化学工業の育成に力を入れていた事実にも注目しなければならない．硝酸化合物が火薬の原料になることで知られるように，軍需も配慮されていたからである．そうした傾向は日中戦争が始まるとさらに顕著なものになり，国民政府直属の経済行政機関である資源委員会の下，いくつかの国営化学工場が内陸部に創設されていった．

　この間，1930 年代から 40 年代にかけ，日本軍占領下の東北地区においても，日本資本によって化学工業会社が創設されている．1933 年に大連に設立され 35 年から硫酸の製造を開始した満洲化学工業会社や，1936 年にやはり大連に設立され 37 年から操業を始めた満洲曹達会社などであり，日中戦争期にそれぞれ生産量を伸ばしている．

　戦後，東北地域を中心に日本の占領地区にあった化学工場の大半も資源委員会が接収したため，中国の化学工業全体の中で国営工場が占める比重は，国民政府の時代からすでに相当に大きなものとなっていたことになる．人民共和国の成立以降，共産党政権が推し進めた化学工業の国営化政策は，こうした情況を手がかりに強行されていった．早くも 1952 年には，当時中国最大の化学工業会社であった永利公司が「公私合営」となって実質的に国有化され，1956 年までにはすべての化学工業会社が国有化されてしまっている．このように工場の所有と経営には大きな変化があったとはいえ，1950 年代以降の化学工業の展開自体は，1940 年代までの民国期の到達点を基盤にしたものである [当代中国叢書編集部編 1988b，以下主に同書による]．たとえばソーダ工業の場合，主力工場は 1990 年代まで一貫して天津の旧永利公司（現在名：天津碱廠）と大連の旧満洲曹達会社（現在名：大連化学工業公司碱廠）の二つであった．この間，

1960年代から70年代にかけ四川省自貢，山東省青島，湖北省応城などに中規模のソーダ製造工場が設立されているとはいえ，それら新設工場の生産高は1983年時点で全体の4分の1程度を占めていたに過ぎない．工業用ソーダの不足を補うべく「大躍進」期の1950年代末と「文革」期最中の70年代初めとに乱立された小規模なソーダ製造工場群に到っては，コスト高と低品質のため，そのほとんどが工場閉鎖に追い込まれてしまった．こうして工業用ソーダの国内生産量は，1980年には自給率80％程度と不足気味であり（表II-6-1），相当量を輸入に頼らざるを得ない状態が生じていた．

　ソーダ工業の発展が遅れた直接の原因は，先の経緯からも知られるように，人民共和国期になってから十分な規模を備えた工場が新設されなかったためである．1956年までに完了した実質的国有化政策の結果，たとえ製品の需給関係がどれほど逼迫しようとも，民間資本によって工場が新設されるという条件は失われてしまっていた．そうした情況であるにもかかわらず，共産党政権は化学工業に十分な資金を投下せず，既存大工場の拡張と中小工場の設立のみによって生産力の不足を乗り切ろうとしてきたため，ついに輸入品依存の状態を解消できないような事態を生み出してしまったのである．同様に，化学肥料でも，輸入に大きく依存しつつ，小型プラントによる炭安（炭酸水素アンモニウム）生産が生産量全体の半分以上を占める独特の構造が生まれていた［田島俊雄編 2005；峰毅 2009］．

　一方，第二次世界大戦後に欧米や日本で発展した石油化学工業についてみると，中国の場合，その本格的な展開は1970年代以降のことになった（表II-6-3）．石油化学工業につながる動きが，それ以前に全く存在しなかったわけではない．1930年に日本の満鉄が始めた油頁岩（オイル・シェール）からの石油精製事業は，国民政府の手を経て最終的には共産党政権に接収され，現在の撫順石油化工公司に引き継がれているし，1950年代にソ連の援助を得て建設された蘭州の石油精製施設も，石油化学工業の展開を促進する役割を果たした［飯塚靖 2003］．しかし石油化学工業展開の基礎となるエチレンの生産量は，1960年代になっても微々たるものに過ぎず，国際的に見て立ち遅れが目立つ分野の一つになっていたのである（表II-6-4）．そうした状況を打開する決め手になったのは，結局1972年以降に始まったイギリスや日本からのエチレン・プラント輸入であ

表 II-6-4　石化製品生産の国際比較（1972 年）

（単位：万 t）

国名	エチレン	化学繊維	プラスチック
中　　国	4.4	5.0	24.8
アメリカ	945.7	224.2	1,175.5
ソ　　連	116.5	23.9	204.2
日　　本	385.1	105.4	557.3
イギリス	112.2	37.4	160.8
フランス	121.8	23.8	210.0

出所：当代中国叢書編集部編［1987］174 頁．

った［当代中国叢書編集部編 1987］．それまで共産党政権は，自主開発技術により小規模な石油化学工場を設けていたのだが，それらの企業は，のきなみ，低効率や粗悪な品質，環境汚染などを理由に閉鎖されてしまう．自主開発技術への過度の執着は，きわめて「高い授業料」についてしまった．これに対して，2000 年代の劇的な生産増加は，主に中国石油天然気集団公司（CNPC）と中国石油化工集団公司（SINOPEC）という石油・石油化学産業の上流・下流両部門を統合した二大国有企業グループが国際メジャーと提携して生産設備を拡大した結果である．近年では民間企業の市場参入による競争も生じつつ，経済成長にともなう石油化学製品需要の急増に対応している［郭四志 2007］．

7. 機械工業・造船業

　近代的機械工業が繊維・食品などの軽工業分野に先行して始まったことは，西欧諸国の場合とは異なる中国の工業化過程に特徴的な現象であり，世界史的な条件の下，日本など同時期の一部のアジアの国々に共通して見られる現象でもある．中国の近代的機械工業には二つの源流があった．その一つは，欧米からやってくる貿易船の船舶修理工場であって，1840 年代以降，香港，広州，上海などに，外国資本の工場（ドック）が相継いでつくられていった．そのなかには，1862 年に上海に設立されたボイド（祥生）社や同じく上海に 1865 年に設立されたファーナム（耶松）社のように，1880 年代までに 2000 トン級の船の建造能力を備えてしまった会社も出現している．両社には，蒸気エンジンを製造するための鋳造部門，金属加工部門などを含め，数百人の中国人労働者が働いており，彼らが修得した技能は，20 世紀に中国の工業化が進むうえで大きな意味を持った［孫毓棠編 1957］．機械工業の第二の源流は，1860 年代に

入ってから武器の製造や軍艦の建造をめざし各地に建設された一連の官営工場であって，江南製造局（上海，1865年設立），馬尾船政局（福州，1866年設立），天津機器局（1867年設立）などが著名である．これらの官営工場は，太平天国という農民反乱の鎮圧に苦しみ外国に軍事援助を仰がねばならなかった清朝政府が，近代的軍備の自給化と，水運業などにおける中国の主導権確保をめざし，設立したものであった．

一方，初めのうち外国資本ばかりが目立った船舶修理業界でも，しだいに中国人が経営する下請工場のなかから，自立性の強い機械工場が育っていくことになった．上海を例にとると，1894年現在，船舶修理を主な業務とする機械工場として，14社の名が挙がっている．そして1902年には，やがて中国最大の民営機械工場に成長していく大隆鉄廠が，小さな機械修理会社の営業マンであった厳裕棠らによって創立された［上海社会科学院経済研究所編著 1958］．

その後1910年代から30年代にかけ，汽船・鉄道などの近代的交通手段の発達（III章）と，繊維・食品を中心とする軽工業部門の急発展（本章1-4）にともない，中国の機械工業も長足の進歩を遂げていく．すでに1905年に兵器製造部門と造船部門とが分離していた江南製造局では，1912年，造船部門のみが独立して海軍直属の江南造船所と改称した．最大時には労働者6000人を抱える大工場になった同造船所は，1905-37年の間に，軍艦・民間船を合わせ，735隻22万6000トンの船を建造しており，そのなかには，第一次世界大戦の際にアメリカから受注した1万4750トンの大型貨物船4隻も含まれている［上海社会科学院経済研究所編 1983］．京漢線・津浦線などの国営鉄道車両工場も，きわめて大規模なものであった．たとえば京漢線の長辛店車両工場には工作機械125台・労働者998人が配置され，各種車両の点検修理はもちろんのこと，蒸気機関車のノックダウン生産にも当たっていたのである［菊池敏夫 1979］．

この間，上述のような国営工場とともに，民間の機械工場も堅実な発展の道をたどった．繊維工業の機械設備の国産化を例にとると，当初は一部の部品を模倣生産することに始まりながら，1920年代末までには，紡績機・力織機などの主な機械設備一式を自力生産できるようになっている［清川雪彦 1983］．そのほか食品加工業・マッチ製造業等の機械設備，各種の内燃機関，大型の橋脚類などの国産化にも成功していたことが知られる（表II-7-1）．こうした民間機

表 II-7-1　上海の中国資本機械工場数の推移

年	紡織機械	メリヤス織機	原動機	工作機械	船舶*	印刷機	修理	総計**
1913	13	3	16	—	19	7	33	91
24	50	39	48	10	34	18	85	284
31	73	41	70	8	51	32	174	457
37	97	48	71	11	54	41	236	570
45	149	20	20	33	22	27	124	579
47	194	24	21	35	55	40	28	151	708

注：*は修理専門工場を含む．**はその他業種も含めた数．
出所：上海市工商行政管理局・上海市第一機電工業局機器工業史料組編 [1966] 303, 528-529, 683 頁.

表 II-7-2　上海の機械工場の営業高と純益額の推移（1930-36年）

（単位：千元，（　）内は純益額）

年	中華鉄工廠	上海機器廠	寰球鉄工廠	大隆機器廠	新中工程公司
1930	…	…	…	…	187 (…)
31	159 (10)	…	…	(35)	220 (…)
32	81 (7)	165 (8)	113 (3)	…	112 (8)
33	158 (12)	155 (8)	246 (17)	…	280 (28)
34	234 (29)	212 (4)	282 (19)	…	338 (20)
35	170 (10)	121 (4)	243 (21)	(159)	541 (11)
36	307 (177)	309 (8)	406 (27)	…	…

出所：上海市工商行政管理局・上海市第一機電工業局機器工業史料組編 [1966] 371, 512, 526, 583, 586, 589-590, 593-594 頁．上海社会科学院経済研究所編著 [1958] 32, 48 頁．

械工場の創設者のうち，51％までは機械修理工場の役付職工出身であり，21％が鍛冶屋の出身，12％が商人の出身であった．また上海にあった主な機械工場の営業高・純益高を整理してみると，若干の変動は見せつつも，明らかに増勢で推移している（表II-7-2）．

ただし国産機械工場のこうした発展にもかかわらず，1930年代まで，機械類の輸入高は終始高い水準を保ち続けている（表II-7-3）．したがって機械類の自給率も1930年代初頭の時点でせいぜい1-2割程度にとどまっていたものと見られ（表II-7-4），この頃までに主要製品の自給化をほぼ達成していた軽工業分野に比べ，中国機械工業の発展は，なお緒に就いた段階であったといわなければならない．

だが日中戦争が始まると大きな変化が起きた．軍需生産のための基幹産業と

7. 機械工業・造船業　61

表 II-7-3　機械類輸入額推移（1912-36年）

(単位：万元)

年	総額	紡織機	原動機	ポンプ	工作機
1912	902	…	…	…	…
13	1,220	…	…	…	…
14	1,332	317	164	…	…
15	739	220	105	…	…
16	985	301	90	…	…
17	887	189	51	…	…
18	1,159	257	101	…	…
19	2,292	583	248	…	…
20	3,627	1,075	366	…	…
21	8,771	4,163	796	…	…
22	7,820	4,749	373	…	…
23	4,700	1,920	233	63	39
24	3,593	859	306	60	29
25	2,525	531	299	100	35
26	2,764	632	296	83	54
27	2,994	578	464	83	58
28	3,255	640	400	122	58
29	4,935	1,392	536	122	42
30	7,057	2,180	585	173	33
31	6,934	2,150	883	145	40
32	4,433	1,619	699	75	95
33	3,495	909	393	136	94
34	6,102	1,422	1,253	133	154
35	6,323	1,439	1,111	152	186
36	5,756	1,395	634	120	296

注：1932-36年分は東北地区の輸入分を除く数値.
出所：上海市工商行政管理局・上海市第一機電工業局
　　機器工業史料組編［1966］434, 498頁.

表 II-7-4　機械類の生産と輸入（1931年）

(単位：万元, (　) 内 %)

	生産量	生産額：P	輸入額：I	自給率：R
紡織機械	…	183.7	2,150.1	(7.9)
ポンプ	127台	1.8	144.6	(1.2)
農業機械	…	24.4	106.3	(18.7)
原動機	15千馬力	75.0	883.5	(7.8)

注：自給率 $(R) = P \div (P+I) \times 100$, ただし輸出はなし.
出所：上海市工商行政管理局・上海市第一機電工業局機器工業史料組
　　編［1966］545-546頁. ただし楊大金編［1938］856-859頁を参考に
　　修正.

表 II-7-5 上海の中国資本機械工場の生産設備

(単位：人，台，( ) 内は1工場当たり平均)

年	工場数	労働者数	旋盤	平削盤	ボール盤	フライス盤
1933	456	8,082 (18)	1,433 (3.2)	431 (1.0)	636 (1.4)	51 (0.1)
47	708	15,129 (21)	4,475 (6.3)	1,046 (1.5)	1,284 (1.8)	276 (0.4)

出所：上海市工商行政管理局・上海市第一機電工業局機器工業史料組編 [1966] 531-532, 686-687頁．

表 II-7-6 機械工業投資額の推移

(単位：億元，( ) 内%)

年	金属加工	内，機械	工業総額	金属加工部門比重
1952	2.5	1.9	16.9	(14.8)
53	4.6	3.2	28.3	(16.3)
54	6.6	4.6	38.4	(17.2)
55	7.2	5.7	43.0	(16.7)
56	9.6	7.3	68.2	(14.1)

出所：中華人民共和国国家統計局工業統計司編 [1958] 116頁．

して，国民政府の支配地区でも，日本軍の占領地区でも，機械工業の発展に向け新たな努力が払われたからである．抗日戦争を継続するため四川省に移ってきた国民政府は，上海などの沿海部から内陸部へ機械工業設備の移転を図るとともに，資源委員会直属の兵器工場や機械工場を，四川省・貴州省・雲南省などの内陸部に次々に開設していった[久保亨・波多野澄雄他編 2014]．1945年までに資源委員会が設けた118の企業のなかには，機械工場が8社，電器工場が5社含まれている．

一方日本側は，東北地域の機械工業の拡大強化を進めるとともに，上海などに残された中国側の機械工業設備も接収，ないしは厳しい監督下に置き，自らの侵略行動を支える軍需生産体制の整備に腐心したのである．戦時期を通じて上海の機械工業は，労働者数・工作機械数ともに増加している（表II-7-5）．

人民共和国期になると，機械工業の発展を促進する上記のような傾向は，一層加重されることになった．冷戦体制の進展に対応した軍備拡充のため，軍需工業を急速に発展させることが要請されていたし，政治的独立を裏付ける経済自立達成のため，機械工業を始めとする生産財部門の確立が政策的に重視さ

れたからである．機械工業に対しては巨額の国家資金が投入され（表 II-7-6），各種の内燃機関や工作機械を中心に，めざましい勢いで生産量が伸びていった（表 II-7-7）．

表 II-7-7　主要機械工業製品の生産量の推移

年	工作機械類（万台）	内燃機関類（万kw）	ポンプ（万台）	交流用モーター（万kw）	鉄道機関車（両）
1950	0.33	…	1.4	20	20
57	2.80	51	5.1	146	167
62	2.25	93	6.1	343	1
65	3.96	205	15.5	405	146
70	13.89	539	58.2	1,456	573
78	18.32	2,074	133.1	3,195	521
80	13.36	1,869	109.6	2,570	512
90	13.45	5,402	…	3,528	655
93	26.20	10,081	…	5,450	922

出所：国家統計局工業統計司編［1985］55-57頁，TN［1994］411, 413頁．TZ［1994］81頁．

とはいえ 1950 年代以降の機械工業の発展には，さまざまな歪みがつきまとっていた．まず第 1 に，冷戦体制の下，技術導入先がほとんどソ連に限定されてしまったことである．むろん，たとえばソ連の協力で東北に創設された自動車工場（第一汽車製造廠）や工作機械工場（瀋陽第一機床廠，ハルビン量具刃具廠）などが，中国の機械工業の技術的基礎を飛躍的に拡大したのは疑いない．しかし，その半面，欧米や日本からの技術導入がきわめて困難な情況に陥ったことは，一部技術の自主開発を促したという側面を持っていたにせよ，やはり全体としてみれば，機械工業の技術水準の向上を大きく制約するものになった．だからこそ 1970 年代末以降，中国内外の情勢の転換にともない欧米や日本からの機械設備買入れが可能になるにつれ，中国はその対外輸入額の相当部分を機械類に振り向けなければならなかったのである．第 2 に，中国の機械工業においては，軍用技術の開発が先行した半面，民用技術の開発は著しく立ち遅れる傾向にあったことである．日中戦争期から冷戦期にかけ，軍需面への配慮が常に優先されてきた以上，こうした情況が生じるのは不可避だったともいえよう．1950 年代の一時期，「軍需民用結合」方針が提起されたこともあったが，全体としては軍需優先のいびつな構造が 70 年代まで続いた．こうした構造は 1980 年代以降徐々に転換し，安価な労働力を求めて中国に進出する外資系製造業企業とそれにともない勃興した国内企業を担い手として，テレビや冷蔵庫などの家電，ノートパソコンやスマートフォンなどの精密機器，自動車といった民用を主とする機械工業が成長してくるのである［丸川知雄 2007；2013］．

8. 鉄鋼業

中国は，1996年に日本を抜いて世界最大の鉄鋼生産国になった．産業の米とも称される鉄を大量に生産する能力を，中国はどのように築いてきたのだろうか．鉄の利用は古代から続いてきたとはいえ，在来技術と近代製鉄技術の間の生産力格差には隔絶したものがあり，綿業や製粉業などの軽工業分野で問題になったような在来産業との角逐も，鉄鋼業の場合，ほとんど存在しない．

中国における近代製鉄業の本格的な起点は，1890年設立，1894年出銑開始の国営漢陽鉄廠（漢冶萍公司の前身）創設に求められる．これに先だち貴州省に設けられた青谿鉄廠は，1886-90年の短期間存在しただけで閉鎖されてしまっていた．漢陽鉄廠の設立者であった清朝の高官張之洞は，自らの任地の武漢（武昌・漢口・漢陽の3都市からなる湖北省の都市）で，資源開発と鉄道用レールの自給化（盧漢鉄道，北京盧溝橋―漢口）を狙ったのである［波多野善大 1961］．しかし，①そもそも武漢は鉄鉱石や石炭の産地から遠く隔たっており，原料立地の原則に反していたこと，②燐分含有量の多い大冶産鉄鉱石を使うにもかかわらず，その種の鉄鉱石には不向きの技術であるベッセマー転炉を導入したこと，③コークス炭をイギリスからの輸入に依存していたこと，などのため，創業当初は製造コストがきわめて高いものになったうえ，鉄道用レールに必要な強度を持った，燐分の少ない鉄を得ることもできずに終わっている［全漢昇 1972］．

その後，漢陽鉄廠は，1904年に燐分の多い鉄鉱石用のマルタン―ジーメンス平炉を導入し，1905年からは湖南省萍郷炭鉱の石炭を運ぶための鉄道を開設する，などの対策を講じ，ようやく製鉄事業を軌道に乗せることに成功した［同上書］（表II-8-1，II-8-2）．しかしながら上記のような対策の実施には，当然，多額の追加投資を必要とする．日清戦争や義和団事件の賠償金によりすでに深刻な財政難に陥っていた清朝政府に，そうした資金負担に耐えていくだけの余力はなく，結局，漢陽鉄廠の再建は，民営化による民間資金の導入と，日本からの借款によって進められることになった．この間，1908年に漢陽鉄廠は，大冶での鉄鉱石採掘事業と萍郷での石炭採掘事業をも統括する総合的な企業，漢冶萍公司に改組されている．

8. 鉄 鋼 業

表 II-8-1　銑鉄の生産と輸出入

(単位：万 t，( ) 内 %)

年	生産量：P	輸入：I	輸出：E	消費量：C	自給率：R	輸出比率
1900	2.59	0.13	…	2.72	(95.2)	(…)
10	11.94	0.53	6.09	6.38	(187.1)	(51.0)
20	25.89	1.09	18.54	8.44	(306.8)	(71.6)
30	37.61	2.02	18.35	21.28	(176.7)	(48.8)
36	66.97	1.35	28.79	39.53	(169.4)	(43.0)
50	98	0.32	12.60	85	(115.3)	(12.9)
60	2,716	0.38	24.12	2,692	(100.9)	(0.9)
70	1,706	18.37	1.10	1,723	(99.0)	(0.1)
80	3,802	35.31	27.24	3,810	(99.8)	(0.7)
90	6,238	121.53	33.85	6,326	(98.6)	(0.5)
2000	13,101.48	…	333.00	12,768.48	(102.6)	(2.5)
10	59,733.34	…	71.00	59,662.34	(100.1)	(0.1)
14	71,374.78	…	24.00	71,350.78	(100.0)	(0.0)

注：国内消費量 (C) = P + I − E，自給率 (R) = P ÷ C × 100，輸出比率 = E ÷ P × 100．
出所：生産量 1900-36；厳中平・姚賢鎬他編 [1955] 141, 127-128, 102-103 頁．1950-93：TN [1994] 408 頁．2000：TN [2001] 457 頁．2010：TN [2011] 551 頁．2014：TN [2015] 461 頁．
　　　輸入 1900-36：HB [各年]．1950-80：DN [1984] IV113 頁．1990：DN [1991] 426 頁．
　　　輸出 1910-36：HB [各年]．1950-80：DN [1984] IV103 頁．1990：DN [1991] 397 頁．2000：TN [2001] 595 頁．2010：TN [2011] 233 頁．2014：TN [2015] 370 頁．

表 II-8-2　粗鋼及び鋼材の生産と輸出入

(単位：万 t，( ) 内 %)

年	鉄　鋼	鋼　材				
	生産量：P	生産量：P	輸入量：I	輸出量：E	消費量：C	自給率：R
1900	—	—	0.90	—	0.90	0.0
10	5.00	…	5.30	…	…	(…)
20	6.80	…	13.20	…	…	(…)
30	1.50	…	20.00	…	…	(…)
36	41.40	…	16.20	…	…	(…)
50	61	37	40.75	0.04	78	(47.4)
60	1,866	1,111	86.60	8.48	1,189	(93.4)
70	1,779	1,188	266.70	21.46	1,433	(82.9)
80	3,712	2,716	500.64	39.77	3,177	(85.5)
90	6,635	5,153	423.29	267.23	5,309	(97.1)
2000	12,850	13,146	1,596.00	621.00	14,121	(93.1)
10	63,722.99	80,276.58	1,643.00	4,256.00	77,663.60	(103.4)
14	82,230.63	112,513.12	1,443.00	9,378.00	104,587.10	(107.6)

注：国内消費量 (C) = P + I − E，自給率 (R) = P ÷ C × 100．
出所：生産量 1900-46；厳中平・姚賢鎬他編 [1955] 141, 142 頁．1950-90：TN [1994] 408 頁．2000：TN [2001] 457 頁．2010：TN [2011] 551 頁．2014：TN [2015] 461 頁．
　　　輸入量 1900-36：HB [各年]．1950-80：DN [1984] IV111 頁．1990：TN [1991] 627 頁．2000：TN [2001] 598 頁．2010：TN [2011] 236 頁．2014：TN [2015] 373 頁．
　　　輸出量 1910-36：HB [各年]．1950-80：DN [1984] IV103 頁．1990：TN [1991] 624 頁．2000：TN [2001] 595 頁．2010：TN [2011] 233 頁．2014：TN [2015] 370 頁．

表 II-8-3 主要製鉄所の銑鉄生産推移
(単位：千 t)

年	〈関内〉			〈東北〉	
	漢陽	保晋	揚子	鞍山	本渓湖
1918	139	—	—	—	45
19	166	—	—	32	79
20	126	—	8	76	49
21	124	—	15	58	31
22	148	…	15	67	—
23	73	—	—	73	24
24	27	…	15	96	52
25	53	…	—	90	50
26	—	5	—	165	51
27	—	…	—	203	51
28	—	5	6	224	63
29	—	3	11	210	76
30	—	3	—	288	85
31	—	6	4	269	66
32	—	—	19	300	81
33	—	5	29	312	116
34	—	4	17	347	153
35	—	3	…	472	151
36	—	…	…	492	160
37	—	…	…	677	136

出所：手塚［1944］220, 223 頁．南満洲鉄道株式会社総裁室弘報課編［1937］433-434 頁．解学詩・張克良編［1984］149, 247, 295, 318 頁．村上［1982］459, 581 頁．

ここで問題になるのが日本側の借款の意図である．日本は，漢冶萍公司の再建に協力するためではなく，あくまでも自国の製鉄事業用の原料確保のために，石炭と鉄鉱石の現物で返済されることが定められたこの漢冶萍借款に応じたのである．これは契約の時点では，イギリスやフランスが提示した借款の条件に比べ，中国側に有利なものであった．しかし 1910 年代になると，第一次世界大戦前後の鉄鉱石・石炭の価格急騰により，漢冶萍借款の内容は著しく日本に有利で中国側に不利なものに変わってしまった［同上；安藤實 1966］．

しかも漢冶萍公司の経営体質には大きな問題が潜んでいた．導入した民間資金の出資者からの要求に応えるため，十分な内部蓄積をせずに高額の配当金を払い続けねばならず，経営基盤の強化が立ち遅れていたことである．したがって第一次世界大戦期に鉄の生産量がきわめて高い伸びを示した（表 II-8-3）にもかかわらず，その後，戦後不況に突入する経営基盤の脆弱性が露呈することになった［全 1972］．1925 年には経営難から製鉄事業の中断を余儀なくされ，その後の漢冶萍公司は，日本への借款返済のため，石炭・鉄鉱石の採掘と対日輸出を続けていくだけの存在に陥ってしまったのである．

一方，漢冶萍公司が衰退への歩みをたどり始めた頃，東北では，日本主導の製鉄事業がめざましい勢いで展開されつつあった．鞍山と本渓湖の二つの製鉄事業がそれである（表 II-8-3）．鞍山では 1914 年 5 月，満鉄の主導の下，中華民国政府の公布した鉱業条例の外資規制をくぐりぬけるため，日中合弁の振興

公司の名義により鉄鉱石採掘権が申請された［奈倉文二 1984］．鉄鉱国有主義を掲げる民国政府は，日本側の実権掌握を懸念して一度はこの申請を却下している．しかし日本側は1915年1月の著名な「21か条要求」のなかにも東北における鉱山採掘権承認を盛り込ませるなどして強引な交渉を重ね，ついに1916年4月，振興公司の採掘権も認めさせてしまう．これをうけ同年の10月には満鉄内部の一機構として鞍山製鉄所が設立され，1919年4月から操業を開始した．

本渓湖の場合，清朝末期の1909年9月，日中間に「満洲5案件に関する協約」が結ばれ，本渓湖を含む地域における合弁企業の鉱山採掘権が認められたため，早くも1910年5月，日本資本の大倉組の主導により製鉄事業を計画する本渓湖煤鉱公司が設立されている（1911年10月，本渓湖煤鉄公司に改称）．その後「21か条要求」の前後に10鉱山12鉱区の採掘権も新たに獲得し，1915年1月から製鉄所の出銑を始めた［村上勝彦 1982］．上記の設立経緯から知られるように，鞍山・本渓湖のどちらの製鉄事業とも，第一次世界大戦前後における日本の帝国主義的な対中国進出政策の一環として，実現にこぎつけたものであった．

その後の両者の発展（表II-8-3）も日本本国の帝国主義的な発展と分かちがたく結びついている．鞍山の場合，創業当初は貧鉱処理にコストがかかり，「満鉄の癌」と呼ばれるほどの膨大な欠損を生じた．しかし満鉄は製鉄事業を国家的な事業として重視する観点を堅持し，社内で調達される製鉄用石炭（IV章1参照）の価格引下げ，鉄道運賃割引制度の適用，製鉄施設の減価償却費引下げなど，国策会社満鉄の総力を挙げた支援策を打ち出すとともに，多額の研究開発費を投じて貧鉱を低コストで処理する「還元焙焼法」（塊鉱のまま焙焼し磁力選鉱を容易にする技術）や「液体酸素爆薬発破法」などの新技術を開発，コストを引き下げながらの大幅な生産増を実現したのである．一方，本渓湖の場合は，元来，燐分・硫黄分の少ない良質の石炭や鉄鉱石を採掘できたことから，海軍のバックアップも受け，大蔵省の低利貸付金を利用して，大砲の砲身や装甲板に用いる軍用高級鋼材の原料，純銑鉄生産に力を入れていくことになった．このように日本帝国主義の国家的要請に応えるべくその手厚い支援の下で発展したのが東北の製鉄業であり，できあがった製品の大半も日本に輸出されて消

表 II-8-4 日本資本の製鉄所の製品販売情況

(単位：千 t,（ ）内 %)

年	鞍山製鉄所			本渓湖製鉄所		
	販売総量	日本向け	同比率 %	販売総量	日本向け	同比率 %
1923	77	57	(74)	24	15	(63)
24	81	62	(76)	53	37	(71)
25	113	87	(77)	51	39	(76)
26	147	121	(83)	49	37	(76)
27	208	175	(84)	53	37	(69)
28	212	172	(81)	62	38	(62)
29	200	160	(80)	76	52	(69)
30	163	120	(74)	74	48	(66)
31	277	227	(82)	65	51	(78)
32	350	309	(88)	88	74	(84)

注：比率は原表により算出．
出所：奈倉［1984］242, 266 頁．

費されたため（表 II-8-4），日本敗戦以前の時期に関する限り，中国の国民経済全体にとって，それはほとんど無縁の存在であったというべきである．

他方，漢冶萍公司衰退以降の中国側資本による製鉄事業の試みとして，1930-40 年代に国民政府が企図した各種の国営製鉄所設立計画がある．なかでも南京近郊の馬鞍山に中央鋼鉄廠を設立する計画は，ドイツ資本の支援を取りつけ相当な進展を見せていた．しかし日本による侵略の危険性を顧慮し最終的にはこの計画は放棄され，一部の施設のみが湖南省株州（粤漢・浙贛両線が交わる鉄道の要衝である）において鉄道レール供給のための製鉄所として具体化されようとした．だがそれも日中戦争の勃発と拡大のため，全て水泡に帰してしまったのである［萩原充 2000］．その後国民政府は，日中戦争のさなかに四川省などの内陸地域に小規模な製鉄所を設立し，軍需工業の原料の一部の自給化を図った．これは日本の侵略に対する抵抗を支える重要な意義を持つ試みであったとはいえ，生産量の面から見ると，ピーク時でも年産 7 万 7000 トン程度に過ぎない小規模なものであった．それに対し日本は，この日中戦争期にも軍需生産増強のため東北の製鉄事業をさらに拡張し，華北の占領地域にも石景山の製鉄所などを新たに開設していった．

日本の敗戦にともない，中国の鉄鋼業をめぐる事情は一変した．それまで日本が経営していた東北の製鉄業は，初め東北を占領したソ連軍によって接収さ

れ，その後の一時期，国民政府資源委員会の下におかれ，最終的には，人民共和国の成立にともない，共産党政権の国営企業の最も有力な一部になったのである．なおこの過程においてソ連軍は，鞍山の9基の高炉のうちの6基と本渓湖の4基の高炉のうちの2基について，その生産施設の重要部分を撤去しソ連国内に持ち帰っている．こうした打撃があったにもかかわらず，1953年の時点における全国の銑鉄生産量約220万トンのうちのおよそ6割，130万トン以上は，東北の2大製鉄所において生産されていた［内閣総理大臣官房調査室監修 1956］．革命後もしばらく残留していた日本人技術者と，新たにソ連から派遣されてきた専門家とが，東北の製鉄業の生産施設復興に協力していたのである［松本俊郎 2000］．同じく日本が戦時期に設備を増強した華北の石景山製鉄所（首都鋼鉄公司の前身）なども，革命後は共産党政権のものになり，製鉄業は，人民共和国成立の当初から国営事業として経営されていくことになった．

表 II-8-5 鉄鋼業投資額の推移
(単位：億元，( )内％)

年	工業投資総額	鉄鋼業投資額	同比率
1950	42.88	8.68	(20.2)
51	71.24	5.28	(7.4)
52	168.85	18.97	(11.2)
53	28.51	3.00	(10.6)
54	35.64	2.82	(7.9)
55	46.86	6.30	(13.5)
56	56.79	8.33	(14.7)
57	62.04	8.83	(14.2)

注：比率は原表により算出．
出所：中華人民共和国国家統計局工業統計司編［1958］9, 14頁．

1950年代に中国の銑鉄生産量は急速に増大した．生産財部門の確立と軍需工業発展の要に位置する産業として，「以鋼為綱」のスローガンの下，製鉄業に対し重点的な投資が行われたことが，その最も大きな要因である（表 II-8-5）．武漢と包頭に大規模な製鉄所が新設されたほか，五つの中規模な製鉄所（粗鋼年産5-50万トン）と18の小規模な製鉄所（同5万トン未満）が新設もしくは拡充され，鉄鋼生産の増大をもたらした．ただしこれらの中小規模の製鉄所の中には，その規模の小ささ故に生産性の向上が難しいところも含まれていた．またこの時期には，高炉の生産性を最大限に追求するソ連から導入した操作技術が，短期的な生産量増大にかなりの効果を発揮したらしい．しかしその技術は，高炉の設備を傷めやすいものでもあったといわれ，施設の維持管理に要する費用を考えると，長期的には経済性を損なう結果を招いた［内閣総理大臣官房調査室監修 1956］．1960年代に生産の伸びが頭打ちになる（表 II-8-1, II-8-2）のは，たんに後述する「大躍進」運動の悪影響や「文化大革命」による生産現場の混

表 II-8-6　鉄鋼業の工場規模別生産性比較（1980 年）

工場規模	高炉容量 (m³)	銑鉄生産費 (元/t)	転炉容積 (t)	粗鋼生産費 (元/t)
大型製鉄所	833	161	44.0	243
小型製鉄所	176	204	9.5	306

出所：田島［1990］119 頁．

乱のためばかりではなく，上記のような 1950 年代半ばまでの段階における無理な生産拡大のツケがまわってきたという面も強かったのである．

　中国経済の「大躍進」が呼号された 1950 年代末になると，鉄鋼業においては，一層の増産を実現するための全く新しい方策として，全国各地の村や町に小型高炉を建設する方針が打ち出され，ある種の大衆的な熱狂を帯びながら全国に 2800 余りの高炉が設けられた．その結果，確かに鉄の生産量は一時急上昇した．しかし，十分な技術的な基礎も原料の手当も欠いていたこれらの小型高炉工場は，使いものにならない大量の鉄塊を作りだしただけに終わり，膨大な資源と労力を費やしながら，最終的にはほとんどが閉鎖されてしまったのである．

　前述した小規模な製鉄所の場合も，経済性の点だけから見れば，閉鎖されてもしかたのないほど格差のあるところが多かった（表 II-8-6）．だが実際には，軍事的政治的な配慮から国家財政によって支えられ，その後も大部分の工場が淘汰されることなく存続していくことになる．いや淘汰どころか，「文化大革命」期のさなかの 1970 年代初めには，再びこうした小規模な製鉄所の拡充が奨励されたりしたほどである．1976 年の段階で全国粗鋼生産の 22% を担っていたこれらの工場は，1978 年には総計 6.4 億元もの赤字を抱えていた．70 年代末から 80 年代にかけ中小鉄鋼企業の整理統合が進められたとはいえ，この種の企業は相当数が残されて，好況期には新増設される事例すら見られた［田島俊雄 1990］．

　さらに大きな問題は，こうして 1950 年代以来多額の国家資金を費やして建設し維持されてきた鉄鋼産業が，国民経済全体の中ではいわば突出した形の存在になり，多様な最終消費財部門と結びつかず，重工業部門の中だけで自己循環する傾向に陥ってきたことである．その背後には，前述したとおり 1940 年

代以前の鉄鋼業の発展にしても，中国の国民経済全体との結びつきはきわめて希薄だったという経緯が横たわっている．鋼材を例にとると，1970年代末の時点においても重工業向けが72.8％を占めていたのに対し，軽工業向けは11.7％，農業向けは15.5％に過ぎない．その結果，一方においては鋼材や重機械製品の過剰在庫が生まれ，鉄鋼関連企業の設備稼働率を下げそれらの企業の構造的な赤字要因にな

表II-8-7　鋼材輸入額の推移

(単位：億ドル，( )内％)

年	輸入総額	鋼材輸入	比率
1960	19.50	2.28	(11.7)
70	23.30	3.07	(13.2)
80	195.50	24.96	(12.8)
90	533.50	25.37	(4.8)
2000	2,250.94	85.36	(3.8)
10	13,962.44	201.12	(1.4)
14	19,592.35	179.14	(0.9)

出所：1960-80：国家統計局貿易物価統計司編 [1984] 484, 511頁. 1990：TN [1991] 627頁. 1993：TN [1994] 519頁. 2000：TN [2001] 598, 599頁. 2010：TN [2011] 236, 237頁. 2014：TN [2015] 373, 374頁.

るとともに，他方においては各種の産業が本当に必要とする鋼材は不足し，大量に輸入せざるを得ない羽目に追い込まれていた［丸山伸郎 1983］．1970年代から80年代にかけ，日本やドイツの資本・技術協力を得て新しい鉄鋼コンビナートが建設されるなかで，再び鉄鋼の生産量は増大傾向に転じた（表II-8-1, II-8-2）．しかし鉄鋼生産の増大にもかかわらず鋼材の輸入額はあまり減少せず，1990年代になっても輸入総額全体のなかで4％前後の比率を占めていた（表II-8-7）．経済発展が鉄鋼需要を加速させていたうえ，大口径シームレス鋼管など国産化の遅れている分野も依然として残されていたからである．

　1990年代以降，中国の鉄鋼業は飛躍的な発展を遂げた．1996年に日本を抜いて世界最大の鉄鋼生産国となり，2014年の粗鋼生産は8億トンを越えている．これは1990年代初めの10倍以上という数字である（表II-8-2）．たんに量的に増大しただけではない．鋼材生産の質という点でも向上が見られ，冷延薄広幅帯鋼，メッキ鋼板，電磁鋼板などの高級鋼材についてもほぼ自給化を達成した．しかし，設備の大型化，近代化が進む一方，多数の中小規模の製鉄所が乱立する状況は，地方政府による保護や安価な原料の入手という条件の下，依然として継続し，新たな形で繰り返されている［中屋信彦 2008］．その意味からいえば，生産量の激増は，中央政府の構造調整の意図には反するものであり，今後の行方は不透明といわざるを得ない．

9. まとめ

　中国における近代工業の発展過程は，次のような特徴を示している．

　まず第1に工業の内容に即していえば，1890年代から1930年代にかけ，繊維・食品などの軽工業が急速に発展して自給化を達成しており，ついで1940年代から70年代にかけ，鉄鋼・機械などの重化学工業が本格的に発展した．その結果，製造業の生産額に占める軽工業と重化学工業の比率は，1930年代から50年代の初めまでは7割対1-2割程度だったのに対し，1970年代以降は3-4割対6割程度に逆転してしまっている（表II-9-1）．その過程において，軽工業の発展がその生産設備や原料を供給するための重化学工業の発展を刺激した，という後方連関効果を，化学工業や機械工業の一部に確認することはできる．しかし同時に，抗日戦争の前夜に端緒を持ち，その後，抗日戦争期，国共内戦期を経て人民共和国期になってからも長く維持された戦時経済への傾斜が，全般的には軽工業の発展を抑制し，重化学工業の発展を促進する要素になっていたことを見逃すわけにいかない．また重化学工業の場合，1920-40年代の満洲の鉄鋼業のように当初は中国経済全体との連係を欠き，外国資本本位の発展に陥っていた産業も存在した．1950年代以降も，急発展した重化学工業の多くは軽工業との有機的な連関が希薄であり，重化学工業部門がその内部循環に陥りやすいという傾向は，中国の工業発展の歴史的弱点として存続していくことになる．したがって軽工業から重化学工業への発展は，必ずしも順調に継起的に生じていたものではない．それにしても1930年代までに基本的に達成されていた国内における軽工業生産の確立が，その後の重化学工業の発展の基盤になったという事実は，十分に留意されるべきである．

　第2にそうした近代工業発展の担い手に着目してみよう．繊維・食品などの軽工業分野の場合，当初は外国の民間資本による企業設立が先行していたという事例が圧倒的に多い．しかしひとたび外国資本の工場が見るべき成功を収めると，ほとんど時期を隔てることなく中国の民間資本が当該産業分野に参入するようになり，やがて中国資本の地位が支配的なものになっていく，という過程が進行する（158頁：コラム「セント・ジョン大学」参照）．1930年代になって

表 II-9-1　製造業生産額の業種別構成（1933-90 年）

（単位：％）

工業分類	1933	1953	1963	1970	1980	1985	1990
繊維工業	40.0	38.1	21.8	20.9	19.5	19.1	13.8
食品工業	34.5	35.1	26.5	16.4	14.7	13.4	14.6
金属工業	4.0	6.6	15.1	14.8	11.6	9.3	12.9
機械工業	4.3	7.6	17.8	24.4	26.9	31.5	24.8
化学工業	6.6	3.7	12.5	18.8	21.4	20.5	21.2
窯　業	2.2	2.8	2.5	2.9	4.4	4.9	6.4
木材工業	0.9	6.0	3.9	1.9	1.5	1.3	1.1
軽工業	74.5	73.2	48.2	37.3	34.1	32.5	28.4
重化学工業	14.9	17.9	45.3	57.9	59.9	61.3	58.9

注：1933 年は総生産額，1953 年以降は実質生産額．軽工業は繊維＋食品．重化学工業は金属＋機械＋化学．1953-85 年の軽工業・重化学工業比率は原表による．
出所：1933；Liu and Yeh [1965] pp.426-428．1953-85；南 [1990] 96 頁．1990；南 [1990] 96-97 頁の計算方法に準拠し，TN [1991] 399-400 頁より算出．

表 II-9-2　製造業生産額の業種別・地域別・資本国籍別構成（1933 年）

（単位：百万元，斜字体は％）

工業分類	生　産　額				地域別・国籍別比率		
	中国関内		東北地区	合　計（業種別比率）	関　内		東　北
	中国資本	外国資本			中国資本	外国資本	
繊維工業	721.0	262.4	74.8	1,058.2（*40.0*）	*68.1*	*24.8*	*7.1*
食品工業	561.2	156.4	194.8	912.0（*34.5*）	*61.5*	*17.1*	*21.4*
金属工業	83.0	2.8	19.7	105.5（*4.0*）	*78.7*	*2.7*	*18.7*
機械工業	68.8	17.9	27.3	113.8（*4.3*）	*60.5*	*15.7*	*24.0*
化学工業	123.8	27.2	23.7	174.7（*6.6*）	*70.9*	*15.6*	*13.6*
窯　業	45.8	1.8	10.5	58.1（*2.2*）	*78.8*	*3.1*	*18.1*
木材工業	5.6	6.1	12.5	24.2（*0.9*）	*23.1*	*25.2*	*51.7*
雑貨工業	161.9	23.0	14.1	199.0（*7.5*）	*81.4*	*11.6*	*3.5*
軽工業	1,282.2	418.8	269.6	1,970.1（*74.5*）	*65.1*	*21.3*	*13.7*
重化学工業	275.6	47.9	70.7	394.0（*14.9*）	*69.9*	*12.2*	*17.9*
総　計	1,771.4	497.4	376.7	2,645.5（*100.0*）	*67.0*	*18.8*	*14.2*

注：総生産額．軽工業は繊維＋食品，重化学工業は金属＋機械＋化学．合計，総計の数値が各項目合計と一致しない箇所があるが，原表のまま．比率は原表の数値により算出．
出所：Liu and Yeh [1965] pp.426-428．

も外国資本がある程度のシェアを保持し続けたのは，外資系企業の側がすぐれた技術と大きな資金力を備え，原料の買付けから製品の販売に到るまで独自のルートを確保することに成功していた，綿紡績業や紙巻タバコ製造業など少数に限られていた（表 II-9-2）．それに対し鉄鋼・機械などの重化学工業の場合，

日本の国策会社が1920-40年代に東北地区に展開した諸企業と，清朝政府・国民政府・人民共和国政府等の歴代中国政府の国家資本企業とが発展の主力であって，中国の民間資本企業が積極的役割を果たしたのは，機械工業・ソーダ工業などの一部の領域にとどまっている．

　第二次世界大戦後，旧日本資本企業を接収した国民政府がその相当部分を資源委員会等の傘下の国営企業に再編したことにより，軽工業分野でも重化学工業分野でも，国営企業の比重が飛躍的に高まることになる．さらに人民共和国期になると，権力を掌握した共産党の下，1930年代のソ連「社会主義」をモデルに，残存していた民間企業に対しても実質的な国営化が強行されていった．かくして1950年代以降70年代に到るまで，工業発展の主力は，専ら国営企業に限られることになった．そうした情況に変化の兆しが現れてきたのは，1980年代になってからのことである．

　第3に近代工業の地域的な分布という点でも，大きな特徴が見られた．それは近代工業の発展が開始された1890年代から1930年代までの段階では，国内生産高の半分以上が上海地域に集中し，同地域が隔絶した地位を築いていたことである．上海地域への集中には，本章でみたとおり歴史的な要因，地理的な要因，社会経済的な要因などが重なっているものと見られる．そのほか比較的早い時期に工業化が進んでいたのは，大連・天津・青島・武漢などの沿海都市もしくは長江流域の一部の都市に限られており，内陸地域における近代工業の発展は微弱なものであった．その後1940年代から70年代にかけ，東北及び内陸地域において重化学工業を中心に近代工業が勃興し，それにともない沿海地域の相対的な比重は低下した．そして1980年代以降，いわゆる対外経済開放政策の本格的な展開につれ再び沿海地域の工業発展が加速されるようになり，広州・上海・天津・大連など沿海都市部とその周辺地域における工業生産の比重が高まっている［久保亨 1993］．

III

交通通信の近代化

　経済の発展にとって，交通通信手段の近代化は，時に決定的な意味を持つことがある．たとえば国内生産の増大にともなう交通通信量の漸増過程は，蒸気機関を使う汽船や鉄道が普及するにつれて顕著な変化を示し，短期間のうちに急激な増大現象を見せた後，それまでとはまったく異なる水準の大規模かつ迅速な交通通信事業が展開されていくようになる．近現代中国経済史のうえでも，そうした事態が何度か生じた．「改革開放」政策が始まる1980年代初め頃まで北京の街角でたくさん見かけることのできた荷馬車や上海の黄浦江に浮かんでいたジャンク（帆船）など，在来の交通手段が根強く生き続ける面にも留意しつつ，ここでは，新しい近代的な交通通信手段である鉄道，汽船，自動車，電信などが，誰によりどのようにして中国に持ち込まれ，普及していったのかを整理していきたい．

1. 鉄　　道

　鉄道の敷設は，その地方一帯の経済発展を促すだけではなく，政治的軍事的な影響力を強めるうえでも，きわめて重要な意味を持つ事業であった．そのため，中国の政府及び民間資本はもちろんのこと，中国へ進出する機会を狙っていた列強の政府や民間資本も，さまざまな形で積極的に中国国内の鉄道事業に参入している．このように帝国主義的利権との結びつきがきわめて強かったことが，他の工業一般の場合の発展と比べ，鉄道の発展過程における一つの特徴

表 III-1-1　鉄道営業距離の推移
(単位：km)

年	営業距離	高速鉄道	外国経営部分 (%)
1890	220	—	—
1900	1,066	—	—
10	8,233	—	3,718 (45.2)
20	10,954	—	3,755 (34.3)
30	13,807	—	4,145 (30.0)
36	20,009	—	7,275 (36.4)
40	24,383	—	10,229 (42.0)
46	26,857	—	—
50	22,200	—	—
60	33,900	—	—
70	41,000	—	—
80	53,300	—	—
90	57,900	—	—
2000	68,700	—	—
10	91,200	5,133	—
14	111,800	16,456	—

出所：1946以前：宓[1980] 670-671頁．1950-70：TN[1991] 495頁．1978-2014：TN[2015] 580, 592頁．

である．もっともすでに検討した鉄鋼業のように，一般の工業分野の場合でも帝国主義がきわめて大きな役割を果たした事例は存在する．

初めに鉄道敷設の経緯を振りかえっておこう．中国最初の鉄道は，1876年，上海―呉淞(ウースン)（長江河口に面した町）間に，最も有力なイギリス系商社だったジャーディン・マセソン商会が敷設したものである．しかし騒音などに対する沿線住民の不安，在来運輸業者の失職への危機感，外国人主体の鉄道事業の一方的強行に対する清朝政府自身の懸念，などが重なり，敷設後1年足らずのうちに清朝政府によって買い取られ，撤去されてしまった．このように中国最初の鉄道経営が継続するのを許さなかったとはいえ，清朝政府は，鉄道の利便性そのものを理解していなかったわけではない．呉淞鉄道撤去の4年後の1881年には，政府自身，直隷省（現・河北省）開平の国営炭鉱の石炭を運ぶため，唐山―胥(しょ)各庄間9.7 kmに国営鉄道を設け，1888年までにそれを唐山―天津間130 kmに延長している．これが中国に敷設された2番目の鉄道路線になった．

鉄道建設の最初のブームは，日清戦争後にやってきた．戦争の結果，鉄道輸送の軍事的重要性を痛感した清朝政府に対し，中国進出を狙う列強側が競って鉄道建設のための計画を提起し，政府借款にも応じたりしたことが，ブームを呼んだ主な理由である（VII章2参照）．日清戦争後の15年間（1895-1910）に，中国を南北に縦断する幹線（北京―武漢―広州を結ぶ盧漢線・粤(えつ)漢線）と東北，山東，雲南などの各地の幹線の主要部分が開通し，営業距離も8000 kmを越えた（表 III-1-1, 図 III-1-1）．当初のうちはフランスの雲南―ベトナム鉄道やロシアの東清鉄道（後の中東鉄道）のように，外国の直接投資・直営方式が採用されていたが，その後，盧漢線や粤漢線を建設する頃になると，外国からの資金協力

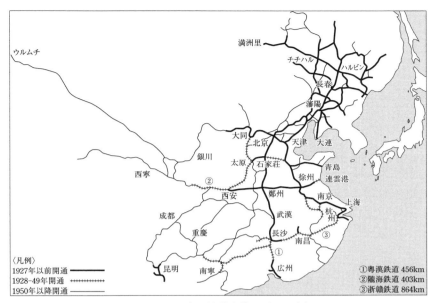

図 III-1-1　主要鉄道路線図（1985年）

（借款）・技術協力を得つつも，あくまで清朝政府が，建設と経営の主体になる立場を保持するようになった［宓（伏）汝成 1980］．この間，とくに日露戦争後の 1900 年代後半，中国の民間資本による鉄道建設運動も盛んになっている．しかし国家統合の強化と鉄道利権の確保をめざす清朝政府が鉄道国有化政策を推し進めたため，政府主体の鉄道網が整備された一方，見るべきほどの事業規模に達した民営鉄道はほとんど生まれなかった［千葉正史 2006］．鉄道国有化をめぐるこの時の政治的紛糾は，やがて辛亥革命の発火点の一つにもなった．

　辛亥革命の後，それまで清朝政府が保有していた全国の鉄道網は，中華民国政府に引き継がれた．しかし 1910 年代から 20 年代にかけて中国国内の政情は安定せず，鉄道車両や線路を管理する力が低下――そのため京漢線のような重要幹線でも，最高速度は毎時 35 ないし 45km に制限されていた――したうえ，しばしば軍事衝突が発生して鉄道の正常な運行すらも妨げられたりしたので，鉄道輸送量は伸び悩んでいる（表 III-1-2，［宓 1980］）．

　国民政府が成立した 1920 年代の末以降，後述するように中国の鉄道政策は

表III-1-2 鉄道貨物の輸送量の推移
(単位：延億トンキロ)

年	輸送量
1912	24.3
20	45.4
30	25.0
36	64.9
40	5.0
46	37.6
50	394.0
60	2,767.0
70	3,496.0
80	5,715.5
90	10,622.4
2000	13,770.5
10	27,644.1
14	27,530.2

注：1946年以前は，鉄道部所管のみ．
出所：1946以前：厳中平・姚賢鎬他編［1955］207-208頁．1950-70：TN［1994］461頁．1978-2014：TN［2015］584頁．

再び活発化した．加えて，九一八事変（満洲事変）により東北を軍事占領した日本も，東北地方の開発と軍事防衛体制強化のために鉄道建設に力を入れたため，1930年代は，中国史上，第2の鉄道建設ブームの時代となった．鉄道延長距離は1926年の1万2000 km余に対し，1940年に2万4000 km余とほぼ2倍化しており，現在の中国の平原部における主要幹線は，ほぼこの時期までに完成していた，といってよい（表III-1-1，図III-1-1）．

国民政府による鉄道建設は，政治的経済的な国内統一を推進するとともに日本の軍事的脅威に備える意味を込め，内陸部を中心にする新線建設と既設線相互間の連結に重点がおかれていた（図III-1-1）．とくに粤漢線（広州—武漢，456 km）の全通は，広東・香港方面の経済圏と長江中流域の経済圏とを強固に結びつけることになったし，抗戦初期には，中国軍の移動と物資の輸送にも大きな役割を発揮した．また江蘇省北部の連雲港から徐州・鄭州を経て西北に伸びる東西横断線＝隴海線（403 km）は，棉花など西北の農産物を長江下流域に運び出し，逆に長江下流域の工業都市からは綿製品をはじめとする工業製品を大量に西北地方へ運び込む重要な物資流通ルートになった．それに対しもう1本の東西横断線である浙贛線（杭州—南昌—株州，864 km）の場合，江西省産鉱産物の輸送に加え，1930年代にこの地方で活発だった共産党軍の活動を封じ込める重要な役割も負わされている．

国民政府の鉄道建設は，資金的には，清朝政府の時代と同様，外国からの借款に頼っている．しかしその契約内容には大きな相違がみられた．借款の使途や物資の購入先などについて，中国側の主体性が相当尊重されるようになっていたからである．また国民政府は，鉄道の管理運営面の改革を大胆に推し進めるとともに，思い切った運賃の値下げ政策を含む運賃体系の合理化を実施するなどして，輸送量の増大と収益の改善を達成していた（図III-1-2，表III-1-2）．

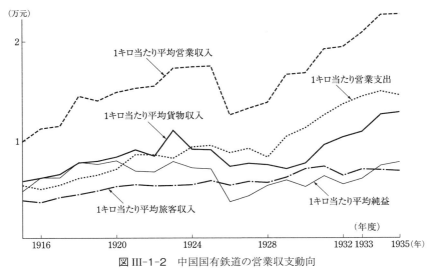

図 III-1-2　中国国有鉄道の営業収支動向
出所：萩原［2000］116頁．

［萩原 2000］．

　上記のような鉄道の発展は，中国の経済発展全体を促すものとなった．たとえば京漢線の開通以降，河北省や河南省で棉花・タバコ・ゴマなどの栽培が一層広がり，元来，石炭などの鉱産物輸送のために敷設された京奉，膠済(こうさい)，津浦(しんぽ)などの各線でも，鉱石輸送量が一段と増大していった事実から知られるように，鉄道沿線では，商品作物の栽培や鉱業資源の開発が急速に進んでいる［張瑞徳 1987］．

　そうした前方連関効果とともに，鉄道事業は，鉄鋼業・機械工業の発展を促すという重要な後方連関効果もあげている．すでに述べたとおり，中国最初の製鉄所，漢陽鉄廠は鉄道レールの供給を目標に設立されたものであったし，蒸気機関車のノックダウン生産すらやってのけた唐山や長辛店の鉄道修理工場は，多くの熟練機械工を養成する場になり，中国機械工業の重要な源泉の一つになった．草創期の中国労働運動で鉄道労働者がきわめて積極的な役割を果たしたことは，こうした情況と深くかかわっている．

　日中戦争が中国の鉄道事業に対して与えた影響には，複雑なものがあった．

重要な軍事目標たる鉄道が，絶えず攻撃にさらされ，大きな被害を被っていたことは確かである．しかしまさにそうした軍事上の重要性が，日本軍の占領地域でも，国民政府の統治地域でも，この戦時期における新線開設の動きを加速させていた．広西省を中心とする内陸部の鉄道網は，この時期に国民政府によって整備されていったものだし，華北の各鉄道間の連結はこの地域を占領した日本軍によって進められている．

　人民共和国が成立してからも鉄道は物資輸送全体の中できわめて大きな役割を与えられ，新線の建設により営業距離は1970年代末に5万kmを越えた．人民共和国期に敷設された新線は，陝西省から古代のシルクロードに沿ってウルムチに延びる路線や四川盆地と華中平原を結ぶ各路線など，主に内陸部に集中しており，沿海部における新線建設は，福建省などの一部に限られている．そのため1990年代初め頃の100 km^{2}当たり鉄道敷設距離を省別に算出してみると，山西省や湖南省といった内陸部の省の数値が大きくなる．人民共和国期の経済政策が，全般的に内陸部を重視していたことを反映する結果といえよう．

　一方，内陸部の新線建設が盛んだった反面，既設路線の複線化や電化は大きく立ち遅れた．にもかかわらず鉄道輸送量は，「文革」期の混乱にともなう一時的な落込みを除き，急激な伸びを示している（表III-1-2）．この事実は，中国の鉄道が1980年代に超過密な輸送状態に追い込まれていたことを意味するものにほかならない．主要幹線における実際の貨物輸送量の増加率は，いずれも各線の輸送能力の増加率を上回っており，とくに込み合う地点では，輸送量の制限措置が実施される状態になっていた（表III-1-3）．1980年代の末に大規模な列車事故が頻発したのも，理由のないことではなかった．

　1990年代に入ると，鉄道の電化と高速化が一段と重視されるようになったとはいえ，それを実現するためには，車両，軌道からシステム制御にいたるまで，あらゆる面で困難が立ち塞がる．結局，国産技術の限界を自覚した中国政府は，2004年以降，日本の企業連合（新幹線「はやて」E2系車両），カナダのボンバルディア，イタリアのアルストム，ドイツのシーメンスと相継いで契約を結び，車両・軌道・信号・制御システム技術を包括的に導入した．その結果，2007年から全国で時速250kmを越える高速鉄道網の整備が進み，2020年までには1万6000kmの路線網が整備されることになっている．そうしたなか，浙

表 III-1-3　主要幹線の貨物輸送能力と実際の輸送量の推移

幹線名（主な区間）	1965 年		1985 年		増加率	
	輸送力（万 t）	輸送量（密度）	輸送力（万 t）	輸送量（密度）	輸送力（％）	輸送量（％）
京広線（北京－広州）	2,750	2,434	4,300	4,345	56	79
津滬線（天津－上海）	2,230	2,018	6,000	5,882	169	191
京瀋線（北京－瀋陽）	4,200	2,091	6,450	6,644	54	218
京包線（北京－包頭）	1,850	1,430	6,000	6,345	224	344
隴海線（蘇北－西北）	1,080	993	3,030	2,840	181	186
浙贛線（浙江－江西）	690	580	1,000	1,141	45	97
滬杭線（上海－杭州）	1,310	798	1,680	1,584	28	98

注：各幹線の主要区間についての数値．貨物輸送量の密度は延万トンキロ／路線距離（キロ）．
出所：庄正［1990］137 頁．

江省温州で 2011 年 10 月に起きた列車衝突事故は 40 人の犠牲者を出し，性急すぎる計画を見直す機会になった．しかしその後も高速鉄道網の建設自体は進められ，旅客専用の高速鉄道網の整備が，在来線の貨物輸送能力を高める効果ももたらしている［王曙光 2012］．

2. 汽　　船

　南船北馬の表現で知られるように，古くから華中・華南地方の交通手段としては水運が一般的であったし，長江デルタ地帯から首都北京への米の輸送にも大運河が利用されていた．こうして中国の物資流通の骨幹を担ってきた水運業に対し，近代的な交通手段である汽船が導入されてくるのは，1840 年代のことである．1842 年の南京条約による五港開港が，事実上，外国船による五港間の沿海航行を解禁していたことから，1849 年にはペニンシュラアンドオリエンタル汽船（英）が，香港―上海間の定期便を開始した．その後，1853 年にはラッセル商会（米）が，また 1855 年にはジャーディン・マセソン商会（英）が，と外国商社が相継いで汽船業に参入し，1860 年代にはラッセル商会（米）とデント商会（英）の間で熾烈な競争が繰り広げられている．結局この競争は前者の敗退に終わり，以後中国の汽船業においては，イギリス船が圧倒的な優位を占めることになった［樊百川 1985］（表 III-2-1）．さらに 20 世紀にはいると，日

表 III-2-1　汽船輸送量の推移

(単位：万 t)

年	全航路		内河・沿海航路				
	総計	中国船	合計	中国船	英国船	米国船	日本船
1872	424	2	330	2	132	163	—
80	794	241	592	232	324	8	—
90	1,244	317	948	295	601	2	4
1900	2,040	393	1,493	371	831	10	116
10	4,439	980	3,173	774	1,224	8	684
20	5,213	1,383	3,771	1,159	1,551	76	913
30	7,780	1,460	5,268	1,248	2,031	123	1,440
36	7,251	2,209	4,989	1,842	2,059	33	775
40	2,070	170	786	80	321	4	250
46	1,460	797	876	664	75	84	6
50	2,684	2,684	2,684	2,684	—	—	—
60	32,555	32,555	32,480	32,480	—	—	—
70	25,444	25,444	24,955	24,955	—	—	—
80	46,833	46,833	42,541	42,541	—	—	—
90	80,094	80,094	70,686	70,686	—	—	—
2000	122,391	122,391	99,442	99,442	—	—	—
10	378,949	378,949	320,895	320,895	—	—	—
14	598,283	598,283	523,555	523,550	—	—	—

注：1946 年以前は入港・出港汽船総トン数の平均値による．1950 年以降の統計には汽船以外の船舶の輸送分も含まれる．
出所：1872-1946；HB［各年］(Trade Statistics, pp. 240-245, 259-260)．1950-70；TN［1994］461 頁．1978-2014；TN［2015］584 頁．

本の政府・経済界から強力にバックアップされた日清汽船が長江航路に進出し，内河沿海航路の船舶の内の 2-3 割を日本船が確保するようになっている［中村義 1979］．

一方，こうした外国汽船会社の興隆に刺激され中国人商人のなかからも汽船業に投資する動きが出てくるようになり，さらに清朝政府高官の李鴻章や朱其昂らも，利権確保という観点から中国の自前の汽船会社設立を構想するようになっていく．かくして 1872 年，当時有力な商人であった唐廷枢や徐潤らが李鴻章らの構想に協力し，半官半民の汽船会社，輪船招商局が発足した．同社は納税用米穀（漕糧）輸送の請負，各種通行税の減免，政府からの資金援助といった手厚い政府の保護政策と，太い人脈でつながっていた民間の有力商人層からの資金面，業務面での援助とに支えられ，強大な外国資本汽船会社との競争に耐え，次第に業務範囲を拡張していくことに成功する［張后銓主編 1988］．

表Ⅲ-2-2 汽船会社の営業損益の推移

(単位：万元)

年	招商局	日清汽船
1912	68	107
13	34	103
14	69	69
15	109	80
16	187	307
17	348	410
18	493	661
19	177	685
20	43	142
21	8	69
22	-33	41
23	-17	31
24	-14	404
25	170	284
26	-53	116
27	-62	381
28	86	82

出所：厳・姚他編［1955］252頁．

表Ⅲ-2-3 川江（四川）の汽船・帆船数の推移

(単位：隻，( ) 内総トン数；千t)

年	総計	汽船	帆船
1891	607 (81)	—	607 (81)
95	2,117 (54)	—	2,117 (54)
1900	2,681 (85)	—	2,681 (85)
05	2,513 (81)	—	2,513 (81)
10	2,058 (73)	31 (6)	2,027 (67)
15	2,025 (117)	120 (32)	1,905 (86)
20	1,158 (116)	295 (75)	863 (41)
25	1,172 (441)	1,172 (441)	—

出所：厳・姚他編［1955］235頁．

1909年に一時民営化されるが，第一次世界大戦後の戦後不況期に取扱貨物量が激減し経営難に陥ったため，1922年，再び国営化されて経営再建が図られた（表Ⅲ-2-2）．

この間1910年代から30年代にかけ，輪船招商局の規模には及ばなかったとはいえ，上海―寧波間を結ぶ三北公司，四川省各地と上海・武漢など長江流域を結んだ民生公司など，数多くの船を保有する中国の民間汽船会社も発展した［久保2005］．帆船主体から汽船主体へと，中国の水運業全体が構造的な変化を体験しつつあったのである（表Ⅲ-2-3）．

3. 自 動 車

自動車による道路輸送の比率は，1980年代まであまり大きなものではなく，それが全国の貨物総輸送量の1割を越えたのは1986年のことであった．すで

に述べたように鉄道と汽船が早くから発達していたし，道路の整備や自動車の普及も遅れていたからである．しかし1990年代から2000年代にかけ，道路輸送は急速な発達を遂げた．

1901年，中国に初めて自動車を持ち込んだのは，上海に住むハンガリー人商人であったといわれる．1907年になるとドイツの商社が青島で短距離の旅客輸送を開始した．ついで1908年，上海でアメリカの商社が同種の営業に着手し，1912年からは同じく上海で貨物輸送業者も出現した．上海や天津の市内バス運行は，1920年代に始まっている［中国公路運輸史編審委員会 1990］．以上のような都市部の自動車運輸業は，当初のうち大半が外国資本によるものであったとはいえ，その頃から地方に設立され始めた長距離輸送会社のなかには，地元の中国人商人たちが出資したものが数多く含まれており，1918年には，時の北京政府がとくにその促進をめざすための条例を制定している（「長途汽車条例」）．民間の技術者，実業家と若手官僚たちが手を組み，1921年，上海に発足させた全国道路協会という団体も，そうした時代の流れを反映したものであり，さまざまな道路建設計画の策定や建設資金の募集，道路建設にあたる専門家の紹介などを主な業務にしていた［中華全国道路建設協会 1929］．

この間，中国の保有する自動車台数は一貫して増え続け，道路建設やバス・トラック路線の開設も次第に進んでいったことが知られる（表III-3-1）．

こうした気運をさらに加速させたのが，1931年，国民政府による全国経済委員会公路処の設置である．同処には多くの人材と資金が投入され，江蘇・浙江・安徽をつなぐ三省連絡公路1000 kmや，それに湖南・湖北・江西・山東の4省を加えた七省連絡公路1万2000 kmを軸として，精力的に自動車道路網が整備されていった．このように道路の建設が重視されたのは，物資流通を拡大し経済発展を図るという目的に加え，交通の不便な江西省などで武装割拠していた共産党軍の活動を封じ込めたり，中央政府に対する地方軍閥の反乱を鎮圧したりするうえでも，道路網を整備し軍隊の機動性を高めることが，きわめて有効だったからである［方顕廷他 1937］．

1930年代半ばまでに中国の自動車保有台数はおよそ6万台に達し（表III-3-1），一部に省や市などの地方政府が経営する路線があったものの，全体としては民間資本による自動車運輸業が主流を占めるようになっていた．ある推計に

よれば公営のバス・トラック3000台に対し，民営は1万5000台を越えていたとされる．代表的なバス会社の一つ，南京の江南汽車公司を例にとると，創立時の1931年から37年までのわずか6年間に，資本金は10万元から100万元へ，保有車両は18台から300台へ，労働者数は100人から1400人へと，急速な発展を見せていた．ただし一般に自動車輸送はコストが高かったため，その利用も主に旅客輸送に限られていたのである．唯一の例外は上海地区で，ここでは工場，商店，港の間を2000台以上のトラックが行き来しており，そのなかには25トン積みの大型車も見られたという［中国公路運輸史編審委員会 1990］．

表III-3-1 自動車保有台数の推移

(単位：万台)

年	乗用車 自家用	乗用車 営業用	トラック	総計
1912	…	…	…	0.03
20	…	…	…	0.23
30	…	…	…	3.85
36	3.45	1.06	1.33	6.20
40	0.24	0.16	1.18	1.64
47	2.01	0.50	3.97	7.02
50	1.73		3.57	5.43
60	4.34		17.31	22.38
70	7.53		32.04	42.41
80	35.08		129.90	178.24
90	162.19		368.48	551.36
2000	853.73		716.32	1,608.91
10	6,124.13		1,597.55	7,801.83
14	12,326.70		2,125.46	14,598.11

注：軍用車を除外．1933-40年は東北も除外．総計には，大型バスなども含む．
出所：1912-47：中国公路運輸史編審委員会［1990］① 101, 210, 335, 447頁．1950-70：国家統計局工業交通司編［1989］84-88頁．1980-90：TN［1994］472頁．2000-2014：TN［2015］597頁．

抗日戦争が始まると，ベトナム（当時フランス領インドシナの一部），ビルマ，ソ連などに通じる道路輸送は，日本軍の経済封鎖を打破し中国に軍需物資を運び込むための生命線になった．そのため，民間の自動車運輸会社が戦乱の影響により営業の縮小・停止を余儀なくされるなかにあって，国民政府直轄の自動車運輸部門だけは，この時期，トラックなど5000台をかかえるまでに増強されている．戦乱が収まるとともに民間の運輸会社は急速に復活し，1946年末までに戦前の1.7倍の規模に達した．旧日本軍の残していった多数の軍用車両が民間に転用され使われていたし，戦後の復興景気に乗り小さな運輸会社が乱立したことも影響したようである．しかし国共内戦の激化にともなう市場の混乱とインフレの進行などにより，それらの会社の営業内容は急速に悪化していった．そして1949年の革命後，ほとんどの民間の自動車運輸会社は国営化された．

人民共和国期になってからの自動車輸送の発展を見てみると，1950年代に

表 III-3-2　自動車道路の延長距離
（単位：万 km）

年	距離	高速道路
1950	9.96	—
60	51.00	—
70	63.67	—
80	88.33	—
90	102.83	0.05
2000	167.98	1.63
10	400.82	7.41
14	446.39	11.19

出所：TN［1994］459 頁．TN［2015］580 頁．

表 III-3-3　自動車の貨物輸送量
（単位：延億トンキロ）

年	輸送量
1950	9.35
60	132.47
70	138.05
80	764.00
90	3,358.10
2000	6,129.40
10	43,389.70
14	61,016.60

出所：TN［1994］461 頁．TN［2015］584 頁．

急拡大した後，とくに 1960 年代から 70 年代の末までは，これまでに検討したような工業生産の激増ぶりと較べ，かなりゆるやかなものであった（表 III-3-3）．一方においては，すでに見たとおり，低コストの長距離輸送手段として内陸部の水運業と鉄道網とが発達していたこと，また他方においては，自動車工業や道路建設の水準が低いものであったことにより規定された事態であった．

しかしこうした情況は，1980 年代を迎える頃から急速に変化する．北京，上海，広州などの都市を中心に高速道路の建設が進み，トラックの保有台数は 1978 年から 93 年までの間に 5 倍化し，自動車による貨物の輸送量は同じ期間におよそ 15 倍近い大幅な増加を示した（表 III-3-1, III-3-3, ただし統計の対象が拡大されているので，この 15 倍という輸送量の増加率は，実際よりもやや過大な数字になっている）．

政府が 1991 年に発表した全国 3 万 5000 km の高速道路整備計画は，当初の建設予定期間を 10 年以上短縮し 2007 年に全て完成した．2005 年には新たに 8 万 5000 km の整備計画も公表され，21 世紀に入ってから高速道路網の整備が急速に進んでいる（表 III-3-2）．ただし ETC レーンの普及や道路交通情報システムの整備が進んでいるとはいえ，高額の通行料金，それに対応する形でのトラックの過積載，道路の傷み，さらには 2010 年に年間 6 万人以上の交通事故死亡者が発生するような情況も存在しており，残された課題は多い［北村豊 2012］．

4. 電　信

　1840年代に実用化され70年代に中国へ持ち込まれた電報事業は，瞬時に世界中の出来事を伝えることのできる画期的な情報伝達手段であり，歴史の展開過程を塗り変えるほどの大きな役割を果たすことになった．電話の普及が遅れていた中国では，携帯電話事業の急速な普及で様相が一変する1990年代まで，この電報が庶民の重要な通信手段の一つになっていた．

　政治，外交，軍事，経済などのあらゆる方面において電報の利用は大きな便宜をもたらすものであったため，すでに1860年代から，ロシア，イギリス，フランスなどの各国が清朝政府に電信施設の設置を要求していた．しかし清朝政府の承認がなかなか得られなかったことから，ついに1871年6月デンマークの大北電報公司（Great Northern Telegraph社（当時はロシア皇室が有力株主に名を連ねていたが後にイギリス系の会社に変わった））は，香港から長江河口の島までひそかに敷設していた海底ケーブルと，上海市内からその島まで敷設したケーブルとを接続し，香港―上海間の電信施設を作り上げてしまった．同社はその年の内にウラジオストックから長崎を経て中国大陸に延びる海底ケーブルもその島で接続したため，中国は上海を窓口として，香港経由南回りでも，日本経由北回りでも欧米各国と直接つながる電信網に組み込まれることになったわけである．やや遅れてイギリスの大東電報公司（Eastern Extention Australia & China Telegraph）社も香港―上海間にケーブルを敷設しており，20世紀に入ってからはアメリカの太平洋公司（Commercial Pacific and Cable）社が，太平洋横断の海底ケーブルをフィリピン経由で中国まで敷設している．中国の国際電信事業は，1920年代までほぼ完全に上記の3社によって独占されることになった．

　一方，中国国内でも，1870年代末から80年代にかけ中国側の主導により電信事業が展開されるようになる．国際商品たる生糸や茶の取引のため，すでに多くの中国人商人が外国の電信会社の電報を利用するようになり，その有用性を認識するようになっていたし，清朝政府自身も在外公館との連絡などに電報を使うようになっていたからである［千葉正史 2006］．1877年に福建巡撫の丁日昌が台湾に電信施設を開設したのがその最初の試みであり，1880年には，

中露交渉の便宜を考慮した清朝政府自身が天津―北京間にケーブルを敷設することを決め，天津に電報総局（総辦は，李鴻章の腹心の盛宣懐）を発足させた．そうした風潮の中で，大北公司が一方的に敷設していた国際ケーブルのうち上海―呉淞間の陸上部分については，国内の電信事業として中国側によって買い上げられている．

その後上記の天津電報総局は，財政難に陥ったのを機に純然たる国営から「官督商辦」方式に改められ，株式を発行して民間から資金を募りながら，全国に電信網を張りめぐらせていった．ただしそうした民間の力に依拠した事業展開が可能だったのは，商取引のための電報の利用が盛んだった地方に限られている．辺境の軍事拠点と中央政府との間を結ぶ電信施設などは，商取引のための電報のやり取りも皆無に等しく，北洋官電局等の公営事業として採算を度外視して扱われていくことになった．

清末から民国期にかけ，一時，電報の事業主体をめぐり混乱が生じた．清朝政府のなかに，電報事業の国内統一を図るべく，再度その全面国有化をめざそうとする動きが出たためである．もちろんこれには，鉄道の国有化問題の場合と同様，大きく発展した電報事業の収益を政府のものにしようとする狙いも込められていた．1902年に電政大臣という役職が新設された後，1906年には郵電部の開設となる．そして1908年，従来の電報総局は撤廃され，郵電部の下に新たに設けられた電政局が全国の電報事業を管轄することになった．旧電報総局が経営していた総延長距離12万kmの電信網と，各地の公営事業電信線の距離合計7万km分とが，ここにすべて郵電部電政局により統一的に管理経営されるようになったのである．その直後に勃発した辛亥革命の結果，電信事業は民国政府の交通部電政司によって引き継がれ，各地に電政管理局が設置された．その後の国民政府・人民共和国政府も，電報事業に関しては基本的にこの全面国有化事業方式を踏襲してきている［郵電史編輯室編 1984］．

一方，1920年代末の国民政府期になると，国際電信事業の面でも中国側の主権を回復しようとする計画が提起され，1930年，国際無線電信用の強力な送受信設備が開設されて相当の成果を収めるに到っている．

5. まとめ

　交通・通信が近代化されてくる過程を振り返ってみると，これまでに3回の急速な拡大期が存在したことが知られる．最初の変化は1850-70年代に，主として外国資本の主導により長江及び沿海航路に汽船輸送が登場し，普及していったことである．これは，後に取りあげる外国貿易の展開過程と結びついた動きであり，中国を国際貿易のネットワークのなかに組み込んでいく役割を果たした．電信事業においても，中国はこの時期，外国資本の主導により，国際電信網のなかに組み込まれている．

　第2の大きな変化は，外国からの投資や借款によって進められた東北，及び華北地方を中心とした幹線鉄道の敷設と，中国資本の汽船会社も台頭するなかで進展した内陸諸都市と沿海部との汽船航路の開設であって，とくに1890-1900年代に集中的に生じた動きである．国内の電信事業も，この時期に中国政府の手によって統一された．こうした中国国内における交通通信事業の発展は，中国の対外貿易にも顕著な刺激を与え，1900-10年代の対外貿易は後述するように空前の規模の激増ぶりを示した．それはまた，すでにみたとおり，沿海都市部において軽工業を中心とする工業化の進展を促す前提条件になるとともに，開港地の背後に広がる農村に商品的な農業が浸透していくうえでも，はかりしれないほどの意味を持ったのである．

　その後，1930-40年代になると，日中戦争とそれに続いて勃発した国共内戦の影響により，交通通信事業の発展は大きな制約を受け，新たな交通網の整備もあまり進まなかった．さらに1949年の人民共和国成立以降，必要な物資の輸送量自体は激増していたにもかかわらず，その増加した部分は，主に輸送の密度を引き上げることによって消化されてしまうことが多くなり，交通通信事業の抜本的な拡充という課題は長期間にわたって回避されてきてしまう．内陸部に敷設された鉄道新線にしても，軍事的政治的配慮を優先させることが多かったことから，必ずしも大きな経済的効果は挙がらなかった．

　このような情況が1970年代の末まで続いた後，中国の交通事業は1980年代から大きな変化を開始した．1980年代に本格的な幕開けを迎えたモータリゼ

表 III-5-1　延べ輸送量の輸送手段別構成

(単位：％)

年	鉄道	汽船	自動車
1950	86.6	11.2	2.0
60	75.5	20.9	3.6
70	76.6	20.4	3.0
80	47.5	42.0	2.9
90	40.5	44.2	12.8
2000	31.1	53.6	13.8
10	19.5	48.2	30.6
14	14.8	49.9	32.8

注：延べ輸送量＝トンキロ．統計方法の変化により，1990年以降，自動車輸送量の統計対象は拡大．
出所：1950-80；TN［1990］533頁．1990-2014：TN［2015］584頁．

ーションがそれであり，21世紀になって本格化した高速道路網の整備ともあいまって，全国の貨物輸送のなかにおいて自動車輸送の占める比率は，現在，急速に上昇しつつあり，2000-14年の間に鉄道輸送と道路輸送が占める位置は逆転した（表 III-5-1）．同じく1980年代に日本からの円借款などを使って大規模に取り組まれだした鉄道・港湾の新規整備事業も重要な意味を持ち，貨物取扱量の大幅な増加を可能にした．

　通信事業についてみると，一般庶民の利用が遅れていた電話通信が，1990年代末以降，携帯電話の急速な普及によって様相を一変させている．政府統計によれば，1990年に100人当たりわずか1.11台であった電話普及率は，2000年に19.10台，2010年に86.41台，2014年には112.26台と急伸しており，その8割以上は携帯電話である．1990年代半ば以降，政府の電気通信事業改革によって複数の通信事業者が市場を争うようになったこと，多数のメーカーが競って低価格の新型携帯電話機を提供していったことが，こうした急速な普及を後押しした［丸川知雄・安本雅典編 2007］．

　さらに2007年から進んだ全国的な高速鉄道網の整備，地下鉄建設をはじめとする都市の公共交通の整備，国内線航空路の充実，インターネット社会の到来なども含めて考えるならば，近年の交通・通信の変化が中国の経済と社会に及ぼす影響は，きわめて深刻なものになるであろう．

IV

鉱業・エネルギー産業の発展

　製造工業や交通通信事業の発展を支える基礎が，それらの分野に動力源を提供する産業＝エネルギー産業にあることは，改めていうまでもない．近現代中国の場合，とくに重要な意味を持ったのは石炭の利用であり，1960年代以降はこれに石油の利用が加わっている．ある意味において，中国の現在のような経済発展を可能にしたのも，そしてまたその発展を制約してきたのも，このエネルギー産業の発展によるところが大きい．本章では石炭・石油などの採掘利用を中心にして，近現代中国における鉱業・エネルギー産業がどのような過程を経て発展してきたかを探ってみたい．なおここでは，鉄鋼石などその他の鉱産資源の開発の問題については，取り上げなかった．

1. 石炭産業

　燃料として石炭を用いた世界最古の記録は，古代中国の漢代の文献のなかに見出され，10世紀の宋代には，ヨーロッパなどにはるかに先駆け，製鉄用の原料としても石炭が使用されるようになっていた．周知のようにマルコ・ポーロは，彼の『東方見聞録』の一節に驚異の念をもって石炭の存在を記している．
　だがこうして古くから中国人が利用してきた石炭は，手掘り作業により細々と産出されていたものであり，大量需要に即応できる生産体制ができあがっていたわけではない．そのため，1870年代から90年代にかけて近代的機械工業や汽船業などの発展にともない石炭の需要が急増すると，外国炭の中国への輸

表 IV-1-1 石炭輸入の推移（各年の平均）

(単位：万 t，万両)

期　間	数　量	金　額
1867-69	13.3	118
70-74	10.6	86
75-79	16.4	94
80-84	24.5	123
85-89	31.2	188
90-94	39.8	220

出所：HB［各年］．

入が激増した（表 IV-1-1）．しかも当時，主要な外国炭であったイギリス炭の価格が高騰する勢いを見せていたので，外国炭の輸入増加は，中国の貿易収支悪化と国内産業のコスト上昇の要因にもなることが懸念された．高価な外国炭に依存することなく近代産業の発展を図るためには，中国国内に，機械動力を利用する高能率の近代的石炭採掘業を確立する必要が出てきたのである．その最初の試みは清朝政府高官の主導の下，1876 年に開設され 79 年から出炭を開始した台湾礦務局（後の基隆炭鉱）と，1877 年に開設され 81 年から出炭を開始した河北の開平礦務局（後の開灤炭鉱）で始まった．前者が純然たる官営企業だったのに対し，後者は最初から「官督商辦」という半官半民の形式を採用しており，「督辦」という責任者こそ清朝政府の派遣だったものの，資本金の 9 割近くは民間の商人たちから集められ，その意向が経営に反映される仕組みになっていた［中国近代煤礦史編写組 1990］．この開平礦務局創設にかかわった李鴻章は，やはり半官半民の汽船会社である輪船招商局（III 章 2. 参照）と各地の兵器工場（II 章 7. 参照）の燃料炭を確保するため，清朝政府自身の主導による近代的な炭鉱開発をめざしていたのである．したがって，開平炭の輸送を容易にする中国最初の鉄道の敷設（III 章 2. 参照）や各種の通行税の減免措置など，開平礦務局の営業に対しては手厚い保護が加えられた．こうした一連の経緯は，近代工業の展開にともなう後方連関効果が石炭産業の発展を促したことを物語っている．その後も，1880 年開設の中興礦務局（山東，現在の棗荘炭鉱）や 1882 年開設の臨城炭鉱（河北）を始めとして，半官半民の経営による新炭鉱が次々に設けられていった．

　さらに大きな発展は，日清戦争の後，外国資本の大量進出によってもたらされる．清朝政府が 1898 年の路礦章程や 1902 年の礦務章程を制定し外国資本の採鉱権を承認すると，福公司（1898 年，山西，イギリス資本），山東鉱山会社（1899 年，ドイツ資本），開平炭鉱（ただし本来中国が設立していた会社を，1901 年，イギリス資本が買収），撫順炭鉱（1905 年，遼寧，日本資本．1906 年から満鉄が経営），本渓湖炭鉱（1905 年，遼寧，日本資本．形式上 1910 年から日中合弁会社が経営）な

表 IV-1-2　炭鉱の資本国籍別生産高推移

(単位:百万 t,( )内 %)

年	総生産量	外資経営 機械採炭	合弁経営 機械採炭	中国資本経営	
				機械採炭	手掘採炭
1912	9.1 (100)	2.2 (24)	2.5 (27)	0.4 (4)	3.9 (45)
20	21.3 (100)	4.4 (21)	6.4 (30)	3.3 (15)	7.2 (34)
26	23.0 (100)	6.4 (28)	5.8 (25)	3.4 (15)	7.4 (32)
30	26.0 (100)	7.4 (28)	7.7 (30)	4.9 (19)	6.1 (23)
33	28.4 (100)	10.9 (39)	7.5 (26)	3.7 (13)	6.3 (22)
36	39.9 (100)	14.1 (36)	8.1 (20)	11.6 (29)	6.1 (15)

注:比率は原表により算出.
出所:厳中平・姚賢鎬他編 [1955] 124, 154 頁.

どが,資源開発と当該地域全体の利権確保とを目的にあいついで設立され,それらの炭鉱の生産量の合計は,全体の 6-7 割を占めるまでになった(表 IV-1-2).

こうした動きに主権喪失の危険を感じた清朝政府は,炭鉱業の高収益に注目した中国の民間資本とともに,官民一体となって石炭産業における利権回収運動に乗り出した.清朝は,1907 年,外国資本の活動に規制を加える砿務正章を新たに制定している.もっともその翌年には外国側の抗議を受け入れ,規制内容を緩和してしまった.しかしそうしたなかにあっても,イギリス資本の開平炭鉱に隣接しその活動を牽制する意味を持つ灤州煤砿公司の創設(1907 年.1912 年から開平炭鉱と共同経営されることになり中英合弁の開灤炭鉱が生まれた.正式の企業合併は 1934 年)や,同じくイギリス資本の福公司の販売活動に対する中国側の規制措置(1908 年)などが実現し,1910 年代からは各地に中国側民間資本の新炭鉱も続々と開設され,生産量を伸ばしていく(表 IV-1-2).辛亥革命の後,1914 年に中華民国北京政府が制定した外資に 50% 以上の資本参加を認めない砿業条例や,1930 年に南京国民政府が制定した砿業法,及び国産炭輸送の鉄道運賃割引制度などの保護政策も,中国資本による石炭産業の発展を促進する重要な役割を果たした[手塚正夫 1944].

以上のような外国資本の進出と中国資本の発展とがあいまって,中国の出炭量は,1910 年代から 30 年代にかけて早いペースで増加し続け,輸入炭の比重は低下した(表 IV-1-3).国内炭の生産量内訳を見てみると,日本資本の撫順・本渓湖両炭鉱を中心とする外国資本炭鉱と中国資本炭鉱の占める比率が上昇し

表 IV-1-3　石炭の生産と輸出入

(単位：百万 t，（　）内 %)

年	生産量：P	輸入量：I	輸出量：E	消費量：C	自給率：R
1900	…	0.9	—	…	（…）
10	13.2	1.4	0.3	14.3	（ 92.3）
20	21.3	1.3	2.0	20.6	（103.4）
30	26.0	2.5	3.5	25.0	（104.0）
36	39.9	0.3	4.8	35.4	（112.7）
40	46.8	…	…	…	…
46	18.9	0.1	＊	19.0	（ 99.5）
50	43	＊	2.0	41	（104.9）
60	397	1.2	2.1	396	（100.3）
70	354	1.2	2.3	353	（100.3）
80	620	2.0	6.3	616	（100.6）
90	1,080	2.0	17.3	1,065	（101.4）
2000	1,384	2.1	50.8	1,335	（103.7）
10	3,428	164.8	19.0	3,574	（ 95.9）
14	3,874	291.2	5.7	4,159	（ 93.1）

出所：1900-90；中国近代煤砿史編写組［1990］538 頁，HB［各年］，国家統計局工業統計司編［1985］50 頁，TN［1991］624, 626 頁，TN［1994］408, 516, 518 頁．2000-14 生産量 TN［2015］463 頁．輸入量 2000；DN［2001］532 頁．2010；SN［2011］116 頁．2014；SN［2015］117 頁．輸出量 2000；DN［2001］517 頁．2010；SN［2011］111 頁．2014；SN［2015］111 頁．

ており，その反面，中国在来の小規模な手掘り炭鉱と開灤炭鉱などの合弁資本炭鉱の出炭量の比率が下がっている（表 IV-1-2）．

1930 年代までの発展の特質を簡単に整理しておこう［前掲書及び Wright, Tim 1984］．まず地域的にみると，炭鉱の所在地が著しく東北・華北地方に偏っているのに対し，石炭需要は華中・華南でも相当に高いことが示されている（表 IV-1-4）．これは国内炭を効率的に利用するためには，物資流通機構の整備が鍵になることを意味する事実にほかならない．

第 2 に石炭の用途について．一般家庭の燃料や暖房に用いられる分の比重が低下し，工業用・交通機関用の比率が上昇している（表 IV-1-5）．工業化の進展を明瞭に示す数字である．

第 3 に販売市場の動向を調べてみると，1920 年代まで市場で優位を占めていた日本炭・撫順炭の地位が大きく後退するとともに，中国炭の比重が急伸している（表 IV-1-6）．これは，一面において中国資本炭鉱の出炭量が増加した結果であるとはいえ，日本炭・撫順炭が日本内地と東北の需要に一層多く振り

表 IV-1-4　石炭需給地帯構造（1930年）

（単位：%）

	生産量	消費量	埋蔵量
東　北	33.9	26.4	1.9
華　北	51.7	36.0	56.1
西　北	1.2	5.6	31.4
華　中	7.5	22.9	2.4
西　南	3.5	4.2	5.4
東　南	1.9	7.9	0.4
その他	0.3	-3.0#	2.4

注：#は輸出を含む．
出所：Wright [1984] pp.79, 80, 82.

表 IV-1-5　石炭消費先の推移（1915-85年）

（単位：百万t,（　）内%）

	1915	1923	1933	1952-57*	1965-70*	1975-80*	1980-85*
一般用	9.71(56)	10.95(45)	12.87(43)	42.3(44)	78.1(31)	103.5(19)	159.0(23)
工業用	2.46(14)	3.77(16)	6.53(22)	54.2(56)	176.1(69)	444.7(81)	537.0(77)
紡織	0.76(5)	0.99(4)	1.30(4)	…	…	…	…
鉄鋼	0.96(6)	0.95(4)	1.45(5)	9.6(10)	23.9(9)	55.0(10)	59.0(8)
発電	0.2(1)	0.93(4)	1.83(6)	9.4(10)	49.4(19)	104.6(19)	147.7(21)
交通用	2.63(15)	4.29(18)	4.69(16)	…	…	…	…
鉄道	1.15(7)	2.11(9)	2.72(9)	8.1(8)	17.5(7)	24.7(5)	25.0(4)
船舶	1.48(9)	2.18(9)	1.97(7)	…	…	…	…
輸出向	1.32(7)	3.11(13)	3.95(13)	―	―	―	―
自家用	1.08(6)	1.96(8)	2.27(8)	…	…	…	…
総計	17.18(100)	24.08(100)	30.31(100)	96.6(100)	254.2(100)	548.2(100)	696.0(100)

注：*は各5年間の平均．1933年以前は総生産量に対する内訳の推計値．1952年以降は総消費量の内訳．なお1952年以降の「工業用」には，1933年以前の「交通用」に該当する分を含む．
出所：1915-33: Wright [1984] p.74. 1952-85:『当代中国的煤炭工業』編輯委員会編 [1988] 132頁．

表 IV-1-6　主要都市*の市場動向，出炭地別石炭販売量推移

（単位：万t,（　）内%）

年	日本炭	撫順炭	中国炭**	外国炭	合計
1926	239 (50)	82 (17)	93 (19)	67 (14)	481 (100)
27	200 (40)	91 (18)	149 (29)	65 (13)	505 (100)
28	179 (34)	89 (17)	173 (33)	90 (16)	531 (100)
29	162 (29)	99 (18)	207 (38)	83 (15)	551 (100)
30	159 (28)	111 (20)	224 (39)	76 (13)	570 (100)
31	117 (20)	137 (24)	217 (37)	110 (19)	581 (100)
32	84 (16)	57 (10)	241 (46)	144 (28)	526 (100)
33	106 (21)	66 (13)	238 (47)	100 (19)	510 (100)
34	74 (14)	38 (7)	358 (70)	43 (9)	513 (100)

注：*主要都市＝上海・漢口・香港・広東・芝罘，**含開灤炭．比率は原表により算出．
出所：手塚 [1944] 159-160頁．

表 IV-1-7 撫順炭の販売先推移（各年平均）

(単位：万英 t)

期　間	社用炭	東北地売	日本朝鮮	中国等	船舶用	合　計
1910-14	44	52	35	33	13	177
15-19	86	105	54	28	19	292
20-24	104	140	103	50	54	452
25-29	127	196	203	133	67	726
30-31	131	160	216	153	61	720
32-33	116	261	251	87	83	796
34-35	99	445	307	36	87	973

注：合計は原表により算出．
出所：南満洲鉄道株式会社総裁室弘報課編［1937］453-455頁．

向けられるようになった，というもう一つの側面も見逃すべきではない．撫順炭の場合，日本内地・朝鮮・東北向けの販売量比率は，1920年代が5-6割だったのに対し，1930年代は7-8割に達した（表IV-1-7）．

　第4に各炭鉱の経営動向を整理しておく（表IV-1-8）．1910年代から20年代半ばにかけ，各社とも相当の利益を挙げているが，20年代後半から，中国資本経営を中心に収益の減少が深刻化した．しかしそうしたなかにあっても，機械化を軸に合理化を進めた中興炭鉱は，1930年代に，撫順炭鉱や開灤炭鉱に伍する好成績を回復している．

　日中戦争が始まると，日本軍の占領地区でも国民党の支配地区でも，もっとも重要な軍需物資の一つである石炭に対する需要は激増し，その大増産が図られた［中国近代煤砿史編写組 1990］．日本軍占領地区では，従来の撫順・本渓湖両炭鉱に加え，東北占領後の1934年に設立された満洲炭鉱株式会社と，日中戦争開始後の1938年に設立された華北開発株式会社の二つの国策会社が経営・統制する炭鉱を中心に増産が図られ，ピーク時の1942年の年間出炭量は，1937年のおよそ3.5倍にあたる5920万トンに達している．中英合弁の開灤炭鉱も，日本がイギリスと戦闘状態に入った後，接収された．しかし無理な増産体制のため大規模なガス爆発事故や出水事故が続発するようになり，太平洋戦争の影響で機材が不足してきたこともあって，1943年以降，日本軍占領地区の炭鉱業は減産傾向をたどった．一方，元来，大きな炭鉱が少ない地域であった国民党統治地区では，国民政府経済部直属の資源委員会を中心に抗戦を支えるための新炭鉱開発が急がれ，1940年代には，年産500万トン程度の石炭自

表 IV-1-8 各炭鉱の経営動向（出炭1t当たり損益）

(単位：元（撫順のみ日本円））

年	撫順 794万t	開灤 536万t	中興 131万t	六河溝 75万t	保晋 53万t
1914	0.99	1.17	0.84	…	-0.06
18	2.72	1.84	3.75	0.76	0.61
19	4.48	2.37	4.61	1.74	0.44
20	1.89	1.66	4.17	1.90	0.50
21	1.19	1.06	…	2.07	0.19
22	1.71	1.67	4.09	1.06	0.10
23	0.81	1.63	4.61	1.33	…
24	0.55	0.72	2.46	0.60	0.48
25	1.12	0.71	0.91	0.42	0.57
26	0.83	1.68	0.01	1.23	-0.06
27	1.37	2.27	-6.14	…	-0.31
28	1.58	1.17	…	…	-1.87
29	1.65	1.22	-6.91	…	-0.06
30	0.26	0.76	-0.75	-3.33	-0.02
31	…	1.11	0.03	-1.29	0.89
32	0.02	0.10	1.41	-0.20	…
33	0.69	0.06	1.69	-1.65	-0.36
34	1.31	0.27	1.50	…	-0.08
35	1.56	0.36	1.51	…	-0.18
36	1.28	1.42	*2.58	…	…

注：炭鉱名欄の数値は1934年以前の最高出炭量，手塚 [1944] 302, 326頁，南満洲鉄道株式会社総裁室弘報課編 [1937] 等．
出所：Wright [1984] pp.94-95．*は中共棗荘砿務局委員会他編 [1959] 45頁より．

給体制が築かれている．しかしこうした国民政府の努力にもかかわらず，生産の絶対量は，東北・華北の大炭田地帯を抱える日本軍占領地区の出炭量に遠く及ばなかった．

戦後，それまで日本が経営していた主要炭鉱は，国民政府資源委員会によって接収＝国有化され，中興炭鉱などの有力な民間炭鉱や中英合弁の開灤炭鉱は，いずれももとの所有者に返還された．しかし1946年から49年にかけての時期，経済復興用資材の不足と政情不安のため，大部分の炭鉱の出炭量は大きく落ち込み，全国の出炭量の合計も戦前の半分程度に激減している（表IV-1-3）．

人民共和国が成立すると，新政府は経済発展の基礎として石炭産業をきわめて重視し，第一次五ヵ年計画期には鉱工業投資総額の11.9％を石炭業に集中して出炭量の引上げを図った［中華人民共和国国家統計局工業統計司編 1958］．そ

表 IV-1-9　炭鉱出炭能力の増加数

(単位：万t，( ) 内炭鉱数)

期　間	出炭再開	設備改善	新規開設	総　計
1950-52	1,788 (…)	—	—	1,788 (…)
53	370 (7)	1,403 (40)	—	1,773 (47)
54	320 (14)	383 (20)	1,059 (29)	1,762 (63)
55	275 (10)	157 (22)	1,006 (28)	1,438 (60)
56	99 (5)	553 (10)	1,380 (29)	2,032 (44)

出所：中華人民共和国国家統計局工業統計司編 [1958] 88, 93 頁.

　の結果 1950 年代を通じ，出炭量はほぼ 9 倍化するほどの急成長を遂げる（表 IV-1-3）．こうしためざましい増産を可能にした要因は，1954 年以前は主に既存炭鉱の整備拡張であり，それ以降は新しい鉱山の開発によるものであったことが知られている（表 IV-1-9）．しかしこの間の増産には，長期計画を欠いた無理な方策によるものが相当含まれていたため，1960 年代になると出炭量は頭打ちになってくる［『当代中国的煤炭工業』編輯委員会編 1988］．とくに「大躍進」期に増設された中小規模の炭鉱は事前の地質調査や採炭設備に不備が多く，最終的には，そのうちの 9 割程度までが廃坑措置の対象になった．しかもたまたまこの時期に石油の国内生産が本格化し，無理に石炭を増産させる必要性が薄らいだことも影響し，エネルギー源としての石炭への依存度は，1960 年頃まで 9 割以上の高い水準で推移した後，漸次低下して 2014 年には 66.0% になっている（後掲表 IV-4-1）．もっとも，1970 年代末以降，国際価格の上昇した石油の相当部分が外貨獲得のため輸出に振り向けられたこと，石油の国内消費の増加にもかかわらず原油生産量が伸び悩んだことにより，石炭は国内用の主要なエネルギー源として，改革開放期の経済発展を一貫して支え続けた．そしてその原動力の一つが，市場経済化のなかで発展してきた中小規模の炭鉱（郷鎮炭鉱）だったのである［堀井伸浩 2000］．

　こうした人民共和国成立以後の発展を，先にみた 1930 年代までの発展の特質と対比させながら検討しておこう．地域的には，華中華南方面や西北地方での出炭が激増した半面，東北地方での増産が低い上昇率にとどまったため，東北の比重は 2014 年時点で全国の出炭量の 3.9% にまで低下している．ただし地域的な不均衡は 1930 年代よりむしろ大きくなり，依然として山西省を中心とする華北地方の出炭量が全体の 59.13% という高い比率を占めている［TN

2015]．用途の点では，1930年代までと比べ工業用の伸びが著しく，とくに火力発電用の石炭消費量が激増しており，石炭産業は工業化に大きな役割を果たしてきたといえよう（表Ⅳ-1-5）．実際，改革開放期の経済の過熱に対して石炭の供給はたびたび逼迫しており，中小炭鉱の無理な採掘による事故が絶えない一方で，2010年以降は石炭の輸入が大幅に増加する事態に到っている（表Ⅳ-1-3，［堀井 2010；Wright, Tim 2011］）．

2. 石油産業

1960年代から有力産油国の一つになった中国であるが，1950年代までは，むしろ大量の石油製品輸入国であったし，21世紀に入ると再び輸入国に転じている（表Ⅳ-2-1）．

むろん1950年代以前に石油の生産が皆無だったわけではない．中国国内における最も早い時期の機械式採油の記録として，1877年，台湾で石油が試掘されたという記録が残っている．しかしこれは短期間のうちに途絶してしまい，ある程度の事業規模と継続性を備えた石油生産は，1907年，陝西省の延長油田で始まった［申力生主編 1988：第2巻］．初め清朝地方政府の官営事業として着手された同油田は，辛亥革命後，中華民国の地方政府に引き継がれ，1935年以降は，この地を実効支配した共産党主導下の地方政権（「辺区政府」）によって管理経営がなされている．さらに日中戦争期にはいると，戦略物資としての石油の重要性が飛躍的に高まったことから，新たに新疆の独山子油田や甘粛の玉門油田が開発された．前者は新疆の支配者盛世才がソ連との合弁によって始めたものであり，後者は国民政府の資源委員会が開発した比較的大きな規模の油田である．一方東北では，日本の満鉄がオイル・シェール（油頁岩）からの石油生産を1930年に事業化しており，台湾でも小規模ながら日本資本が石油の採掘精製にあたっていた［飯塚靖 2003］．しかし1940年代までに開発されていた以上の石油採油業の生産量をすべて合計してみても，中国の石油自給率は1-2割程度のきわめて小さなものに過ぎず，国内の石油市場は，アメリカの大手石油資本であるスタンダード・オイル（美孚石油），アジア石油，テキスコ

表 IV-2-1 原油・石油製品（ガソリン，灯油，軽油等）の生産と輸出入

(単位：万トン)

年	原油			石油製品		
	生産量：P	輸入量：I	輸出量：E	生産量：P	輸入量：I	輸出量：E
1910	0.01	—	—	*	50.16	—
20	0.01	—	—	*	69.01	—
30	5.79	—	—	…	90.21	—
36	12.56	…	—	…	86.79	—
40	16.73	—	—	…	…	—
46	7.38	…	—	1.9	88.78	—
50	20.00	4.04	—	25.9#	…	—
60	520.00	59.40	—	230.0$	…	—
70	3,065.00	47.26	19.15	1,362.3	—	—
80	10,595.00	36.56	1,130.69	3,502.4	—	457.80
90	13,831.00	274.80	2,399.00	5,156.0	118.60	526.00
2000	16,300.00	7,026.53	1,030.67	12,086.3	1,804.68	827.25
10	18,135.29	23,931.00	303.00	25,278.7	3,688.00	2,688.00
14	21,142.92	30,838.00	60.00	28,665.2	3,000.00	2,967.00

注：台湾の原油生産は除く．＊は0.005未満．#は1952年，$は1959年の数値．
出所：原油　生産量 1910-46；申力生主編 [1988] 2巻 135-136, 224頁．1950-93；TN [1994] 408頁．2000-14；TN [2015] 463頁．
　　　輸入量 1950-80；DN [1984] IV114頁．1990；DN [1991] 426頁．2000；DN [2001] 532頁．2010；SN [2011] 117頁．2014；SN [2015] 117頁．
　　　輸出量 1950-80；DN [1984] IV105頁．1990；TN [1991] 624頁．2000；DN [2001] 517頁．2010；SN [2011] 111頁．2014；SN [2015] 111頁．
　　　石油製品　生産量 1946；申力生主編 [1988] 2巻 188頁．1952-80；当代中国叢書編集部編 [1987] 56, 83, 100, 134頁．1990-2010；GJN [2010] 29頁．2014；TN [2015] 461頁．
　　　輸入量 1910-46；HB [各年] を換算．1990；DN [1991] 426頁．2000；DN [2001] 532頁．2010；SN [2011] 117頁．2014；SN [2015] 117頁．
　　　輸出量 1965-80；当代中国叢書編集部編 [1987] 83頁．1990；TN [1991] 624頁．2000；DN [2001] 517頁．2010；SN [2011] 111頁．2014；SN [2015] 111頁．

（徳士古）の3社によって牛耳られていた（表IV-2-1）．

人民共和国期になると，石油の国内生産量を引き上げることが焦眉の国家的事業として重視されるようになった．朝鮮戦争の勃発によりアメリカ石油資本からの輸入が期待できなくなった反面，国内の経済復興と朝鮮や台湾海峡などでの軍事行動のための石油需要は急増していたからである．そこで1950年代にまず着手されたことは，既存の独山子油田，玉門油田，東北のオイル・シェールからの石油生産設備などにおける石油産出量を最大限まで増加させることであった．とくにこの時期，オイル・シェールからの石油生産が果たした役割には大きなものがある（表IV-2-2）．また石油採掘に必要な労働力を確保するため，人民解放軍の将兵7700人が部隊ごと石油産業に投入されたりもしてい

る［『当代中国的石油工業』編輯委員会編 1988］．同時に新疆や青海方面での油田探査事業も進められ，新疆ジュンガル盆地のカラマイ油田などはこの時新たに開発された．

しかし以上のような措置だけでは激増する国内の需要をとうてい満たすことができなかったため，1950年代の半ば以降，きわめて大規模な油田探査事業が華北平原と東北の松遼盆地で展開されるようになる．その結果，ついに1959年9月，松遼盆地の大慶油田が発見された．大慶油田は，1963年には全国原油生産量の68％に当たる439万トンの原油を産出するようになり，中国が石油の自給化を達成していく大きな原動力となった．さらに大慶油田の後も，山東省の勝利油田や河北省の大港油田など，相当の規模を備えた新油田が相継いで開発されていき（表IV-2-3），1970年代に到ると，石油は，かつての大量輸入品から最も有力な輸出品の一つにまで転じていったのである（表IV-2-4）．こうした開発を可能にした一因は，当時の世界における内陸部石油開発の先進国であったソ連東欧諸国からの大々的な技術援助である．1950年代を通じソ連からは延べ434人の技術者・専門家が派遣され，1953年設立の北京石油学院（後に山東に移転し華東石油学院となった）などにおいて多数の中国人技術者の養成にあたった．石油探査の重点地域が従来の西北地区から華北・東北地区の大盆地に変更されるうえでも，ソ連人技術者の主張は大きな影響を与えていた．

こうした発展にもかかわらず，1960年代の末から1970年代初めのいわゆる「文化大革命」の期間中にはさまざまな問題が生じている．たとえば石油を採掘した後の井戸を整理しておくための注水工程に関して，この時期には，そうした類の工事そのものを省略したり，手を抜いたりする動きが横行していた．他方，新油田開発のための探査事業がなおざりにされていたのも，この時期の一つの特徴であった．そのため早くも1970年代の末頃には，原油生産は伸び

表IV-2-2 オイル・シェール石油の生産

（単位：万トン，（ ）内％）

年	オイル・シェール石油産量	国内原油総生産量	オイル・シェール石油比率
1930	5.78	5.79	(99.8)
33	9.07	9.07	(99.9)
36	12.56	12.56	(100.0)
40	16.59	16.73	(99.2)
42	25.76	31.10	(82.8)
45	10.74	17.61	(61.0)
49	5.01	12.01	(41.7)
50	10.40	20.00	(52.0)
52	24.00	43.50	(55.2)
54	40.70	78.90	(51.6)
57	59.70	145.80	(41.0)
59	97.10	373.40	(26.0)

注：比率は原表により算出．
出所：1930-49：申力生主編［1988］2巻135-136, 224頁．1950-59：当代中国叢書編集部編［1987］43頁．

表 IV-2-3　油田別原油生産量の推移（1960-89 年）

（単位：万 t）

地　域	東　北		華　　　　北				西　北	その他	全国計
油田 発見年	大　慶 1959	遼　河 1966	勝　利 1962	大　港 1964	中　原 1975	華　北 1977	カラマイ 1955	玉門等	
1960	79	—	—	—	—	—	23	408	510
70	1,767	—	450	96	—	—	38	470	2,821
80	5,150	510	1,760	291	—	1,603	390	891	10,595
90	5,562	1,360	3,350	383	630	535	580	1,445	13,845
93	5,590	1,420	3,720	405	550	460	760	1,478	14,383

注：1960・1970 年の全国合計の数値は，表 IV-2-1 とやや一致しない．理由は不明．
出所：1960-80; NC［1989］210 頁．1990-93; NC［1994］138 頁．

表 IV-2-4　輸出入総額に占める石油の比率

（単位：%）

期　間	輸入中の比率	輸出中の比率
1953-57	5.50	—
58-62	7.70	0.04
63-65	2.90	0.40
66-70	0.40	0.60
71-75	0.98	7.10
76-80	0.64	17.20
81-85	0.33	23.20
86-90	…	7.78
91-93	4.13	4.20

出所：1953-85;『当代中国的石油工業』編輯委員会編［1988］232 頁．1986-93; TN［各年］，TZ［各年］等より算出．

悩みを見せ始めている．しかもかつて原油生産の激増期に，燃料用に原油を生だきして使うというきわめて効率の悪い使い方が広がっていたため，石油資源の急速な浪費が進んだのである．1980 年代後半以降，経済の急成長，特にモータリゼーションの進展にともない石油の国内消費が急増した結果，中国は 1990 年から 2000 年にかけて再び原油と石油製品の輸入国に転じている（表 IV-2-1）．

石油の生産と消費の両面に生じていた以上のような危機を打開するため，中国は 1980 年代に入ってから，一方において原油の生だきを減らすなど石油資源利用の際の効率化を図るとともに（表 IV-2-5），他方においては，日本や欧米の石油資本を導入し，海底油田やタリム盆地等の開発に本格的に取り組むよ

うになった．また，これと並行し，行政部門である石油工業部および関連部局を母体として中国石油天然気総公司（CNPC），中国石油化工総公司（SINOPEC），中国海洋石油総公司（CNOOC）といった石油産業を独占的に取り扱う国有企業を設立した．これらの企業は一般に中国石油三大メジャーと呼ばれ，政府の支援を受けつつ，アフリカ，中東，中央アジアなど世界各地に展開し，国内への石油の安定供給に向けて海外資源獲得・自主開発活動を行っている［郝燕書 2000；郭四志 2010］．

表 IV-2-5　燃料用の原油生だき率

（単位：%）

年	原油	重油
1976	40	60
78	37	63
80	28	72
82	20	80
84	15	85

出所：『当代中国的石油工業』編輯委員会編［1988］230頁．

3．電力産業

　中国に初めて電灯がともったのは，1879年5月17日，アメリカ前大統領グラントの上海訪問を歓迎する行事のなかでのことだった．その3年後の1882年7月には，イギリス資本の上海電光公司が，租界にあった商店や会社の照明用に送電を開始する．パリで始まった世界最初の送電事業から遅れることわずかに7年という早い時期のスタートであり，1889年には香港で，また1890年には広州でも送電会社が営業を始めている［李代耕編 1983］．その後，20世紀初頭の実業ブームにともなって全国への普及が進み，最盛時には中国資本電力会社31社（30都市）と外国資本電力会社24社（18都市）が設立されるとともに，各社の社名が当初の「電灯」から「電力」へ変更されていったことに示されるように，その用途も照明用から産業の動力用主体へと変わっていった（表IV-3-1）．

　1930年代に中国全土にあった発電設備の6-7割は外国資本によるものであり，上海電力公司（上述の上海電光公司の後身．同公司が1893年に租界当局の公営施設＝工部局電気処となった後，1929年に再度改組・民営化されて成立．アメリカのモルガン財閥系）と，満洲電業株式会社（1934年成立，日本資本）とが双璧をなす存在であった．それに対し中国資本各社は小規模なものが多かったが，1910

IV 鉱業・エネルギー産業の発展

表 IV-3-1 発電設備と発電量の推移

年	発電設備容量（万kw） 合計	うち外資	発電量（億kwh）
1912	…	…	0.53
20	…	…	1.61
30	…	…	11.12
36	104.36	68.53	30.75
40	…	…	33.31
46	128.11	…	36.25
50	186.60	—	45.50
60	1,191.83	—	594.24
70	2,377.00	—	1,158.62
80	6,586.91	—	3,006.27
90	13,789.00	—	6,213.18
2000	31,932.00	…	13,556.00
10	96,641.00	…	42,071.60
14	137,018.00	…	56,495.83

出所：李代耕編［1983］16, 17頁, SBN［1936］724-734頁, 李代耕編著［1984］124, 172, 198, 278頁, GJN［1988］32-33, 41頁, TN［1994］408頁, NC［1994］167頁. 1950-90：張彬主編［1998］270-271頁. 張彬等主編［1994］120-121頁. 2000-14：TN,［2015］299, 467頁.

年代には北京政府交通部電政司によって，また1920年代末から30年代にかけては国民政府建設委員会及び資源委員会（後に建設委員会も吸収）によって，次第に統合が図られるようになっている．発電方法についていえば，全体には石炭火力発電方式がほとんどを占めたが，日本資本の満洲電業のみは水力発電主体という特徴を持っていた．

日中戦争期に入ってからも軍需工業を支える重要なエネルギー源として電力産業は発展を続けた．国民政府の統治地区では1938年にわずか3.55万kwの発電能力しかなかったのに対し，1945年には資源委員会傘下の企業を主体に7.36万kwへと倍増しているし，日本の占領下にあった東北地区（満洲）では1936年の41.24万kwが1945年の178.16万kwへと4倍化している．ただしこの東北地区（満洲）の発電施設のうち97万kw分は，日本の降伏後にソ連軍によって撤去され持ち去られており，残っていた分が資源委員会によって接収されたのである．以上のような経緯を経て，戦後中国の電力業界においては，国民政府の資源委員会が絶大な力を持つに到った．

人民共和国期になると，アメリカ資本の上海電力公司も共産党政権によって接収され，やはり共産党政権が接収していた旧資源委員会保有の発電施設群と合わせ，電力産業は他の産業に比べかなり早い時期から，ほぼ完全に国有化された．そして産業発展の基礎として国を挙げての重点的な投資が進められた結果，1950年代から60年代にかけ，発電能力は急速に引き上げられていくのである（表IV-3-1）．

しかしこうした発展にもかかわらず，工業化全体の進展にとって中国の電力産業の発展水準は十分なものではなかった．そもそも重化学工業製品生産高の

3. 電力産業　105

表 IV-3-2　各種工業の生産量と発電量・発電設備の発展の成長率比較

(単位：%)

期　間	綿　糸	セメント	ソーダ灰	粗　鋼	モーター	ポンプ	発電量	同設備
1936-57	3.66	8.49	11.65	12.96	…	…	9.14	7.03
1950-57	9.86	25.36	17.88	36.37	32.84	20.28	22.74	12.85
57-65	5.55	11.46	7.19	10.89	13.60	14.91	16.96	15.84
65-78	4.77	11.24	3.20	7.62	17.22	17.99	10.81	11.36
50-78	6.24	14.68	7.85	15.16	19.87	17.66	15.45	13.00
1978-93	5.09	12.22	9.73	7.15	3.62	…	8.22	8.07
90-93	2.73	20.60	12.12	8.05	15.60	…	10.56	…

注：成長率は，年平均複利成長率による．
出所：表 II-1-1, II-5-1, II-6-1, II-7-7, II-8-2, IV-3-1 より算出．

伸び率に比べ，発電量の伸び率は常にそれを下回る傾向があり，重化学工業の旺盛な電力需要に電力供給の側が応じきれない情況が生じていた（表 IV-3-2）．中国の公式文献によっても，1978 年に工業界全体で 20-30% 程度も電力が不足していた，との指摘が見られる．さらにより深刻な問題は，発電設備が著しく酷使され，損耗も大きく余裕もないという状態に追い込まれてきたことである．統計を整理してみると，1950 年代から 70 年代にかけ発電設備の増加率は，ほとんどの場合，発電量の増加率を下回る情況が続いている（同上）．これは激増する電力需要を賄うため発電設備の稼働率が極度に引き上げられたことを意味する事実にほかならない．

　そしてこのような慢性的電力不足に輪をかけてきたのが，何度も繰り返された無理な電力増産政策である［李代耕編 1984］．1950 年代末の「大躍進」政策の際は，発電量の目標数字が 5 回も改訂され，発電機の能力をはるかに越えた運転が各発電所に強制されるとともに，経済合理性を度外視した発電所新設が奨励された．その結果は，1960 年の 1 年間だけで 100 万 kw 相当の発電設備が損壊してしまうという事故の多発であり，建設途中に放棄された発電所新設計画が全体の 45% にも達したという資金と労力の膨大な浪費であった．同様な事態が「文化大革命」期の 1970 年代初めにも生じたことが知られている．加えてこの時期，軍事防衛上の配慮を優先させた「山・散・洞」方針に沿い，人里離れた内陸部山中の地下深くに設けられた大規模な発電所の場合，建設費はもちろんのこと，建設後の維持費や送電費にも多額のロスをともなう結果を招いた．「文化大革命」中の研究所解体・幹部下放（農村などでの労働従事）の

方針により，中国電力産業の基本的な技術力自体が著しく低下した事実も指摘されている．

1980年代以降は，急速な経済成長のなかで電力不足に悩まされつつ，供給量の増強が図られ，特に2000年代半ばから発電設備容量が急速に増加した．その中心となったのが火力発電設備であり，大部分が石炭火力であった．石炭火力が中国の電力需要を支える構造は2000年代にも存続していた．しかしその一方で，電源構成の多様化も進んでおり，2013年の電源別設備構成は火力69.1％，水力22.4％，風力6.1％，原子力1.2％と，火力の比率は相対的に低下している［堀井伸浩 2015］．こうした電源構成の多様化は，石炭火力への過度の依存を懸念する政府の政策によるものであると同時に，石炭価格の自由化による火力発電コストの上昇など経済性の面からも進んでいる［田島俊雄 2008；堀井 2015］．

4. まとめ

近現代のあらゆる時期を通じ，中国は石炭産業を軸にエネルギーの国内自給化を図ってきた（表IV-4-1，以下同様）．1960年代以降はこれに石油産業が加わり，2014年時点ではエネルギー消費全体の17.1％を石油が担うようになっている．1910-30年代及び1950年代の石炭増産と1960-70年代の石油増産とは，中国の工業化を促進する大きな要因の一つになった．他方，20世紀に入ってから都市部を中心に広がっていた電力産業は，特に1950年代以降に急成長をとげた．

こうしたエネルギー産業の発展を主に担ったのは，1930年代までの石炭産業の場合，日英両国資本の在華企業と中国の民間資本企業であり，同時期の電力産業の場合は，日米両国資本の在華企業であった．それに対し1940年代以降になると，中国政府の主導による電力産業の統合・国営化が進められてきたことや，抗日戦争勝利後に日本企業が接収され，人民共和国成立後には英米系企業が接収されたことを契機として，エネルギー産業は全面的に国営企業によって担われるようになった．1960年代以降における石油産業の発展も含め，

4. まとめ

表 IV-4-1　エネルギー源の消費比率推移

(単位：％)

年	石炭	石油	天然ガス	一次電力，その他エネルギー
1953	94.33	3.81	0.02	1.84
60	93.90	4.11	0.45	1.54
70	80.89	14.67	0.92	3.52
80	72.15	20.76	3.10	3.99
90	76.20	16.60	2.10	5.10
2000	68.50	22.00	2.20	7.30
10	69.20	17.40	4.00	9.40
14	66.00	17.10	5.70	11.20

注：1953-90 年の「一次電力，その他エネルギー」は水力発電．
出所：TN［1984］231 頁，TN［1994］193 頁，TN［2015］289 頁．

表 IV-4-2　エネルギー消費効率の日中比較（1979 年）

比較項目	中国	日本
火力発電（1 kw 当たり石炭消費量）	474 g	335 g
鉄鋼生産（トン当たり石炭換算エネルギー消費量）	1.6 t	0.8 t
アンモニア合成（トン当たり石炭換算エネルギー消費量）	2.8 t	1.2 t

出所：嶋倉・丸山［1983］139 頁．

共産党政権によるエネルギー産業政策が，その急速な工業化を推進するテコとして，重要な役割を果たしてきたことは否定できない．

しかしエネルギー供給総量の増加は，必ずしも工業化全体の進展速度に追いつくものとはなっておらず，現在も中国のエネルギー事情は逼迫している．炭田や油田の開発が十分に計画的に行われてこなかったうえ，極度にエネルギー資源を浪費したり，関連設備を消耗させたりする政策が，1950 年代末の「大躍進」期や 1960-70 年代の「文革」期を中心に，くりかえし出現したことが，そうした事態を招いた要因の一つである．その背景には，経済成長第一主義に立って過大な要求をエネルギー産業に課してしまいやすいという共産党政権の経済政策の構造的な問題点が，横たわっている．

また，エネルギーの不足は，たんに供給サイドに問題があるわけではなく，エネルギーを消費する製造業などの側にも大きな問題が存在していたことに，注意しておく必要がある．1950-70 年代の間，石炭や石油を低価格で利用でき

た国営諸工場では，エネルギーの効率的な利用を図るための努力が等閑視されてきた感があり，工業面における省エネルギー策はきわめて立ち遅れていた（表IV-4-2）．その後，市場経済化の進展により，省エネルギーに関心が向けられるようになってきたとはいえ，その抜本的な解決は容易なことではない．

さらに付け加えておけば，大量なエネルギー資源の消費が深刻な環境汚染を中国の内外に生んできたことにも，注意を払っておく必要がある．たとえば華北地域における大量の石炭の使用は，日本への影響も懸念されるPM2.5による深刻な大気汚染と深く関係しているとの指摘がなされている（コラム参照）．しかし上記のような情況の下にあっては，この問題の解決にも相当な時間がかかることが予想される．

●コラム● PM2.5

2010年代を迎える頃から，「PM2.5」という言葉をしばしば耳にするようになった．粒径2.5マイクロメーター以下の小さな粒子のことで，これが空気中に浮遊する数が増えると，人の肺の奥深くまで入り込み，健康に大きな被害を与える．PM2.5が激増した北京では，どんよりと霧に包まれたような日々が増えた．目にはみえない窒素酸化物，硫黄酸化物などの空気中濃度も依然として高い．

大気汚染の解決を求める声は強く，関係当局も対策に躍起だ．しかし，自動車の激増と排ガス規制の不徹底，暖房用石炭の燃焼，工場の生産工程からの排出ガス，建築工事からのダスト，自然界由来のダストなど，中国の大気汚染は，さまざまな要因が重なって起きている．自動車メーカーをはじめ汚染源の企業は，国営であると民営であるとを問わず利益本位に走り，汚染対策に力を入れない．そのため，対策が打ち出されてもなかなか効を奏してこない．健康被害の広がりが懸念される．

中国の大気汚染は他人事ではない．偏西風の風下で，われわれは暮らしている．日本の酸性雨の原因物質の半分程度は大陸由来だとする研究も発表されているほどだ．もっとも高度成長期に環境汚染が深刻化したのは，日本も同じであった．両国が協力し，日本で実施されてきた汚染対策を中国で普及させる試みも進められている．今後の日中協力の大きな課題の一つであろう．

（久保　亨）

V

商品的農業の拡大

　中国は巨大な農業国であった．2010年代の今も，就業人口のおよそ5割，粗付加価値のおよそ1割までは，農林水産業によって支えられている．国民に食糧を供給するうえでも，製造業に種々の原料を供給するうえでも，さらには国内市場の購買力を支えていくうえでも，農業生産の成否はきわめて重要な意味を持つ．近現代中国の農業経済をふりかえってみた時，そこにおける最も重要な趨勢は，小農経営を基礎にした商品的農業の拡大にあったと見られる．ただし日中戦争の頃から人民共和国期にかけ，米穀類の生産に農業生産全体が著しくシフトした時期があり，この時期にはまた集団化の強行によって農業生産のあり方にも大きな変化が生じていた．その後1970年代末以降における中国農業の発展は，再び，小農経営を基礎とする商品的農業の持続的拡大というその本来の軌道に回帰しつつある．他方，21世紀を迎える頃から，農民生活・農村社会・農業生産がそれぞれ問題に直面するようになり，しかもそれらが相互に関わりあっていたことから「三農問題」という言葉が生まれた．この言葉が反映する新たな現実にも目を向けなければならない．

1. 商品作物栽培の普及

　主な農産物の生産動向を追ってみると，1930年代と1980年代の二つの時期を中心に，大豆・棉花・落花生・胡麻などの商品作物が，顕著な生産増を見せている（表V-1-1, V-1-2）．そのほか葉タバコや砂糖キビの栽培も，国際市場

110　V　商品的農業の拡大

表 V-1-1　主な農産物の生産量と全国総人口の推移

(単位：万 t，人口は億人，( ) 内は指数〔1931-37 年平均＝100〕)

年	米	小麦	トウモロコシ	大豆	棉花	落花生	胡麻	人口
1914-18	7,381 (106)	1,979 (86)	734 (72)	549 (65)	80 (85)	227 (86)	34 (37)	4.3* (86)
31-37	6,956 (100)	2,310 (100)	1,022 (100)	843 (100)	94 (100)	263 (100)	91 (100)	5.0* (100)
50	5,510 (79)	1,450 (63)	…	744 (88)	69 (74)	174 (66)	29 (32)	5.52 (110)
52	6,843 (98)	1,813 (78)	1,685 (165)	952 (113)	130 (139)	232 (88)	93 (102)	5.75 (115)
57	8,678 (125)	2,364 (102)	2,144 (210)	1,005 (119)	164 (174)	257 (98)	31 (34)	6.47 (129)
60	5,973 (86)	2,217 (96)	…	639 (76)	106 (113)	80 (31)	15 (17)	6.62 (132)
70	10,999 (158)	2,919 (126)	3,303 (323)	871 (103)	228 (242)	215 (82)	26 (29)	8.30 (166)
80	13,991 (201)	5,521 (239)	6,260 (613)	794 (94)	271 (288)	360 (137)	26 (27)	9.87 (197)
90	18,933 (272)	9,823 (425)	9,682 (947)	1,100 (130)	451 (480)	637 (242)	47 (52)	11.43 (229)
2000	18,791 (270)	9,964 (431)	10,600 (1037)	1,541 (183)#	442 (470)	1,444 (549)	81 (89)	12.67 (253)
10	19,576 (281)	11,518 (499)	17,725 (1734)	1,508 (179)#	596 (634)	1,564 (595)	59 (65)	13.41 (268)
14	20,651 (297)	12,621 (546)	21,565 (2110)	…	618 (657)	1,648 (627)	63 (69)	13.68 (274)

注：1914-18 と 1931-37 の数値は，各期間中における年平均生産量．*は概数．指数は原表により算出．
出所：1914-18, 1931-37; Perkins [1969] pp. 216, 276-277, 281-283. 1950-80; TN [1983] 158-159 頁．1990;
TN [1994] 59, 345-346 頁．ただし 1990 の大豆の数値のみ TZ [1994] 63 頁．2000-14; TN [2015] 33, 407-
408 頁．ただし#は国家統計局ウェブサイトによる．

表 V-1-2　主な農産物の作付面積の推移

(単位：10 万 ha)

年	米	小麦	トウモロコシ	大豆	棉花	落花生	胡麻
1914-18	277	231	53	69	47	18	6
31-37	261	270	69	107	53	21	15
52	284	248	125	117	56	18	11
57	323	275	149	127	58	25	9
60	296	273	…	93	52	13	7
70	323	254	158	80	50	17	5
80	339	292	203	72	49	23	8
90	331	308	214	76	56	29	7
2000	300	267	231	127	40	49	8*
10	299	243	325	113	48	45	4*
14	303	241	371	92	42	46	…

出所：1914-18, 1931-37; Perkins [1969] pp. 249-251, 258-261, 264. 1952-80; TN
[1983] 154 頁．1990; TN [1991] 340 頁．2000-14; TN [2015] 403-404 頁．
ただし*は国家統計局ウェブサイトによる．

の変化などに影響されながら長期的には上昇傾向をたどっている．そもそもこうした変化の端緒は，19世紀の末，工業化の進展した西欧諸国に対する原料供給の増加という形で，いわば対西欧輸出を牽引力に生じたものであり，銀安傾向にともなう中国通貨の外為レート低下が，それを促進していたことも明らかにされている［黒田明伸 1994］．

　しかし1930年代の生産増加は，たんに国外への輸出によって刺激された動きではなく，むしろ中国国内における工業発展が，その原料たる商品作物の栽培を求め促していたのであった．たとえばこの時期に大きく発展した綿紡績業と棉花栽培との密接な関連は，その際立った事例の一つである．すでに1920年代から，中国資本紡の経営者団体である華商紗廠連合会や北京政府の主導によって機械紡績用に適したアメリカ種棉花の栽培が奨励され，1930年代には，南京国民政府の全国経済委員会棉業統制委員会などによる官民一体となった組織的計画的なアメリカ棉普及事業が，大々的に推進された．その結果中国は，1930年代半ばまでに良質の棉花を国内で自給化することに成功していたのである［王樹槐 1984］．同様の事態は，アメリカ資本である英米タバコの主導下，山東省・河南省などで進められた葉タバコ栽培普及事業の場合にも確認することができる．稲，麦，蚕などの品種改良や手織綿布生産の展開につれ，農村には多くの新たな変化が生じていた［弁納才一 2004］．ただし東北の大豆生産などは，引き続きヨーロッパ向けの輸出に主力が置かれており，なかには福建の砂糖キビ生産のように，国内工業の不振にともない衰退した事例もみられた．

　日中戦争の勃発は，こうした商品的な農業の拡大に冷や水を浴びせるものとなった．なぜなら，①戦火の拡大につれ商品作物の外国への輸出が困難に陥ったうえ，②都市部の工業生産が戦災の打撃を被り，商品作物に対する内需も落ち込んでしまったこと，その一方③戦争にともなう食糧事情の逼迫で米穀への需要が高まり，棉花・葉タバコ・桑樹などの商品作物の栽培をやめ米穀生産に作付を転換する田畑が激増したこと，などのためである．こうした事情は，戦後，わずかの休止期を置いて始まった国共内戦期にも基本的に継続した．

　さらに1950年代，人民共和国期に入ってからも，「米穀生産を要とする」というスローガンの下（「以糧為綱」），外貨獲得産業である紡績業の原料用棉花の生産などを例外として，全般的に商品作物の栽培は抑制され，工業化・都市化

を支える労働者への食糧供給が最優先された．そのため商品作物の栽培は，棉花など一部を除き全体としては低調なままに推移してきたのである．国有化された商工業部門による商品作物の買取り価格がきわめて低い水準に固定されていたことも，農民の商品作物に対する栽培意欲をそぐものであった［松村史穂 2011］．しかも本来の地理的な条件を無視し米穀栽培を全国一律に強制したため，草原遊牧の衰退，黄土高原の乱伐と土壌流出，内陸部湖沼の埋立て耕地化による漁業衰退など，中国経済の広い範囲にわたって悪影響を与えたことが指摘されている．

　こうした情況が根本的に変化し始めたのは 1978 年以降のことである．この年に始まった共産党の政策転換の結果，商品作物の価格が引き上げられ，その栽培も自由化されるようになった．後述するような小経営の復活も商品的な農業を後押しした．さらに消費財部門の工業が重視されるようになったことにともない，そこに原料を供給する商品的な農業も，一挙に拡大されていく勢いを示したのである．1980 年代を通じ，大豆・落花生・胡麻などの生産高は，いずれも 2 倍から 3 倍程度に伸びた（表 V-1-1）．その後の引締め政策の影響，世界貿易機構 WTO 加入後の輸入拡大などで商品作物の生産量にも一時的減少などの変化がみられるとはいえ，増加の基本的な趨勢は続いている．

2. 米穀生産の増加と商品作物化

　米穀類の生産量も，清末から民国期，人民共和国期にかけて上昇した（表 V-1-1）．その要因の一つは耕地面積の拡大である．パーキンスの推計によれば，1873 年に 81 万 km^2 であった全国の耕地面積が，1913 年には 91 万 km^2 へ，さらに 1957 年には 112 万 km^2 へと拡大した．こうした耕地の拡大に貢献したのは，東北，西北，西南などの各地における開墾事業であった．

　生産増を可能にした第 2 の要因は，単位面積当たりの収穫量の増大であり，とくに 1960 年代から 80 年代にかけては，これが決定的に重要な意味を持った（表 V-2-1）．1957 年と 1990 年の単位当たり収量を比べると，米の場合がおよそ 2.1 倍，小麦の場合は実に 3.7 倍となっている．このような増収を実現した

2. 米穀生産の増加と商品作物化

表 V-2-1 主な農産物の単位面積当たり収量の推移

(単位：kg/10a)

年	米	小麦	トウモロコシ	大豆	棉花	落花生	胡麻
1931-37	257	86	145	122	21	182	59
52	241	74	134	82	23	128	46
57	269	86	143	79	29	101	33
62	234	69	…	68	22	85	35
65	294	102	151	71	42	104	38
80	413	189	308	110	49	154	33
90	573	319	452	146	81	219	71
2000	627	374	460	122	109	297	103
10	655	475	545	134	123	345	132
14	681	524	581	…	146	358	…

出所：1931-37: Perkins [1969] pp.275-277, 280, 282-283. 1952-80: TN [1983] 171頁. 1990-2014: 表 V-1-1, V-1-2 より算出.

表 V-2-2 化学肥料使用量の推移（1952-94年）

	1952	1957	1965	1978	1980	1990	1994
kg/ha	1	2	14	59	87	175	213

出所：TN [1990] 348, 357頁. TN [1994] 342, 335頁.

基礎的な条件である多収量改良品種の普及や動力ポンプを用いた灌漑施設の建設などは，すでに1920年代から江浙地方などの経済的先進地帯で始まっていた試みである［郭文韜他編 1989］．日中戦争期から国共内戦期に到る中断を経て，1950年代以降，そうした動きが全国に広がっていった．そして1960年代以降になると，化学肥料の供給量の増大を背景にした施肥量の著増（表V-2-2），ハイブリッド種と呼ばれる全く新しいタイプの多収量品種の普及（120頁；コラム「稲（イネ）の多収量品種」参照），多毛作農法の広がりなどによって，単位当たり収量の増収傾向はさらに加速されたのであった．

こうした米穀類の生産増加は，先にみた商品作物栽培の普及と並行して進んだ事態であった．すなわち，個々の商品作物の生産が有利な地域と米穀生産が有利な地域とが，それぞれに生産を特化させていく過程だったともいえよう．しかもすでに1930年代から，全国的な米穀供給基地としての両湖・江西地方一帯と，莫大な都市人口を抱えた一大米穀消費地としての河北・江蘇・広東地方という対照が存在しており（表V-2-3），1950年代以降もそうした構造自体

表 V-2-3　1930年代の省別穀物需給関係
（（1人当たり穀物摂取量*で換算），単位：万人）

	需　要	供　給	需給差
河北	2,258	1,747	-511
山東	2,849	2,370	-479
陝西	768	486	-282
江蘇	2,673	2,343	-330
安徽	1,645	1,366	-279
江西	1,230	1,552	323
福建	734	512	-222
広東	2,419	1,721	-698
広西	855	545	-310
湖南	2,244	2,515	271
湖北	2,002	2,267	265
全国	32,204	28,916	-3,287

注：*成人男子の年間穀物摂取量．需給差は原表により算出．
出所：喬啓明他［1937］66頁．

に大きな変化は生じなかった．したがって米穀類の生産が増加したといっても，それは自給自足のためのものではなく，その大半は市場に販売するための生産，すなわち商品作物的な性格を帯びた生産だったのである．ただし人民共和国期の場合，米穀の自由な販売は長い間規制され，専ら政府に引き渡されるだけの作物であったため，米穀生産における商品作物栽培的な性格は抑制されていた．

このように増大傾向をたどった米穀生産であったとはいえ，それが必ずしも中国経済の必要を満たす適合的なものではなかったことにも，注意しておくべきである．第1に，そもそも米穀類の増収は人口の激増に見合うものではなかった．1950-60年代を通じて，明らかに人口1人当たりの米穀生産量は低下しており（表V-1-1），中国農業の米穀生産は都市化・工業化の進展にともなう消費人口の激増をまかないきれなくなっていくのである．中国は1960年代に再び大量の穀物輸入国に転じ，総輸入額の3割前後を米穀類が占めるに到っている（前掲表II-1-13）．

第2に，米穀の生産が増加した1950年代から70年代にかけ，それとは対照的に，大豆・落花生・胡麻などの商品作物の生産量はむしろ停滞もしくは減少傾向を見せていたことである（表V-1-1）．これは前述したように，当時の共産党政権が米穀生産を最優先させる政策をとり，全般的に商品作物の栽培を抑制した結果であった．すなわちこの時期の米穀類増収は，かなりの程度まで，商品作物栽培をはじめとするその他の分野の農林水産業の圧迫のうえに，成り立っていたことになる．

第3に，とくに近年，都市化・工業化の進展，及び種々の自然破壊の結果としてもたらされる砂漠化の拡大につれ，耕地面積全体が減少傾向に転じてきていることに注意しなければならない．中国の耕地面積は，1965年の103万

km^2 あたりをピークに，1979 年に 99 万 km^2，1990 年に 95 万 km^2 台と年々確実に下がってきている（TN［各年］による）．この数値自体の信頼性には問題があるとはいえ，耕地面積が減少傾向にあるのは確かなことのように思われる．単位当たり収量増大の効果は，この面から減殺されつつあるのである．

3. 農家経営と土地制度の変遷

19 世紀半ば頃から 20 世紀半ばにかけての中国の農家経営と土地制度の特質をどのように捉えるかという問題は，はなはだ論争的なテーマである．というのは，中国でかつて通説的な地位を占めていた見方では，列強資本主義の半植民地的な支配とその維持する半封建的な生産関係の下，中国の農村では全農家戸数中の 10% 程度を占めるに過ぎない地主・富農層が，きわめて高額の小作料の徴収などを通じて大多数の農民を搾取抑圧していた，とされていた（表 V-3-1, V-3-2）．しかしこうした議論は，農民層分解の可能性を実質的に否定し，農業経済崩壊の必然性を説くことに終始するのみであって，本章 1. や 2. で述べたような農業生産発展の事実を全く説明できないものとなっていることが，批判されるのである．

そこでそうした通説的な見方に代わるものとして，ブルジョア的な農民層分解の進展を強調する主張や，小経営優位の生産力構造を重視する議論が提起されてきた．前者は，土地所有ではなく農家経営の在り方に着目することによっ

表 V-3-1 全国の土地所有の概況（1927 年）

階層区分	所有規模	戸　数	面　積
無土地農	0	55%	0%
貧　農	1-10 畝	20%	6%
中　農	10-30 畝	11%	13%
地主富農	30 畝以上	14%	81%

注：畝（ムー）は面積単位，約 6.667a．
出所：「国民党農民部 1927 年調査」．

表 V-3-2 全国農家 129.5 万戸調査（1935 年）

所有規模	戸　数	面　積	平均規模
5 畝未満	36%	6%	2.6 畝
5-10 畝	24%	11%	7.2 畝
10-20 畝	21%	20%	14.2 畝
20-30 畝	8%	13%	24.3 畝
30 畝以上	11%	50%	68.4 畝

注：畝（ムー）は面積単位，約 6.667a．
出所：〔国民政府行政院〕土地委員会編 [1937] 33 頁．

表 V-3-3　農民層分解の進行，江蘇省南通（1940 年）

経営面積（畝[#]）	10-5	5-1	1-0	0	平　均
戸数（戸）	17	58	9	10	計 94
農作業[*]					
雇用	128	9	—	—	29
被雇用	2	29	97	16	30
農産物[**]					
販売額	50	16	4	—	20
購入額	46	8	24	13	17

注：[*]農作業のための雇用労働の 1 戸当たり年間延べ日数．上欄は雇用した側の，下欄は雇用された側の数字．
　　[**]1 戸当たりの年間販売・購入金額（元）．
　　[#]畝（ムー）は中国の面積単位，約 6.667a．
出所：矢沢 [1961] 61, 64, 75 頁．

て，「中国型の農民層分解」，すなわち市場向け余剰農産物を生産する農家経営のために農業労働者を雇う農民層と，生活を維持するためにそうした農家経営に雇われる農民層とに，農民層が分解していくことを提示しようとした研究である（表 V-3-3, [矢沢康祐 1961] 等）．しかし，これに対しては，1 戸当たり耕地面積 0.7 ha-1.4 ha の小経営が大多数を占める中国の江南地方に，自然環境や農法が異なる西洋農業経済史の理論的な枠組みを機械的に適用することの無理が，指摘されている．

　一方，後者の小経営優位の生産力構造を重視する見方は，やはり農家経営の在り方に着目しながら，とくに経営規模別の土地生産性を比較検討することによって小経営の優位性を説明しようとするものであり，1980 年代以降，有力な見解の一つになってきた（表 V-3-4, [吉田浤一 1980；1986；石田浩 1980] 等）．その後も，商業的農業が進展するなかで生じた農家経営の新たな動向 [柳澤和也 2000]，江南農村における中農の増加傾向 [奥村 2004] などが指摘され，中国の学界でも，小経営の支配的な地位を認める研究が出されるようになった [章有義 1988]．

　以上のような農家経営と土地制度の理解をめぐる相違は，中国農業の改革の方向性をめぐる相違にもなってくる．すなわち中国の通説のように地主の存在を重視するのであれば，彼らの土地を没収し農民に分配することが大切だということになるし，近年，有力になった見解のように小経営の優位性を説くのであれば，それを発展させる諸方策こそがもっとも有効な農業改革の内容になっ

てくるからである．1920年代から80年代にかけて実際に中国に生じた土地制度と農家経営の変遷過程を追ってみると，上記の二つの改革の方向性が絡み合いながら進展してきたことが判明する．当初は，農業協同組合の組織化や小作料の引下げなど，小経営の発展強化を図るような方策が各種の民間団体によって取り組まれた．さらに1928年以降になると，国民政府の主導により一律25％の小作料引下げ政策（「二五減租」，ただし江浙などの一部地域，1927-28年），小作農保護などを規定した土地法の公布（1930.6），農業協同組合の法的整備をめざす合作社法の公布（1934.3）などが実行されるよう

表 V-3-4　農家経営の分析，経営規模別の土地生産性*比較

経営規模	大規模	中規模	小規模
①〈江南米作地帯，1921-25〉			
来安	5.59	7.72	10.36
蕪湖	16.69	16.48	18.39
鎮海	16.43	17.34	17.03
江寧	16.79	17.87	25.30
武進	15.06	16.68	17.51
②〈華北棉作地帯，1937-39〉			
37年水害	7.66	4.05	3.78
38年平常	10.22	10.97	12.06
39年インフレ	43.95	33.57	26.05
③〈華北穀作地帯，1937・40・42〉			
山西省	98.00	97.00	119.00
河北省A	106.00	95.00	92.00
河南省	100.00	95.00	112.00
河北省B	94.00	99.00	112.00

注：*土地生産性＝農業純生産÷経営面積（ただし①・②は金額表示〔元〕，③は指数表示〔3ヵ年平均を100〕）．
出所：下記論文のデータを加工．①吉田浤一［1980］；②石田浩［1980］；③吉田浤一［1986］．

になる［飯塚靖 2005］．しかし小作料引下げ政策や農地の実態を把握するための調査が実施されたのは，地域的時期的に限定された範囲であったし［笹川裕史 2002］，協同組合の組織率は1937年になっても全農家の4％程度に過ぎなかった（表V-3-5，ただし全国の農家戸数を約5000万戸と推定した場合の組織率）．南京国民政府の農業政策は，小経営強化の志向を持っていたとはいえ，全国の農家経営や土地制度に対し大きな影響力を及ぼすには到らなかった，といえよう．

それに対し共産党は，すでに1928-36年のいわゆるソヴィエト革命時期から，自らの支配地域において地主の土地を没収し農民に分配する政策を実行している．しかしそもそも当時の共産党の支配地域自体が不安定な小さな存在であったため，中国農業全体を変革するものにはなり得なかったのである．くわえて日中戦争が始まると，地主・富農層も抗日戦争に結集するという配慮により，土地没収政策は停止されてしまった．

表 V-3-5 農業合作社の発展 (1928-37 年)

年	合作社 (社数)	社員数 (千人)	平均規模 (人)
1928	933	27	28.9
29	1,612	…	…
30	2,463	…	…
31	2,796	105	37.4
32	3,978	151	38.0
33	3,087	137	44.6
34	14,649	558	38.1
35	26,224	1,004	38.3
36	37,318	1,644	44.0
37	46,983	2,140	45.5

注:平均規模は原表により算出.
出所:千家駒他編［1936］196 頁,中国文化建設協会編［1937］457 頁,陳岩松編［1983］224-229 頁.

表 V-3-6 土地改革前後の農村の階級構成

(単位:%)

区分	先行六省*		その他全国	
	以前	54 年	以前	54 年
集団化	—	9.7	—	1.6
貧雇農	54.3	23.8	58.5	31.4
中農	39.7	63.0	33.9	61.7
富農	3.9	1.8	3.4	2.3
旧地主	1.9	1.7	2.9	3.0
その他	0.2	—	1.3	—

注:*土地改革を先行施行した地域.
出所:池田他［1982］177 頁.

　1949 年,国民党に代わって権力を掌握した共産党は,1950 年 6 月,土地改革法を公布する.その主な内容はすでに国共内戦期に共産党が自己の支配地域で実施していたものであり,地域や時期によりさまざまに異なっているとはいえ,地主の土地を没収し貧農・小農に分け大量の自作農を創出するという基本的な方向性は共通している.その結果,中国農業の様相は一変した(表 V-3-6).しかも変化はそれにとどまらない.土地改革の直後から,共同所有・共同経営を掲げる農業集団化政策が,息つく間もなく強行されていったからである.

　農業集団化政策の背景を理解するためには,次のような事実を知らなければならない.まず,自作農創出という土地改革が実施された後,農業生産自体は十分な伸びを示さず,ようやく 1930 年代の水準を回復した程度にとどまっていたことである(前掲表 V-1-1).自作農の大量出現にともなう経営面積の過小化は,当時の農業技術の水準や化学肥料の絶対的な不足という情況の下では,農業生産の効率を低下させる一因になった.その一方,工業化を支えるためには,都市の人口を養い工業用原料を確保すべく一層多くの農産物が必要であったし(表 V-3-7),工業化のための資金源としても農業には多くのことが期待されていた.くわえて,朝鮮戦争後のベビーブームにともなう人口の急増は,共産党政権の農業生産に対する危機感をさらに大きなものにしていく.このよう

表 V-3-7　農業の食糧供出負担の推移

(単位：万 t)

年	穀物生産量	国家向供出量	自家消費量	供出量比率%
1952	16,392	1,940	14,452	11.8
53	16,683	4,150	12,533	24.9
54	16,952	4,514	12,438	26.6
55	18,394	4,300	14,094	23.4
56	19,275	4,173	15,102	21.7

出所：池田他 [1982] 202 頁.

表 V-3-8　農業集団化の強行過程

(単位：%)

年	「互助組」		「合作社」	
	季節	通年	初級	高級
1950	10.7		—	
52	29.8	10.1	0.1	—
53	27.8	11.5	0.2	—
54	32.2	26.2	1.9	—
55	23.1	27.6	14.2	—
56	—	—	28.7	63.2

出所：『国民経済統計提要 1956』.

な事態に直面した共産党政権によって，いわば農業生産引上げのための切札として，集団化による経営規模の拡大がめざされたのである．いうまでもなく農業の場合，経営規模の拡大が必ずしも生産の増加をもたらすわけではない．しかし当時の共産党政権がその必然性を信じて疑わなかったという事実の方が，ここでは大切である．

　かくして1952年から57年にかけ，生産互助組（自然集落の20-30戸規模，農繁期の助け合いや農具の貸借）→ 初級合作社（同上規模，土地の供出にもとづく共同経営）→ 高級合作社（200-300戸規模，土地の共同所有・共同経営，労働力に応じた収益の配分）という集団化の波が，中国の農村を席捲していく（表V-3-8）．そして1958年には，いくつかの高級合作社が連合した人民公社（5000戸規模，広大な土地の共同所有・共同経営）が出現し，またたくまにそれが中国全土に広がっていくのである．人民公社経営の実権は共産党によって掌握されていたから，ここに中国の農業は，ほぼ完全に国家の統制下に置かれてしまった．大部分の農産物は政策的低価格によって国家に買い付けられ，工業化のための貴重な資金源と化した［山本恒人 1982］．こうした動きと並行し，農業生産力の引上げに役立つとして，極端な深耕・多肥・密植を特徴とする新農法が奨励され，集団的労働力を駆使したダムや用水路の建設など大規模な水利工事も実施されていく．

　しかし以上のような一連の施策は，中国農業の増産どころか大凶作をもたらすことになる（表V-3-9）．集団化は働く者と働かない者とを同等に扱うことになりやすく，結果的には農民の労働意欲を損ね農業生産の粗放化を招いた．新

表 V-3-9　大躍進前後の穀物生産推移

(単位：百万 t)

年	公表 A	同 B	推計 A	同 B
1957	195.1	185	185.0	185
58	200.0	250	193.5	204
59	170.0	270	167.7	170
60	143.5	150	159.0	160
61	147.5	162	166.5	170
62	160.0	174	178.3	180
63	170.0	183	179.1	185
64	187.5	200	182.7	195
65	194.5	200	179.9	193

出所：公表 A：TN［1983］158 頁，その他はチェン他［1971］140 頁（公表 B は当時の公式発表値，推計 A はアメリカ政府香港領事館のもの，同 B はドーソンのもの).

農法には科学的根拠に欠けるものが多く，深耕による土中塩分濃度の高まりや無理な密植にともなう病虫害の発生は，結局のところ作柄を悪化させるだけに終わった．大規模水利工事のなかには，農業増産にある程度の役割を発揮したものも含まれていたとはいえ，全体的には，むしろ農村の労働力を限界以上に酷使したことから起きた問題点の方が大きかった．こうした情況が生まれていたにもかかわらず，農産物の価格は国家によって低く抑えられたままであったので，農民の労働意欲は一段と低下し，農村全体が疲弊した．2000 万人といわれる数の餓死者が発生したのはこの頃のことである．狼狽した共産党政権は，1959 年以降，集団化の規模を縮小させ農民の自由耕作地（「自留地」）を復活さ

●コラム●　**稲（イネ）の多収量品種**

　品種によって稲の収穫量は大きく異なる．たとえばフィリピンの国際稲研究所（IRRI）で開発されたイネ品種 IR8 は，草丈が低く，肥料を大量に投入し多くの実をつけさせても倒れにくい．この品種を普及させることによって，1960 年代以降，フィリピンの米収穫量は急増した．中国でもイネの品種改良は重視されてきた．とくに 1960 年代から 70 年代にかけ湖南で開発され，その後，全国に普及したハイブリッド米（交雑種）は有名である．中国のハイブリッド米も，異なる性質のイネの交配を重ねて開発された．現在では中国で栽培されているイネの半分以上がハイブリッド米となり，中国の米収穫量の増大に貢献した．ハイブリッド米は食味に劣ると言われてきたが，その改良もとりくまれている．

　こうした多収量品種は，多くの肥料を必要とし，病虫害に弱いという傾向がある．そのため農民にとっては，化学肥料や農薬など農業に対する投資の負担を増加させるものになることが批判されている．一方，そうした側面があるゆえに，多収量品種の普及は化学工業の発展を刺激することにもなる．現代中国も，その例外ではなかった．　　　　　　　　　（久保　亨）

表 V-3-10　農産物と工業製品の交換比率
(単位：綿布 m², マッチ 100 個)

年	米(100 kg)=		棉花(同)=		落花生(同)=	
	綿布	マッチ	綿布	マッチ	綿布	マッチ
1930s	58	17	379	109	77	22
52	13	6	185	93	19	9
57	14	7	189	99	29	12
62	19	8	190	91	45	17
65	20	8	210	85	44	18
70	25	11	205	92	43	19
78	25	11	258	116	56	25
79	29	13	293	136	73	34
85	28	12	284	123	79	34
90	24	10	248	101	62	25

注：各農産物 100 kg と等価の各工業製品の数量.
出所：財政部国定税則委員会編 [1937] 28, 74, 79, 62, 33 頁，国家統計局貿易物価統計司編 [1984] 432-435 頁，TN [1991] 260 頁.

表 V-3-11　農家小経営の復活
(単位：%)

年月	生産請負	集団請負	戸別請負
80.1	55.7	28.0	1.0
81.1	16.5	32.5	48.8
82.11	—	—	78.6
83.12	—	—	98.3

出所：浜 [1987] 152 頁.

せるなど，農民の労働意欲を喚起する諸方策を講じるとともに，新農法の強制をやめ，農業機械や化学肥料の増産を進め，国による農産物の買付け価格を高めに設定した（表 V-3-10）．その結果ようやく 1964-65 年に到り，中国の農業生産は 1950 年代半ばの水準を回復したのである（表 V-3-9）．

共産党政権の農業政策は，1978 年以降再び大きく変化する．生産責任制の承認（1978 年 12 月），戸別請負耕作制の承認（1980 年 9 月），長期間の戸別請負の承認（1984 年 1 月）などを経て実現した，人民公社の解体と小経営の復活がそれである（表 V-3-11）．同時に，農産物の価格が再度引き上げられ，国家による統一的買付け制度の撤廃と大半の農産物の取引自由化も実施され（1985 年 1 月），商品的農業が基本的に復活した．1980 年代の農業増産は，このなかで達成された．現在の中国農業における農家経営と土地制度は，土地改革の直後で，まだ集団化が強行される以前の姿に近いものとなっている．

4. まとめ

中国農業が 20 世紀を通じある程度の発展を記録し得たことは，明確に確認

されなければならない.19世紀末から1930年代までは対外向け輸出を中心として,また1980年代にはとくに国内工業向けの原料として,商品作物の増産がもたらされていた.また1960-80年代には,米穀類の生産も顕著な増加を示している.こうした農作物の増産は,耕地面積の拡大,多収量品種の普及,化学肥料の使用の増加などによって実現されたものであった.しかしながら,とくに米穀類の生産量増加率が人口の激増に見合うものではなかったため,現在も中国は農産物の大量輸入国の一つになっている.工業の急発展に較べ,農業の発展程度はかなり立ち遅れたものであった.

農業の発展が必ずしも順調なものではなかった理由は,自然的な条件に求められる部分も少なくないとはいえ,やはり農業生産を担う農家経営のあり方と深くかかわっている事態だと考えられる.19世紀の末から1930年代にかけては,小経営生産を軸として,緩慢ながらも農業生産力は上昇しつつあった.それに対し日中戦争と国共内戦という打撃が加えられた後,1950-70年代の共産党政権の農業政策が,さらに一層大きな問題をもたらしたのである.土地改革による大量の自作農創出は経営規模の過小化を招き,それへの対応策として打ち出されてくる集団化による農業経営の大規模化は,当初の意に反して個々の農民の労働意欲を低下させ,増産のスピードを著しく鈍化させたのである.

1970年代末から1980年代初めの政策転換によって小経営が復活して以降,農業生産はかつてなかったほどの急速な伸びを記録した.だが商品生産化した農業は市場の動きに敏感に反応する.政府が個々の農産物の価格補塡政策をやめたりすると,ただちにその農産物の生産量が急落してしまうような情況も存在し,高い現金収入を求める農民の離村・出稼ぎが全国に広がった[厳善平 2009].さらにWTO加入を機に進められた農産物の貿易自由化は,野菜,果物,水産物などの輸出を増加させたとはいえ,大豆,大豆油,パームオイルなどの輸入を激増させることにもなり,一部の農業生産に対し大きな打撃を与えた.その結果,1990年代末以降,農民の貧困,農村の荒廃,農業生産の低迷という三つの現象の総称である「三農問題」が深刻になり,2006年頃から新たな農業政策が模索されるようになっている[温鉄軍 2010].新政策には,農業税の撤廃や「農民専業合作社」による新たな協同の組織化などが盛り込まれた.しかし,こうした政策が十分な成果をあげているとはいえず,残された課題は多い.

VI

商業・金融業の変遷

　およそ経済活動の円滑な展開にとって，流通や金融の整備は欠かすわけにいかない存在である．だがその重要性にもかかわらず，近現代の中国において商業や金融業は必ずしも順調に発展してきたわけではない．とくに1940年代から70年代にかけての一時期には，商業・金融業に対する国家統制が強められ，民間資本の活動が種々の規制を受けるようになるとともに，そうした経済活動自体が国民経済全体のなかできわめて消極的な存在であるかのように扱われることすらあった．だが1980年代を迎える頃から商業に対する国家統制が緩和されるようになると，それまでの低迷状態を一挙にはねのけるかのように，大陸中国においても個人経営商店が急速に復活した．金融制度の新しい展開も見られるようになってきた．

1. 商　　業

　中国の商品経済がきわめて長い歴史を持っていることはよく知られている．しかし国内の商品流通量が飛躍的に拡大し，ある程度の統一的な質を持った国民経済が形成されるようになってきたのは，それほど古い時代のことではない．対外貿易統計（日本の税関に当たる海関という行政機関がまとめたもの），国内開港地間の交易統計（これも海関がまとめていた），国内通行税である釐金の税収統計などを整理した呉承明の研究によれば，商品流通量の飛躍的な拡大は，おおよそ1890年代から1930年代にかけ急速に進展した現象であって，1930年代の

表 VI-1-1 上海の商品取引所の取引高

(単位：万 t)

期　　間	棉花	綿糸	小麦粉
1922-25 平均	―	93.7	―
1926-30 平均*	79.4	82.2	290.0
1931-36 平均*	173.0	230.0	442.2

注：*長期間，取引が停止された 1927 年及び 1932 年の数値を除く平均値．
出所：中国経済統計研究所 [1937] 4-11・12, 21 頁と唐傳泗他編 [1982] 58 頁より算出．

国内商品流通量は，19世紀初頭の40倍にも達していた，と推計されている［呉承明 1985］．流通する商品の中身にも重要な変化が認められ，19世紀までは米穀類が4割以上を占めていたのに対し，1930年代になると米穀類の比重は7%程度まで低下し，代わって軽工業製品である綿糸布や紙巻タバコ，並びに工業用の原料や燃料となる棉花や石炭の比重が上昇した．こうした変化は，商品流通量の増大をもたらした基本的な要因が，中国国内における工業化の進展にほかならなかったことを物語っている．上海に開設された商品取引所の取引高も，1920年代から30年代にかけて急増していった（表 VI-1-1）．同時に国内の商品流通量を増加させたもう一つの要因として，次章で触れる対外貿易の果たした役割も挙げなければならない．そもそも各種の機械制工業製品は，多くの場合，II章でみたとおり最初は輸入品として国内市場に受け入れられていっている．またV章で示されたように，商品的な農業の拡大は，19世紀の末以降に対外輸出を牽引力として生じたものであった．対外貿易の進展は，さまざまな経路を通じて国内の商品流通市場を拡大することに貢献していたのである．1936年の対外貿易総額は，国内流通総額のおよそ35%に相当した．

しかし1930年代から40年代にかけ，日中戦争に続き国共内戦が継起するなか，商品流通は全体に大きな打撃を被り衰退傾向をたどった．1950年代の数字として年間400-500億元という商品流通総額が記録されているが，こうした数字自体は，1930年代の水準を回復したという程度にとどまるものである（表 VI-1-2，以下の叙述もこの表を参照のこと）．その後1960年代，70年代と商品流通額はわずかずつとはいえ伸び続けている．しかしこの間の人口の激増を考えれば，1人当たりの商品流通量は決して増えておらず，むしろ停滞的に推移していたと見るべきである．そうした情況は1970年代の末に一変した．以来現在に到るまで，商品流通は再び急激な拡大期に突入している．1890年代から1930年代までの拡大期に匹敵する第2の拡大期が始まったといってよい．商品流通の内容についてみると，農産物価格が政策的な措置によって引き上げら

表 VI-1-2　商品販売額（小売）の推移

(単位：億元（当年額），（ ）内 %)

年	総　額	国　営		集団経営		私　営		外　資	
1950	…	…	(7)	…	(5)	…	(88)	…	
51	…	…	(12)	…	(8)	…	(81)	…	
52	276.8	45.0	(16)	51.4	(19)	180.4	(65)	…	
53	348.0	60.6	(17)	86.3	(25)	201.1	(58)	…	
54	381.1	79.8	(21)	164.4	(43)	136.9	(36)	…	
55	392.2	110.4	(28)	167.7	(43)	114.1	(29)	…	
56	461.0	156.9	(34)	268.9	(58)	35.2	(8)	…	
57	474.2	176.3	(37)	271.8	(57)	26.1	(6)	…	
65	670.3	355.5	(53)	289.3	(43)	25.5	(4)	…	
78	1,558.6	851.0	(55)	674.4	(43)	33.2	(2)	…	
80	2,140.9	1,100.7	(51)	955.3	(45)	84.0	(4)	…	
85	4,305.0	1,740.0	(40)	1,613.0	(37)	952.0	(22)	…	
90	8,300.1	3,285.9	(40)	2,671.3	(32)	2,342.9	(28)	…	
95	20,620.0	6,154.1	(30)	3,981.6	(19)	10,484.3	(51)	…	
2000	4,407.7	1,673.2	(38)	410.0	(9)	1,869.6	(42)	454.9	(10)
05	15,190.9	1,527.9	(10)	375.4	(2)	11,779.2	(78)	1,508.3	(10)
10	57,514.6	4,928.0	(9)	1,133.9	(2)	43,922.1	(76)	7,530.5	(13)
14	110,641.4	4,221.9	(4)	1,566.6	(1)	92,279.5	(83)	12,573.4	(11)

注：1995年以前の数値は社会消費品小売総額より計算．2000年以降の数値は従業員60人以上・年商500万元以上の法人のみ．2005年は主要業務の収入から計算．「国営」には国有企業，連営企業，国営独資企業を含む．「私営」には株式会社，有限会社を含む．
出所：1950-80；商業部商業経済研究所編 [1984] 40, 483-484頁．1985-90：TN [1994] 496-497頁．
　　1995：TN [1996] 543頁．2000：TN [2001] 573頁．2005：TN [2006] 699頁　2010：TN [2011] 677頁．2014：TN [2015] 536-537頁．

れた時期を別として，全般的には工業製品の比重が増勢を保ってきている．人民共和国期になってからも，工業化の進展は商品流通拡大の大きな要因であった（表 VI-1-3）．

　以上のような商品流通の全般的動向は，商品流通機構の編成のあり方の変容とわかちがたく結びついている．そもそも工業製品・工業用原燃料などの商品流通が激増した1890-1930年代は，そうした商品を取り扱う商業資本が発展し，それに対応した市場流通機構が急速に整備されていった時期でもあった．綿糸布を例にとると，全国出荷量の8-9割を占める上海と青島を中心に，大都市→ 中小都市 → 周辺農村と広がる全国的な流通網が形成されているのを，明瞭に見て取ることができる．そして上海を始めとする大都市では，この時期に綿布の卸売問屋（「批発号」）が激増していき（表 VI-1-4），特定仕向地別の仲買商人たちの組織（「客帮」）も発達したのである [呉 1985]．先に触れた商品取引所

表 VI-1-3　卸売・小売業における購入商品の内容構成推移

(単位：億元，（　）内 %)

	総　額	工業製品		農　産　物	
1952	175	85	(48)	90	(51)
57	428	248	(58)	177	(41)
62	497	330	(66)	162	(33)
65	711	430	(61)	274	(39)
70	933	612	(66)	314	(34)
78	1,740	1,263	(73)	460	(26)
80	2,263	1,577	(69)	677	(30)
85	3,533	2,462	(70)	1,033	(29)
90	8,221	5,871	(71)	2,259	(27)
95	36,984	*	*	2,901	(8)
2000	29,784	*	*	1,767	(6)
05	87,531	*	*	1,802	(2)
10	248,041	*	*	4,012	(2)
14	493,664	*	*	8,073	(2)

注：1990年以前の総額には廃品再利用分等を含む．2000年以降は卸売業が従業員20人以上・年商2,000万元以上，小売業が60人以上・500万元以上の法人のみ．「農産物」の数値は主に卸売における農林畜産品の購入額．比率は原表により算出．
出所：国家統計局貿易物価統計司編 [1984] 133頁．1990; TN [1994] 495頁. 1996; TN [1996] 556頁. 2000; TN [2001] 559頁. 2005; TN [2006] 685頁. 2010; TN [2011] 667頁. 2014; TN [2015] 532頁．

表 VI-1-4　上海の綿布商店数の推移

年月	総　数	卸　売	兼　営	小　売
1858	15-16	…	…	…
84	62	…	…	…
1900	130-140	…	…	…
20	200-300	100	…	142
32	573	237	46	290
37	700-800	…	…	…
41	2,700-2,800	…	…	…
46.3	813	…	…	…
46.7	1,330	825	…	505
47.8	1,796	1,200	211	385

出所：上海市工商行政管理局他編 [1979] 26, 87, 136, 163, 269, 323-324頁．

も，こうした情況のなかで開設されたものであった．

それに対し 1930 年代の末以降，様相は一変する．日中戦争と国共内戦が継起するなか，全国的な商品流通網が各地で寸断されるとともに，商業活動全般に対し戦時統制が強められることになったからである［鄭会欣 2009］．国民政府は，抗戦勃発直後の 1937 年 12 月に公布した非常時期農砿工商管理令を皮切りとして 1942 年 3 月の国家総動員法に到るまで，さまざまな法令を制定して米穀類，輸出用一次産品，綿製品等の価格統制や販売規制を実施するとともに，一部の分野では国営の商社すらも創設し，抗戦経済を支えることを目標に商品流通過程の掌握に努めた［今井就稔 2008］．この時期には，日本軍の占領地域においても，やはり物資の統制が強化されていた．その後，1945 年の抗戦勝利にともない戦時統制はいったん解除されている．しかしそれは全くつかの間のことに過ぎなかった．国共内戦が激化しつつあった 1947 年 2 月，国民政府は経済緊急措置方案を公布し，再び戦時統制を強化した．むろんこうした統制経済は，その裏面において常にブラック・マーケット＝闇市場を生じさせるものであり，商品の自由な流通が完全に断ちきられてしまうことはなかった．しかし全体としてみれば，以上のような情況の下，中国国内の商品流通量が著しく低下する傾向にあったことは否定できない．

こうしてすでに長期間の戦時統制によって痛めつけられ，活力の衰えていた中国の民間の商業活動は，1950 年代に入ってから，さらに大きな打撃を被ることになった．それが共産党政権の強行した大量の個人商店の集団化とその実質的国有化政策であり，「大躍進期」に実施された商業部門の縮小政策である．そもそも人民共和国成立直後の 1951 年末の時点においても，商品流通総額の 81％ は民間の商店が扱うものであった．しかし国共内戦末期の経済の混乱，生産の絶対量の低下，朝鮮戦争勃発などの事情が重なり，深刻な物資不足が発生していたことから，生き残りを図る各商店の間ではさまざまな形の不正取引や贈賄行為が常態化していた．これに対し共産党政権の案出した処方せんが，1951 年から 52 年にかけて全国をおおった不正取引・汚職・腐敗・脱税行為等の一掃を掲げる一大キャンペーンであり，共産党指導下の独特な大衆運動であった（「三反五反運動」）．これによって多くの民間商店の経営活動が摘発され，国家機関の監視下に置かれるようになる．くわえて，当時，食糧難を打開すべ

表 VI-1-5 商店数及び店員数の推移

(単位：万軒，( ) 内万人)

年	総　計		小売業		飲食業		サービス業	
1952	550	(953)	420	(710)	85	(145)	45	(98)
55	436	(810)	310	(585)	86	(138)	40	(87)
57	270	(761)	195	(569)	47	(116)	28	(77)
63	144	(515)	96	(334)	26	(105)	22	(77)
65	129	(512)	88	(336)	22	(102)	19	(74)
78	126	(608)	105	(447)	12	(104)	9	(56)
80	202	(927)	146	(638)	30	(177)	26	(113)
85	1,067	(2,526)	778	(1,796)	135	(376)	153	(354)
90	1,186	(2,909)	871	(2,092)	151	(415)	164	(403)
							宿泊業	
95	1,578	(…)	1,329	(2,995)	249	(710)	0.30	…
2000	2.42	(…)	1.02	(217)	0.35	(66)	1.05	…
5	4.01	(582)	2.07	(295)	0.99	(134)	0.94	(153)
10	8.96	(932)	5.23	(501)	2.16	(220)	1.57	(211)
14	13.32	(1,115)	8.77	(682)	2.66	(235)	1.89	(198)

注：2000年以降は小売業が従業員60人以上・年商500万元以上，飲食業が40人以上・200万元以上の法人のみ．宿泊業は星級をもつホテル・旅館．
出所：1952-80：商業部商業経済研究所編 [1984] 537-538頁．1980-90：TN [1991] 569頁．1995：TN [1996] 550, 553, 606頁．2000：TN [2001] 554-555頁．2005：TN [2006] 679-681頁．2010：TN [2011] 675, 699頁．2014：TN [2015] 529, 555頁．

く農産物の販売が国家によって統制されるようになっていたし，工業部門の実質的国有化が進展するにつれ，工業製品の多くもやはり国家によって統制されるようになっていく．こうして民間商店の存続する余地はいよいよ狭められ，1956年の末までにその商品取扱高は，全体の8％に低下させられたのである（表VI-1-2）．すでにこの時期から，都市における買物や外食が不便になる，という現象も発生していた［商業部商業経済研究所編 1984］．

以上のような経緯を経て商業活動の水準が著しく低下していくなかで，その傾向にさらに拍車をかけることになったのが，1950年代末の「大躍進」運動であった．なぜなら「大躍進」期の政策の一つの特徴は，生産の増加を最優先させる半面，流通機構の持つ意味を極端に軽視することにあったからである．1957年から62年までのわずか5年間に，国営商店の店舗数は半分以下に，またそこに働く労働者の数は6割以下に引き下げられた（表VI-1-5）．こうして商業部門から無理に絞り出された人員は，農業部門や工業部門の生産増を図るために動員されていく．しかも他方においては，工業部門の生産意欲を刺激す

るための方策として，商業部門が製品にクレームをつけず無条件に引き取ることが奨励されたりしたため（「大購大銷」），商業部門は大量の不良在庫を抱えることになり，経営状態が悪化した．その後 1961-65 年に若干の政策的手直しが進んだとはいえ，十分な成果も収めぬうちに「文化大革命」期に突入してしまったので，商業部門は一層大きな混乱に陥り弱体化した．民衆の不便きわまりない消費生活も長期化する．

　以上のような事態は，ようやく 1970 年代の末以降になってから改善される方向に転じた．多くの商品の販売が自由化され，個人経営の商店も大量に復活していく（表 VI-1-5）．1978 年から 85 年までの 7 年間に，個人経営の小売商や飲食店は十数倍以上という劇的な伸びを示した．むろんこうした激増は，サービスの質の確保という点において新しい問題を生じさせることになったし，2000 年の時点でも依然，商品取扱高では国営商業部門が優位を占めていた．しかしかつて戦時統制経済の下で発生し，共産党政権の下で肥大化してきた国営の流通機構は，21 世紀に入り私営部門の爆発的拡大によって急速に地位が低下し，今や商品販売額の 4％ を占めるにすぎない（表 VI-1-2）．1992 年からは外資系企業の小売業への参入が認められ，わずか数年のうちに販売額の 10％ 強を占めるに到っている．

2. 金融業

　経済の発展にとって，遠隔地間交易の決済や低利多額の資金調達を可能にする金融機関の整備は，きわめて重要な意味を持っている．とくに中国の場合，近代的銀行業の確立に先行して「票号」「銭荘」などの独特な性格を備えた金融機関が発達し，商工業全体の発展を促していた［中国近代金融史編写組 1985］．

　前者の票号は，福建の茶の取引やロシアとの交易に活躍していた山西出身の商人が，自分たちの商取引用の送金ルートを生かし，19 世紀初め頃までに創設した金融機関であって，1850 年に 11 軒，1865 年に 32 軒と増え続け，20 世紀初めの最盛期には，北京に軒を連ねる 30 軒以上の本店を中心に，全国に 450 以上の支店を展開する金融網を作り上げていた．票号は長距離の送金業務

表 VI-2-1　上海の銭荘の変遷

年	軒数(戸)	資本金(万元)	平均(万元)
1858	70	114.5	1.6
1903	82	459.2	5.6
12	28	148.8	5.3
20	71	776.8	10.9
26	87	1,875.7	21.6
30	77	1,937.8	25.2
34	65	2,070.2	31.9
37	46	1,912.0	41.6
46	72	…	…

注：平均は原表により算出．
出所：王業鍵 [1981] 67, 94頁，中国人民銀行上海市分行編 [1960] 191, 262, 313, 386頁．

にすぐれた力を持っていたため，京餉，田賦等の地方税収や官位購入のための寄付金（捐）を中央に送金する業務を清朝政府から請け負うようになり，そこから莫大な手数料収入を得ていた，といわれる．しかし次に述べる銭荘や近代的銀行業の発展につれ，1920年代以降，急速に衰退した．

　一方後者の銭荘は，上海，広州，北京などで19世紀に発展してくる金融業者であって，当初は，両替と周辺市場圏における取引決済とを主な業務にしていた．やがて取引決済のため，独自の約束手形に相当する荘票を発行するようになり，対人信用を担保とする都市商工業者向けの資金貸付も，重要な業務とするようになっていった．票号や後述する外国銀行が，遠隔地間の交易や外国貿易など相当規模の大きな取引の金融業務を取り扱っていたのに対し，銭荘は，経済発展にともない増大しつつあった都市中小商工業者の日常的取引に対し，金融の便宜を供与する役割を果たしたのである．外国銀行や票号は，この銭荘に資金を供給することを通じて，間接的に一般の商工業者と金融的なつながりを持つことになった．しかし近代的な銀行業の発展につれ銭荘の活動範囲もしだいに狭められるようになり，国民政府が実施した1933年の「廃両改元」政策（秤量貨幣としての銀両の使用を禁止）や1935年の幣制改革によって両替業務が成立しがたくなったのを境として，しだいに銭荘の勢力も弱まっていった（表VI-2-1）．

　一方，19世紀半ば頃からの外国貿易の拡大にともない，外国為替業務を取り扱う外国銀行が中国に次々に進出してくる［浜下武志 1990］．初めのうちは1845年に香港と広州に支店を設けたオリエンタル（麗如）銀行のように，ロンドンなどヨーロッパ本国の中心都市に本店を設置するタイプが多かった．しかし中国という銀通貨圏で営業していたにもかかわらず資本金を金建て制にせざるを得なかったこれらの銀行は，1850年代以降，銀の国際価格が下落するとともに中国における収益が目減りするという事態に追い込まれ，経営上，大きな打撃を喫した．代わって有力な地歩を占めていくのが，1865年設立の香港

上海（匯豊）銀行のように，香港など同じ銀通貨圏に本店を置き資本金も銀建て制とした諸銀行であった．外国銀行の業務は，本来，外国貿易にともなう送金業務と外国為替取引業務が中心であったが，19世紀の末以降，清朝が賠償金を支払うための借款業務や，公債の引受け，通貨の発行，中国の政財界の要人たちの預金受入れ，関税塩税の保管業務など，多方面に活動を展開するようになり，中国経済全体に大きな影響力を持つようになっていった．

それに対し中国資本による近代的銀行業の展開は，1897年，盛宣懐らが設立した中国通商銀行（本店，上海）をもって端緒とする．清朝政府のバックアップを受け，上海の有力な商人たちが出資してできた銀行であった．これと相前後して，官営の金融機関である官銭局や官銀号なども，中国各地に設立されている．さらに1905年，戸部（清朝政府の財務省に相当）の名を冠した戸部銀行が北京に設立され，国家銀行としての役割を果たすことがめざされることになった．その後同行は1908年に大清銀行，1912年に中国銀行と改称されながら何度か改組を重ねていく．1910年代には各支店の自立性が強まり，上海支店の場合など，民間株主の発言力を反映し国家銀行というよりもむしろ民間銀行に近い存在となっていた．

以上のような外国銀行の活発な展開と中国の政府系銀行の設立とに促される形で，1910年前後から，中国の民間資本による近代的な銀行が続々と誕生するようになる．1907年設立の浙江興業銀行，1908年設立の四明銀行，1915年設立の上海商業儲蓄銀行，1917年設立の金城銀行などがそれであり，1937年の時点で集計してみると，政府系銀行と地方政府系銀行も合わせ，全国でおよそ160行が営業していた（表VI-2-2, VI-2-3）．民間銀行の主要業務の一つは，中国政府が発行する公債を引き受け，その売買収益や配当金収入を獲得することにあったといわれる．実際，1920年前後の中華民国北京政府や1927年以降に成立する南京国民政府は，膨大な額の公債を発行しており，そこから銀行業が受け取ることのできた利益も少なくなかったはずである（表VI-2-4）．しかしこの時期の銀行業が公債投機のみに終始していたというのであれば，それは正確ではない．たとえば有力銀行の営業報告書を整理した研究によれば，各行の公債保有額は，貸付金総額の1割程度にとどまっていたことが確認されている［呉承禧 1934］．それに対し，1930年代の各行の民間商工業に対する貸付金

表 VI-2-2　銀行の開設数推移

時　期	中国系銀行 設立	中国系銀行 存続	外国銀行
1900 以前	1	1	9
01-05	2	—	2
06-10	11	5	3
11-15	29	10	3
16-20	56	15	17
21-25	95	26	5
26-30	54	32	…
31-35	84	67	…
36-37	8	8	…
不　詳	50	—	24
合　計	390	164	63

出所：銀行週報社編［1948］29-30頁，宮下［1941］90頁．

表 VI-2-3　中国資本銀行の払込資本金額と行数の推移
（単位：百万元，（ ）内行数）

年	合　計	政府銀行	省市銀行	民間銀行
1897	3.4 (1)	—	—	3.4 (1)
1910	19.3 (14)	…	…	…
12	27.1 (37)	…	…	…
20	87.8 (97)	*25.8 (2)	*… (4)	*… (64)
34	334.2 (146)	133.7 (3)	32.1 (20)	168.4 (123)
37	434.3 (162)	167.5 (4)	76.9 (26)	189.9 (132)
46	… (574)	… (6)	… (381)	… (187)

注：*は1921年の数値．
出所：1920以前：唐傳泗［1980］，1934以降：銀行週報社編［1948］495，508頁．

表 VI-2-4　内国債発行額の推移
（単位：百万元）

時　期	年平均
北京政府	
1912-17	13.9
18-22	97.7
23-26	10.2
国民政府	
1927-30	148.0
31-35	208.8

出所：千家駒編［1955］11，19，22頁．

は，総額の4-5割という高い比重を示すようになっており，今や従来の銭荘に代わって近代的な民間銀行が，一般の商工業に対する主要な金融機関の位置につきつつあったのである（表 VI-2-5）．

このような情況が進展していたなか，1920年代の末以降になると，中国の金融業界に新しい動きが生じてくる．それは政府系銀行の力が強化されるとともに，金融業全体に対する国家的な規制が，しだいにはっきりとしたものになっていったことである．まず南京国民政府成立直後の1927年，中国銀行が本店を北京から上海に移し国民政府の株式参加を受け入れた．翌1928年には交

表 VI-2-5　各銀行の貸付金の貸付先別推移

(単位：百万元，(　) 内は貸付金総額中の比率 %)

銀行名	年	工業貸付	商業貸付	農業貸付	政府貸付
中国銀行	1929	16（4）	73（18）	…	208（51）
	30	28（7）	84（20）	…	205（49）
	31	39（10）	84（22）	…	181（47）
	32	37（12）	72（22）	…	138（43）
	33	43（12）	95（27）	17（5）	154（44）
	34	55（13）	123（30）	22（5）	173（42）
	35	61（12）	143（29）	27（5）	…
金城銀行	1928	6.9（23）	5.5（18）	0.3（1）	4.7（15）
	33	12.2（20）	16.9（27）	0.3（1）	6.8（11）
	37	24.2（25）	18.7（19）	2.0（2）	10.3（11）
上海商業儲蓄銀行	1931	23（34）	…	…	…
	32	35（38）	…	…	…
	33	35（32）	…	…	…
	34	37（29）	…	…	…
	35	34（35）	…	…	…
	36	38（32）	…	…	…

出所：中国銀行総管理処編［各年］，中国人民銀行上海市分行金融研究室編［1983］368 頁，中国人民銀行上海市分行金融研究所編［1990］504, 509 頁．

通銀行も同じ措置をとり，さらに同年，中国・交通両行とは別個の政府直営金融機関として，中央銀行が新設された．1931 年には，銀行法も制定されている（ただしその施行は延期され，1947 年に大幅に修正されたものが公布施行された）．次の大きな節目となったのは 1935 年の金融恐慌であった．恐慌への対応策として，経営難に陥った銀行への経済官僚の派遣，中国・交通両行に対する政府持株比率の引上げ，中国農民銀行と中央信託局という二つの政府系金融機関の創設，などが相継いで実施され，全体として民間銀行に対する政府の影響力が強められた．さらにこの年の 11 月には幣制改革が断行され，通貨発行権はほぼ完全に政府の下に掌握されるに到った．以上の過程をどのように理解するかということは，一つの重要な問題である．これまでに記した 1937 年までの段階では，必ずしも民間銀行の存在自体の否定につながるような統制経済がめざされていたわけではなく，あくまで金融業の分野において政府系金融機関の力量を強め政府の金融政策施行能力を確立することに，眼目が置かれていたように思われる．

　日中戦争が始まると，抗戦のための経済運営＝戦時統制経済の要として各金

融機関に対する政府の統制が格段に強化されるとともに，政府系4銀行の活動の一本化を図るべく，四行連合辦事処（四連総処）が1937年に新設された．四連総処は抗戦期間中を通じ，強大な力を振るうに到っている．

　人民共和国の成立後，「社会主義」化が急がれるようになった1952年に，他の諸分野に先駆けて真っ先に国有化されたのが，金融業であった．国共内戦の末期に激しい勢いで進行していた悪性インフレを終息させるためには，なによりもまず金融を完全に政府のコントロールの下におく必要があったし，他の諸分野に対する国家統制を有効に実施していくためにも，経済活動全般の「管制高地」たる金融業を，共産党政権は一日も早く掌握したかったのである．民間銀行は消滅し，中国人民，中国（外国為替取扱銀行），中国農業（ただし1957年に撤廃），中国人民建設の政府系4行が残され，民間の資金を吸収し政府の経済政策を忠実に実行する金融行政機構としての役割のみを果たすようになった．自立的な金融業の展開は，この時期に一度断ち切られたといってよい．

　以上のような状態が長く続いた後，1970年代の末以来，一部に在外中国人からの投資も受け入れながら，金融機関の多様化や活性化が試みられるようになってきている．1979年に半官半民の形式をとって設立された中国国際信託投資公司（現：中国中信集団公司）は，外国からの技術や資金の受け入れを仲介する金融機関として，非常に重要な存在であったし，1988年には，株式会社の形式を採用した広東発展銀行が開業した．中国農業銀行も1979年に再建されている．しかしながら政府の経済政策に対する金融機関の自立性はなおきわめて薄弱であり，たとえば銀行の貸付金焦げ付き率が1985年には52％に達したという事実に示されるように，地方政府や国営企業の無謀な資金調達要請に対しほとんど制御が効かないような状態を脱していなかった［上原一慶1987］．不良債権問題は今のところ再燃していないが，現在でも四大国有銀行の市場シェアは30％以上に達し，中国全体の80％の資産を保有する寡占状態に変わりがない．資金配分が政府に偏重しているため，シャドーバンキングと呼ばれる正規の金融機関を介在しない資金調達に頼る中小企業が多いことなど，民業を圧迫する側面も懸念されている．

3. ま と め

　商業・金融業が大きな発展を遂げる時期は，1890-1930年代と1970年代末以降であり，いずれの場合も中国における新たな工業化の波に先行して始まっている．そして近代的な機械工業の創設者に多くの商人たちが名を連ねていた事実（II章参照）や，新設の工業企業に対し銭荘・銀行のような民間の金融業者が相当額の資金を融通していたという事実は，商業・金融業の発展が工業化を促進するような効果を発揮したことをものがたっている．商業・金融業は工業化のための資金を提供するとともに，工業生産にかかわることを通じて，自らの活動領域を一層広げることにも成功したのである．

　そうした一般的傾向に較べ，1940年代から70年代までの時期は，商業・金融業が全体として停滞状態に陥るなかでの工業化の進展という点に，大きな特質が見られる．この時期は戦時経済色が顕著になった時であり，戦争の影響で生じた物資不足の下，投機的な商業活動が活発化したこともある．しかしそれは一時の活況に終わり，長期的に見ると，国家統制の強化につれて，商業・金融業の全般的な衰退が生じたのであった．とくに重化学工業化が強行された1950年代にそうした傾向が著しく出ている．商業・金融業の衰退はまた，製造業の側の発言力を極端に大きなものにさせてしまい，結果的には製造業の内部にも，投資効率引き上げ努力の軽視などの諸問題を招くことになりやすい．大量の資金と労働力が投下されながら，きわめて生産性の低い工場群が林立していくという1950-70年代の工業化の問題点は，こうした事情とも深くかかわって生じたものだった．

●コラム●　経済学者・孫冶方

　中国には，大学とは別に，自然科学系では中国科学院（1949 年成立），人文・社会科学系では中国社会科学院（1977 年に中国科学院の哲学・社会科学部が独立して成立）という研究機関が存在する．これらはソ連の科学アカデミーを模して作られたものであり，社会科学院の下には経済研究所が設けられている．北京の西，阜成門外にある同研究所の入り口そばの階段を 2 階へ上がると，ある人物の銅像に出くわす．それが孫冶方である．

　孫冶方は，1908 年に江蘇省無錫で生まれ，1924 年に中国共産党入党後，ソ連に滞在しマルクス主義経済学を学んだ．1949 年以後は中華人民共和国国家統計局副局長などを務め，1957 年に経済研究所に移った後，1960 年には所長となった．孫の学術活動で特筆すべきは，社会主義体制下における企業の成績評価に利潤指標の導入を主張したことである．しかし，そのおかげで文化大革命中は「中国経済学界最大の修正主義」として劉少奇，鄧小平などとともに猛烈な批判を受け，1968 年から 7 年間投獄された．

　文革が終結した後，孫冶方は 1978 年に名誉回復され，経済研究所の名誉所長に返り咲く．改革開放の時代となり，政府が社会主義体制の枠組みを維持しつつ市場経済的要素を取り入れようとするなかで，孫冶方の経済理論はひとつのシンボルとされたのであった．孫自身は 1983 年に病によりこの世を去るが，その名は中国経済に関する優れた研究業績に与えられる孫冶方経済科学賞として今も残っている．もっとも，その後の中国経済の現実は，改革開放の進展にともない，孫冶方の想定をはるかに超えて脱社会主義化してしまった．孫冶方が現在の中国の経済を見たら，何を思うだろうか．

（加島　潤）

VII

対外経済関係の構造的変容

　中国は豊富な資源と膨大な国内市場——潜在的可能性に較べれば，なお小規模なものであるにしても，である——とを抱えた大陸国家である．対外経済関係が持つ比重も，日本のような国の場合とは自ずから異なり，相対的には小さなものとなる傾向にある．

　しかしながら対外経済関係の重要性は，単に量的な比重からのみ測られるべきものではない．中国の経済発展全体に対し，中国経済と国際経済との間に成立していた関係が質的にどのような役割を果たしてきたかが問われなければならず，量的な要素もそれとの関連において注目されることになる．そうした観点に立つ時，対外経済関係に関する考察は中国経済全体の理解にとってきわめて重要な意味を持つものとなってくるのである．本章では，貿易と投資という二つの側面から，近現代中国における対外経済関係の展開過程を見ていくことにしたい．なお，移民，あるいは海外への「出稼ぎ」労働者などについても本来なら触れるべきところであるが，ここでは省略した．

1. 貿　　易

　初めに，19世紀末以来，現在までの全般的な変化の趨勢を概観しておこう．といっても，実は中国の貿易動向を如何なる数値によって把握するかは，なかなか難問である．たとえば戦前の中国の貿易額を表示する際にしばしば用いられる通貨単位の海関両は銀を用いた秤量通貨の一種であり，当然のことながら

VII 対外経済関係の構造的変容

表 VII-1-1　対外貿易の全般的趨勢

(単位：億 US$)

時期	輸出額	輸入額	貿易収支	数量指数	
	(3ケ年平均値)			輸出	輸入
1871-73	1.11	1.07	0.04	100	100
81-83	0.95	1.11	-0.16	123	132
91-93	1.14	1.50	-0.36	176	230
1901-03	1.31	2.00	-0.69	250	391
11-13	2.77	3.59	-0.82	385	564
21-23	5.40	7.38	-1.98	508	628
31-33	2.70	4.47	-1.77		
51-53	8.67	12.20	-3.53		
61-63	15.43	13.00	2.43		
71-73	39.66	34.07	5.59	100	100
81-83	221.94	208.99	12.95	348	325
91-93	828.71	827.75	0.95		
2001-03	3,433.10	3,171.60	261.50		
11-13	20,520.33	18,372.93	2,147.40		

注：数量指数は，破線部分を境に基準が異なる．1871-93 年は台湾を含む．
出所：輸出入額 1871-1933; Hsiao [1974] pp.22-24, 190-192. 1951-83; TN [1991] 615 頁. 1991-2013; TN [2014] 329 頁.
数量指数 1871-1923; 木越 [2012] 291-293 頁. 1971-83; DN [1984] IV 3 頁.

銀の国際価格の変動に対応してその外国為替レートも大きく変動する．したがって海関両によって表示された貿易額の増減は，必ずしも実際の貿易の増減とは一致しない．この点を補正するための一つの方法は，金本位通貨もしくは比較的安定した通貨による表示額に換算してみることである．しかしこの場合も物価変動の影響を免れるわけにはいかないので，結局，何らかの貿易数量指数を用いなければ，貿易の動向を正確に測ることはできない，ということになる．ところがこの貿易数量指数も，その算出方法の相違によってさまざまな偏差が生じてくるのである．以上のような限界を考慮にいれたうえで，一応ここでは米ドル換算の貿易額といくつかの系列の貿易数量指数を参照しながら全般的な趨勢を追っておきたい．

輸出は，金額及び数量指数の動きがほぼ一致しており，1900-10 年代と 1970-80 年代以降とに大きな伸びを見せ，1870-90 年代，1930 年代，1950-60 年代がそれぞれ停滞もしくは減少期であった．それに対し輸入は，金額について見れば 1900-10 年代と 1970-80 年代以降とに増勢，1870-90 年代，1950-60 年代に停滞もしくは減少傾向と，ほぼ輸出の動きと合致している．しかし輸入の数量指数によれば，1880 年代と 1920 年代とに顕著な増加が記録されており，その反面，1910 年代はむしろ停滞的であった（表 VII-1-1）．

貿易収支は，1870-1930 年代の戦前期を通じ入超が恒常的なものになっていたのに対し，戦後，1960-70 年代に一転して黒字基調となる，という変遷を経てきている（同上）．ただし 19 世紀の貿易額についていえば，香港経由の密輸

が相当な規模に達していたのに加え，輸出の F.O.B. 価額表示と輸入の C.I.F. 価額表示が採用されていなかったため，常に輸入が過大に，また輸出が過小に評価され易くなっていることに注意しておかなければならない［Hsiao, Lianglin 1974］.

世界貿易全体のなかにおいて中国の対外貿易が占める比重は，20世紀まで 1-2％程度であった（表 VII-1-2）. 人口が世界全体の 2 割程度であることに比べれば，かなり低い比率だといってよい. 従来の中国経済が相対的には自給自足的な性格を色濃く持っていたことを示す事実であるとともに，今後の経済発展如何によっては相当増加す

表 VII-1-2　対外貿易の占める比重

年	世界の中での比重（％）	国内経済での比重（％）	1人当たり貿易総額（US$）
1913	1.60	…	1.61
26	2.26	…	3.36
30	1.56	14.9*	2.24
50	0.91	9.7	2.05
60	1.44	10.5	5.76
70	0.72	5.9	5.53
80	0.92	15.3	38.32
90	1.83	38.4	100.96
2000	4.01	39.4	374.21
10	10.35	49.3	2,217.90
14	12.37	41.5	3,144.81

注：*=1933.「世界の中での比重」は世界の輸出総額のうち中国の輸出額の比率.「国内経済での比重」は GDP に対する輸出入貿易総額の比率.
出所：1913-30；蔡謙他［1934］352 頁，巫宝三［1947］12 頁. 1950-80；DN［1984］IV 6 頁. 1990；TN［1992］32, 77, 875 頁. 2000；TN［2001］49, 95, 585, 892 頁. 2010；TN［2011］44, 93, 219, 1052 頁. 2014；TN［2015］33, 58, 357, 971 頁.

るという潜在的な可能性を秘めていた. 21 世紀にこの可能性は現実のものとなり，中国は世界最大の貿易国になった.

一方，中国の国民経済全体のなかにおける対外貿易の比重は，戦前戦後を通じほぼ 10％内外であった（同上）. 1950-70 年代に戦前の 1930 年代より低い水準に後退している事実は，この時期の中国経済が世界経済との連係を弱めていたことをよく物語っている. しかし 1980 年代に入ってから，この比率は激増し 4 割に達した. 今や中国経済は，過去のいかなる時代にもまして世界経済との結びつきを強めるなかで存在しているのである.

次に対外貿易の商品構成を検討してみよう.

輸出品の構成を見ると，農林水産物・鉱石などの一次産品が，長らく 5 割前後の高い比率を占めている（表 VII-1-3，以下同様）. とくに 1950 年代，その比率は 6-8 割までに達した. それ以外の工業製品のなかでは，加工度の低い半製品や軽工業製品の比率が高い. こうした状態に対する一つの解釈は，「工業製品輸出の低い比率は中国における工業化の立ち遅れを示す事態にほかならな

表 VII-1-3　輸出商品構成の推移

(単位：%)

年	一次産品			工業製品		
	合計	飲食品	原燃料	合計	完成品	半製品
1913	48.2	17.4	29.1	50.9	12.2	38.7
20	45.5	20.6	23.9	52.1	14.6	37.5
31	53.4	15.0	37.7	46.1	13.6	32.5
46	56.5	14.9	41.9	43.5	19.9	23.6
					重工業	軽工業
53	79.4	38.8	40.6	20.6	8.3	12.3
57	63.6	31.1	32.5	36.4	10.1	26.3
65	51.2	31.5	19.7	48.8	17.8	31.0
70	53.5	32.5	21.0	46.5	12.8	33.7
78	53.5	24.5	29.0	46.5	10.4	36.1
85	50.6	14.3	36.3	49.4	10.4	39.0
90	25.6	11.2	14.4	74.4	20.3	54.1
					化学品	機械	その他製品
95	14.4	7.6	6.8	85.6	6.1	21.1	58.3
2000	10.2	5.2	5.0	89.9	4.9	33.1	51.8
05	6.4	3.1	3.3	93.6	4.7	46.2	42.6
10	5.2	2.7	2.4	94.8	5.6	49.5	39.8
14	4.8	2.6	2.2	95.2	5.7	45.7	43.7

注：重工業には化学品及びその製品，非金属鉱産品，金属製品，機械及び運輸設備，撮影機材・光学物品及び時計を含む．
出所：1913-31：Cheng [1956] Ch.3．1946：Hsiao [1974] p.186．1953-78：DN [1984] IV 9 頁．1985-90：TN [1991] 618 頁．1995-2014：TN [2015] 358 頁．

い」というものである［厳中平・姚賢鎬他編 1955］．しかしながら，①1910 年代から 30 年代にかけ，工業製品輸出の内容上，手工業製品中心から機械制工業製品中心へという重要な変化が生じていたこと（図 VII-1-1），②当時，国内市場の拡大と世界市場の不安定性とがあいまって，国産工業製品は対外輸出よりもむしろ内需の充足に向かっていたと見られること，③一次産品輸出の増大は，伝統的特産品の輸出増によるものではなく，新しい一次産品への需要の拡大によって促進されたものであったこと，などを考慮すれば，輸出品構成において工業製品の比率が低いという事実は，必ずしも中国工業化の立ち遅れを意味するものではない［Cheng, Yu-kwei 1956］．1950 年代における一次産品輸出の比率の増大も，急激な工業化を軸とする経済建設の進展にともない，工業製品全体が内需中心にシフトしたための結果であって，なにもこの時，中国が工業化

を後退させて工業製品輸出を減らしていたわけではない．その後一次産品の比率は一進一退を繰り返してきたが，1980年代に入ってから，急速に下がってきている．一次産品の輸出の絶対量が減ったわけではない．一次産品の輸出増加を上回る速度で，工業製品の輸出が激増してきたのである．この時期に到り，ようやく輸出向け工業製品の生産が本格化するとともに，国際市場における競争力も備えるようになってきたといえよう．

輸入品の構成についても，消費財の輸入が多いことを理由に，中国経済の後進性を説く見解がある［厳・姚他編 1955］．しかし輸入一次産品のなかにおける原燃料の比率の増加や，輸入工業製品のなかにおける半製品の比率の低下などの事実を見るならば，「緩慢な工業化」が存在した徴候を認めないわけにいかな

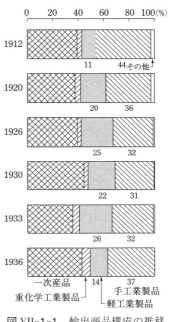

図 VII-1-1　輸出商品構成の推移
出所：HB［各年］より独自の分類で算出．

い（表 VII-1-4）［Cheng 1956］．さらに工業品の中身の変化に留意し独自の分類を試みると，軽工業製品の比率の減少と重化学工業製品の比率の増加とが明瞭に示され，1910-30年代の一般的趨勢として，軽工業を中心とする工業化の進展を，はっきりと確認することができる（図 VII-1-2）．人民共和国期になると，農業の不振から大量の穀物を輸入に頼らざるを得ない状態が続いたため，1960-70年代に一次産品輸入の比重が高くなっている（表 VII-1-4，以下同様）．その後，70年代末から90年代にかけ，農業生産がめざましい伸びを示すとともに新たな工業化の波が生じたことから，一次産品輸入の比率低下と重化学工業製品輸入の比率上昇がもたらされた．軽工業製品の輸入増大は，農業増産に支えられた国内の消費ブームを反映した現象である．21世紀に入ると中国に世界中の労働集約的な製造業が集積し，「世界の工場」と呼ばれるまでになった．それを反映して貿易構造も輸入における一次産品の増大と輸出における工業製品のいっそうの拡大という，輸出志向工業化に見られる現象が顕著になっ

表VII-1-4 輸入商品構成の推移

(単位:％)

年	一次産品			工業製品			
	合計	飲食品	原燃料	合計	完成品	半製品	
1913	23.4	18.1	5.3	67.1	40.4	26.7	
20	20.8	11.5	9.3	77.7	47.0	30.7	
31	44.3	22.6	21.7	54.1	34.4	19.7	
46	37.3	10.7	26.6	62.7	46.1	16.6	
57	20.0	…	…	59.0	…	…	
65	48.0	28.0	20.0	51.0	…	…	
70	33.0	16.0	17.0	57.0			
					重工業	軽工業	
79	28.2	14.6	13.6	71.8	67.3	4.5	
85	12.5	4.2	8.3	87.5	74.6	12.9	
90	18.5	6.5	12.0	81.5	54.9	26.6	
					化学品	機械	その他製品
95	18.5	8.0	10.5	81.6	13.1	39.9	28.6
2000	20.7	9.0	11.7	79.2	13.4	40.8	25.0
05	22.4	10.8	11.6	77.6	11.8	44.0	21.8
10	31.1	15.4	15.7	68.9	10.7	39.3	18.9
14	33.0	14.0	19.0	67.1	9.9	37.0	20.2

出所:1913-31; Cheng [1956] Ch. 3. 1946; Hsiao [1974] p.186. 1957-70;笹本・嶋倉編 [1977] 96-97頁. 1979; DN [1984] IV 11頁. 1985-90; TN [1991] 619頁. 1995-2014; TN [2015] 359頁.

ている．

　貿易相手国の構成には，どのような特徴が見られるであろうか．その場合，とくに注意を要するのは，中継貿易港としての香港の機能である．香港向けの輸出品の多くは，あるいは香港で積み替えられ東南アジアを始めとする世界各地に再輸出され，あるいはまた香港を経由し国内の他の港に移送されたりした．むろん香港からの輸入品に関しても，類似の情況が存在している．しかしそうした貿易実態を貿易統計の操作のみによって明らかにすることは困難であるため，本書の以下の叙述は，とりあえずこの巨大な「ブラックボックス」，香港の機能を度外視して進めざるを得ない．

　輸出についてみると，19世紀中はイギリス向けの比重がきわめて大きいのに対し，20世紀に入ってからは日・米向けの輸出が伸長していることが判明する（表VII-1-5，以下同様）．第二次世界大戦後，対日輸出が大幅に後退し，さらに朝鮮戦争の後は，対米輸出のルートも閉ざされてしまう．代わって1950-

60年代に圧倒的な比率を占めるのが，ソ連東欧向けの輸出であった．しかしこれは一時の突出した現象に終わり，1970-80年代には，再び日・欧・米向け輸出が増加した．この間，アジア諸国向けの輸出が堅実な増勢を保っていることも注目されよう．1980年代から従来国交のなかった韓国への輸出も増え続けており，すでに1980年代末には対英，対仏並みの規模に達している．また一時は断絶状態だったソ連（ロシア）との貿易は，1980年代末に復活した．

　次に輸入相手国について．ほぼ輸出動向に一致するとはいえ，たとえば1890-1920年代の輸入総額に占めるイギリスの比率は，輸出総額における同国の比率より，かなり高いものとなっている（表VII-1-5）．しかしこれには前述した香港中継貿易の統計処理上の問題

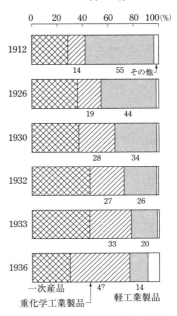

図 VII-1-2　輸入商品構成の推移
出所：HB［各年］より独自の分類で算出．

が大きく関係しており，とくに原産国の明示が義務づけられるようになった1930年代以前の香港中継貿易品の場合，中国側にとっての輸出仕向国よりも輸入仕出国の名前の方が判明し易かったため，こうした傾向が生じ易かったのである．むろん輸入において特定の国の占める比率が輸出における比率よりも高いという現象は，その他の原因によっても生じ得る．たとえば1970-80年代の日・米・独との貿易の場合，中国のそれぞれの国との貿易がいずれも大幅な入超傾向に陥っていたことが，そうした事態を招いた基本的な要因であった．そしてそのような先進国相手の貿易の入超傾向を補う役割を持たされたのが，先にみた東南アジアなどの国々に対する輸出貿易であったといえよう．

　各国の対中国貿易における利害関係は，それぞれの貿易の商品構成を分析することによって，ある程度うかがい知ることができる．さしあたり統計的整理が容易な1910-30年代の情況について，概観しておくことにしたい．まず米英仏向け輸出の場合，軽工業品輸出に手工業品輸出を加えた比率が，6-7割に達

表 VII-1-5　輸出相手国別構成の推移

(単位：%)

年	台湾	香港	日本	アメリカ	イギリス	ドイツ	フランス	東欧	ロシア	アジア
1871-73	…	14.7	1.7	14.1	52.9	大陸欧州		(6.9)	3.3	…
81-83	…	25.4	2.4	12.4	33.3			(12.6)	7.3	…
91-93	…	39.3	7.2	9.8	11.3			(15.0)	8.6	…
1901-03	…	40.8	12.5	10.2	4.8			(17.3)	5.5	…
09-11	…	28.2	15.9	9.0	5.1	3.1	10.7	…	12.5	…
19-21	…	23.8	28.6	14.4	7.6	0.5	4.4	…	3.3	…
29-31	…	17.2	26.2	13.8	7.1	2.4	5.7	…	5.9	…
1936	…	15.1	15.2	26.4	9.2	5.5	4.3	…	0.6	…
1947	…	34.2	1.9	23.3	6.6	0.1	1.8	…	1.5	…
1952-54	…	15.1	1.0	—	2.2	W0.4	0.5	17.8	49.5	5.6
62-64	…	17.8	4.7	—	4.6	W1.9	1.4	9.4	23.9	14.0
71-73	…	25.1	12.9	0.4	3.9	W2.7	2.7	8.1	2.9	13.2
81-83	…	23.3	20.9	7.3	2.5	W3.5	1.5	3.1	0.9	18.4
91-93	1.1	36.9	14.3	12.8	1.4	3.5	1.1	0.5	3.1	13.2
2001-03	2.0	17.6	14.8	21.0	2.5	3.7	1.5	1.3	1.2	12.0
11-13	1.8	15.9	7.3	17.0	2.3	3.5	1.4	1.5	2.2	18.2

注：「アジア」は，日本・台湾・香港・朝鮮・ベトナムを除いた残りのアジア諸国．1929-91 のロシアはソ連，1952-89 のドイツは西ドイツ．東欧にはブルガリア，ハンガリー，ポーランド，ルーマニア，チェコ，スロヴァキアを含む．
出所：1871-1947：厳・姚他編 [1955] 66 頁，Hsiao [1974] で補足．1952-83：DN [1984] IV 12-86 頁．1991-93：TN [1992] 632-634 頁，TN [1994] 512-514 頁．2001-03：TN [2002] 617-620 頁，TN [2004] 719-722 頁．2011-13：TN [2013] 232-235 頁，TN [2014] 337-340 頁．

しており，東南アジア向け輸出になると，さらにその比率が上昇していることが判明する（図 VII-1-3，以下同様）．ところが日独向け輸出の場合，常に大半が一次産品の輸出によって占められていた．一方，中国への輸入について見ると，日本の場合，軽工業品中心から重化学工業品中心へと大きな転換を迫られていたのに対し，アメリカの場合，軽工業品輸入の比率は終始きわめて低い水準で推移していた（図 VII-1-4）．

　以上のような貿易統計の整理の結果は，中国の工業的発展と各国の対中国貿易との関係について重要な示唆を与えるものである．中国との貿易額が大きかった日米両国の場合を検討しておこう．まず日本の場合，1910-20 年代を通じ，自国の工業化に必要な原燃料を中国から大量に輸入するとともに，日本国内で生産された繊維などの軽工業品を中国に輸出することによって貿易の平衡を保っていた．しかし中国において軽工業を中心とする工業化が進展した結果，日本の中国向け軽工業品輸出は激減し，重化学工業品のみが相当額の輸出を継続

表 VII-1-6　輸入相手国別構成の推移

(単位：％)

年	台湾	香港	日本	アメリカ	イギリス	ドイツ	フランス	東欧	ロシア
1871-73	…	32.5	3.7	0.5	34.7	大陸欧州		(0.6)	0.2
81-83	…	36.2	4.9	3.7	23.8			(3.0)	0.2
91-93	…	51.2	4.7	4.5	20.4			(3.5)	0.6
1901-03	…	41.6	12.5	8.5	15.9			(6.4)	0.8
09-11	…	33.9	15.5	7.1	16.5	4.2	0.6	…	3.5
19-21	…	22.4	29.2	17.6	14.0	0.7	0.7	…	1.4
29-31	…	16.1	23.4	19.2	8.6	5.4	1.4	…	1.5
1936	…	1.9	16.6	19.6	11.7	15.9	1.9	…	0.1
1947	…	1.8	1.7	50.1	6.9	0.0	1.2	…	0.3
1952-54	…	9.2	0.5	—	3.4	W1.3	0.8	15.5	56.9
62-64	…	0.8	6.7	—	3.6	W2.0	4.9	5.9	13.5
71-73	…	1.7	22.8	2.2	7.6	W6.9	7.1	9.4	3.1
81-83	…	5.5	22.2	16.6	2.9	W6.5	1.8	4.0	0.9
91-93	9.0	19.5	19.8	11.1	1.5	5.3	1.9	1.0	4.8
2001-03	1.8	15.9	7.3	17.0	2.3	3.5	1.4	0.3	2.2
11-13	7.5	0.9	9.7	7.4	0.9	5.1	1.3	0.6	2.3

注：表 VII-1-5 参照．
出所：1871-1947：厳・姚他編 [1955] 65 頁，Hsiao [1974] で補足．1952-83：DN [1984] IV 12-86 頁．1991-93：TN [1992] 632-634 頁，TN [1994] 512-514 頁．2001-03：TN [2002] 617-620 頁，TN [2004] 719-722 頁．2011-13：TN [2013] 232-235 頁，TN [2014] 337-340 頁．

することになる．そのため中国側にとっては，日本からの輸入品構成のうえにおいて，軽工業品と重化学工業品の比率の逆転という劇的な変化が生じたのであった．こうしてみると，戦前の日本は，中国の工業化によって得るもの——それが全くなかったわけではない——よりも，むしろそれによって失うものの方が多いという貿易構造を抱えていたことになる．中国政府による自国産業の保護育成政策や経済自立化政策に直面した時，当時の日本がしばしば敵対的な立場をとったのも決して理由のないことではなかった．

それに対し同じ時期のアメリカの場合，中国の工業化の果実たる工業製品を積極的に輸入する一方，中国の工業化を一層促進する意味を持つ原燃料や重化学工業品を中国向け輸出の主力にしていた．したがって日本とは対照的に，アメリカは中国の工業化を支え，いわばそれに寄り添うような形で中国との貿易関係を発展させることができたのである．当時，中米経済関係が比較的順調な拡大傾向をたどっていたのも，このあたりにその一つの根拠があったといえよ

146　VII　対外経済関係の構造的変容

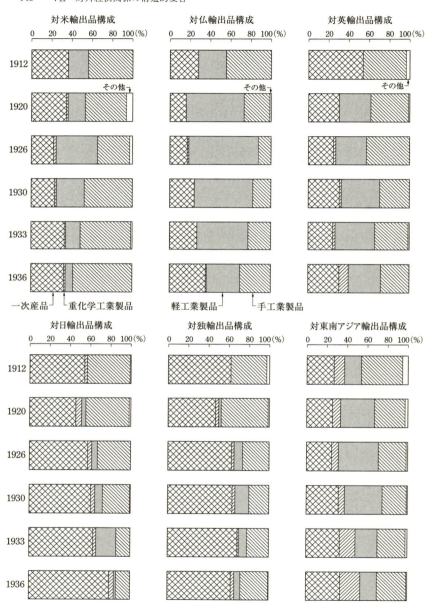

図 VII-1-3　相手国別輸出商品構成の推移

出所：HB［各年］より独自の分類で算出．

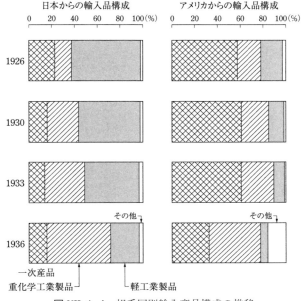

図 VII-1-4 相手国別輸入商品構成の推移
出所：HB［各年］より独自の分類で算出.

う．

　1970-90年代における日・欧・米各国の対中国貿易の性格は，全体として見れば，1910-30年代における上記の二つのタイプのうちアメリカの事例に近いものになっていると考えられる．しかし中国の軽工業品輸出の激増がアメリカに警戒心を抱かせつつあることなど，新たな問題が生じつつあった．そうしたなか，2001年に中国はWTOに加盟することで，世界貿易秩序を守りながら自国のグローバル化を推進する方向性を模索しはじめている．

2. 投　資

　1950年代から70年代までの中断を除き，近現代の中国経済は，外国から多額の投資を受け入れている．それはとくに20世紀の前半期には，貿易収支に

表 VII-2-1　外国投資の全般的推移

(単位：百万 US$，( ) 内 %)

年	総　額	直接投資		借　款	
1902	788	503	(63.8)	285	(36.2)
14	1,610	1,085	(67.4)	526	(32.7)
31	3,243	2,532	(78.1)	711	(21.9)
36	3,483	2,717	(78.0)	767	(22.0)
85	22,947	6,060	(26.4)	15,547	(67.8)
90	69,602	20,691	(29.7)	45,673	(65.6)
95	230,665	134,868	(58.5)	91,255	(39.6)
2000	520,450	348,348	(66.9)	147,157	(28.3)
05	809,150	622,429	(76.9)	147,157	(18.2)
10	1,250,443	1,048,381	(83.8)	147,157	(11.8)
14	1,719,861	1,513,256	(88.0)	147,157	(8.6)

注：1902-36 は各年末投資残高．1985-2014 は 1979 年以降の累計高（実行ベース）．1999 より借款統計が『統計年鑑』に未掲載により 2000 年以降累計額に変化なし．
出所：1902-31；Remer [1933]（訳書 69 頁）．1936；Hou [1974] p.13（東亜研究所推計などに依拠）．1985-2014；TN [2015] 377 頁．

おける赤字を補い国際収支の均衡を可能にする重要なモメントであった．まず 19 世紀末から 20 世紀半ばまでの全般的な推移を追ってみると，1900 年代から 20 年代にかけ民間の直接投資を中心に急速な伸びを見せた後，1930 年代は微増にとどまっていたことが知られる（表 VII-2-1，以下同様）．こうした変化が生じた理由としては，次のようなものが考えられるであろう．前段の急増は，①租界の設置や治外法権の規定の充実など，外国人投資家の権利を保護する制度的な保障が，いわゆる不平等条約体制の下で整備されていたこと，②豊富な資源と低廉な労働力が存在した中国が，列強の過剰資本の投資先としてきわめて魅力的であったこと，などにより説明される．それに対し 1930 年代の停滞は，①中国国内の民族主義的潮流が強まり，租界の撤廃も含め外国資本の活動に対する種々の規制が用意されつつあったこと，②中国国内の内戦や日本の中国侵略により，日本以外の各国にとってはきわめて投資環境が不安定になったこと，③1929 年の世界大恐慌以降，対外投資を手控える傾向が国際的にも強まっていたこと，などの諸要因が働いた結果であった [Hou, Chi-ming 1974]．

その後，1950 年代から 70 年代にかけ，中国はほとんどの分野において外国資本に対する門戸を閉ざすことになった．冷戦体制の下，欧米や日本の民間資本の対中国進出計画は厳しい制約を受けるようになっていたし，当時の共産党

政権自身も「自力更生」というスローガンを掲げ外国資本に依存しない経済発展をめざそうとしていたからである．しかし1970年代の末になると，すでに述べてきたような交通・エネルギー部門の未整備な情況やいくつかの工業部門における深刻な技術的立ち遅れを打破するため，多額の外国資金を借り入れたり，外国資本の直接投資を通じて技術導入を図ったりすることが，避けられなくなった．1979年7月に「中外合資経営企業法」が制定され，80年8月には広東省深圳地区を始めとする4地区に「経済特区」という外国企業の直接投資受け入れのための特別地区を設置することが決議されている．さらに1984年5月，上海・天津・大連など14の沿海都市が外国資本に向けて開放された．一方，この頃には日本や欧米諸国の間でも，①厳しい中ソ対立が続くなか，中国の経済発展が東西間の冷戦において東側を利するものになるという恐れが薄らいできたこと，②中国の低廉な労働力と市場の将来性は依然として魅力的であったこと，などの事情により，対中国進出に積極的な姿勢を見せるところが多くなってきた．もっとも実際には，外国資本の自由な投資活動を妨げるさまざまな規制や障害が中国国内に存続しており，前述した「経済特区」の存続自体も危ぶまれたりするため，その後の外国資本の対中国投資は，必ずしも順調に進んできたわけではない．しかし全体としてみると，1979-90年の外国投資累計額が696億ドルに及ぶなど，中国への外資の進出はすでに相当の規模に達していた（表VII-2-1，以下同様）．当初は政府間借款を中心とする慎重な動きで始まり，しだいに民間の直接投資が増加しつつあるという経緯も，上記のようなかつての外国資本の進出パターンと合致したものである．しかし1990年までは，直接投資が占める比重は1920-30年代の水準の半分にも達していなかった．外国の民間資本の進出を躊躇させる諸問題——利潤の対外送金への規制，部品の国内調達の義務づけ，製品に対する過大な対外輸出比率の強制，企業経営の論理のズレ等々——が数多く存続していたうえ，1989年の天安門事件が，改めて外国側の不安と懸念をかきたててしまったからである．1990年から92年にかけて，中国は諸外国との外交関係の改善に努め，中国が再び計画経済時代の閉鎖的体制に逆戻りすることはない，というメッセージを送り続けた．そのなかでも特に重要であったのは，1992年に鄧小平が自ら沿海都市を視察し，改革開放のよりいっそうの推進の大号令をかけた「南巡講話」である．そして

表 VII-2-2　外国投資の使途別構成比の推移

(単位：%)

年	工業	鉱業	交通	公共	貿易	金融	土地	政軍
1914	6.9	3.7	33.0	1.7	8.8	0.4	6.5	20.5
31	11.6	4.0	26.1	4.0	14.9	6.6	10.5	13.2

出所：1914-31；Remer [1933]（訳書 71 頁）．

表 VII-2-3　外国直接投資の業種別構成比の推移

(単位：%)

年	工業	鉱業	交通	公共	サービス	貿易	金融	不動産
1914	10.4	3.2	31.5	2.2	…	13.4	0.6	9.9
1931	14.9	4.4	23.8	4.0	…	19.4	8.6	13.6
1936	19.6	1.6	25.0	5.1	…	16.8	20.5	9.0
1979-88	47.5		1.4	2.5	5.4	…	…	28.3
1997-99	58.2	1.6	3.7	13.0	6.2	2.7	…	13.1
2000-04	67.8	1.1	2.0	8.6	5.7	2.2	0.3	10.5
05-09	57.8	0.6	2.9	5.1	9.2	5.1	0.5	17.4
10-14	41.4	0.5	3.1	8.0	11.7	8.7	2.0	24.3

注：1914-36 は各年末投資残高，1979-2014 は各期間の累計額より計算．
出所：1914-36；Hou [1974] p.16．1979-88；今井理之 [1990] 18 頁．1997-99；TN [1998] 646 頁，[1999] 600 頁，[2000] 610 頁．2000-04；TN [2001] 608 頁，[2002] 634 頁，[2003] 676 頁，[2004] 736 頁，[2005] 648 頁．2005-09；TN [2006] 756 頁，[2007] 746 頁，[2008] 733 頁，[2009] 749 頁，[2010] 254 頁．2010-14；TN [2011] 244 頁，[2012] 258 頁，[2013] 247 頁，[2014] 353 頁，[2015] 381 頁．

同年 10 月，中国政府は「社会主義市場経済」というスローガンを掲げ，共産党の一党独裁支配が堅持される限り，市場経済化を強力に進めることを内外に公式に表明した．以後，中国は毎年莫大な外国直接投資を受け入れている．

次に投資先の業種について具体的に検討しておこう．19 世紀末から 20 世紀半ばまでの外国投資は，鉄道・汽船などの交通部門に約 3 割が集中しており，それについで商社・銀行関係が 2 割近くを占めていた（表 VII-2-2）．それに対し鉱工業部門への投資は意外に少なく，鉱業・工業の両者をあわせても 15% 程度にすぎない．ただし借款を除外し直接投資だけを拾ってみると，そのなかでは工業部門投資の比率が着実に増え続けていたことが判明する（表 VII-2-3）．1936 年の時点における内訳は，日本の在華紡を主とする繊維工業への投資が 48%，英米タバコを筆頭とする食品工業への投資が 26%，造船などの機械工業が 9% であった．

一方，1970 年代末以来再開された外国投資の場合，直接投資に限って見て

表 VII-2-4　各国投資額とその総額に占める比率の推移

(単位：百万 US$, ( ) 内 %)

時期	台湾	香港	日本	イギリス	アメリカ	フランス	ドイツ	ロシア
1902	—	—	1(*)	260(33)	20(3)	91(12)	164(20)	247(31)
14	—	—	220(14)	608(38)	49(3)	171(11)	264(16)	269(17)
31	—	—	1,137(35)	1,189(37)	197(6)	192(6)	87(3)	273(8)
36	—	—	1,394(40)	1,221(35)	299(9)	234(7)	149(4)	—
48	—	—	—	1,034(33)	1,393(45)	297(10)	—	—
79-83	—	4,405(20)	—	4,114(19)	582(3)	1,060(5)	404(2)	295(1)
86-89	—	9,686(27)	—	12,115(34)	1,286(4)	1,625(5)	1,675(5)	1,395(4)
90-95	11,446(7)	72,904(43)	—	21,175(12)	3,628(2)	10,446(6)	4,434(3)	2,286(1)	157(*)

注：1902-36 は年末投資残高，1979-83 は投資契約高累計，1986-89，1990-95 は投資実績高累計
出所：1902-36; Hou [1974] p.17. 1948：呉承明 [1955] 52-53 頁．1979-83; DN [1984] IV 184 頁．1986-89;
　　TN [1987] 604 頁，[1988] 734 頁，[1990] 654 頁．1990-95; TN [1992] 642 頁，[1994] 528-529 頁，
　　[1996] 598-599 頁．

みると，当初は鉱工業部門への投資が 5 割以上に達しており，公共事業や不動産関係への投資がこれに次いでいる．当初はホテルの建設と経営など，商業サービス業への投資に偏る傾向がみられたのに対し，1980 年代半ば以降，そうした傾向に対し政府がブレーキをかけるようになったこと，鉱工業部門といってもその大半は海底油田の探査掘削関係に集中していること，などが特徴であった．1990 年代以降は，工業（製造業）へ投資の半ばが集中し，輸出志向工業化を推進している．

　投資国の構成上の特徴は，19 世紀末から 20 世紀半ばの時期の場合，イギリスが常に 3-4 割を占め，圧倒的な優位に立っていたことである（表 VII-2-4，以下同様）．なおこのなかには植民地香港への投資も含まれており，戦後の統計とはその点が異なっている．とはいえ，当時の香港経済自体の規模が小さかったこともあり，イギリスの対中国投資全体のうち香港への投資額が占める比率は 1 割にも満たず，8 割近くが上海に集中的に投下されていた．一方，日本の対中投資は 1910 年代にようやく独・仏・露の各国と肩を並べる投資額に達した後，30 年代までに東北への猛進出を中心に劇的な伸びを見せ，ついにイギリスの投資額を上回るほどの規模になるまで膨らんだ．1930 年代には，上記の日英両国だけで外国資本の投資総額の 4 分の 3 以上を占めるに到っており，その他の国々の対中投資は，相対的に見てかなり小さなものになっている．すなわち 1917 年革命後のロシアと第一次世界大戦の敗戦国であるドイツとはとも

に主な対中投資国から脱落していたし、金額的には若干の伸びが見られたフランスも、その相対的な地位の低下を免れることはできなかった。そして1930年代に入ってからようやく発展傾向をたどりつつあったアメリカにしても、日英両国の地位を脅かすまでには、なお距離がある、という情況だったからである。

　第二次世界大戦が終結すると、敗戦国日本が対中投資国のなかから姿を消す一方、大戦で大きく傷ついたイギリスも新たな投資を展開することは困難な状態に陥っていたことから、ひとりアメリカだけが卓越した対中投資国の地位に踊り出た。しかし先にも述べたとおり、人民共和国の成立以降しばらくの間、外国資本の活動はほとんど封じられてしまうことになる。

　外国の対中投資が再開された1980年代の投資国構成についていえば、英・米・仏・独がいずれも数％程度にとどまっているのに対し、日本が3割以上とずば抜けて高い比率を占めているのが一つの特徴である。ただし日本の投資額の大半は日中両国政府間のいわゆる円借款を中心としたものであって、直接投資額に限定してその地位を測れば、アメリカに次ぐ比率の5％弱にすぎない（表VII-2-5）。それに対し香港マカオ地区から中国大陸に向けた投資は、総額の26.9％、直接投資額の63.5％を占め、直接投資を軸に急展開した。なおこのなかには、台湾や韓国の企業が香港経由で投資している事例が少なくなかった。1990年代になり統計上も明示されるようになると、直接投資における台湾、韓国の地位は、日米両国に匹敵するものとなっている（同上、180頁；コラム「中国と台湾の経済関係」参照）。21世紀に入り欧米からの直接投資の相当額が本国からの法人税を逃れるためバージン諸島などの租税回避地を経由して投資されている。しかし、総じて中国への直接投資は、東アジアの先進国が主要な提供者であることには変わりがない。

　次に、時期別、国別に対中投資の内容を検討しておこう（表VII-2-6）。1930年代の英米両国の場合、貿易・金融関係への投資が大きな比重を占め、生産過程にかかわるような投資は少ない。それに対し当時の日本は、鉱工業への投資が3割前後、満鉄など交通機関への投資が5割と直接的な生産過程に関係する投資の比率が著しく高い。こうして、中国の生産過程に深くかかわっていた日本と、むしろ流通過程へのかかわりを主にしていた英米、という対照が浮かび

2. 投　資　153

表 VII-2-5　国・地域別の対中直接投資額とその比率の推移

(単位：億US$，(　)内%)

年	香港マカオ	日本	台湾	シンガポール	韓国	イギリス	アメリカ	租税回避地	総額
1936	— —	11.18 (41.1)	—	—		10.59 (39.0)	2.45 (9.0)		27.17 (100.0)
79-88	178.74 (63.5)	13.13 (4.7)	—	5.30 (1.9)		1.60 (0.6)	23.98 (8.5)		281.66 (100.0)
90-94	508.49 (63.4)	53.09 (6.6)	82.80 (10.3)	19.06 (2.4)	12.28 (1.5)	9.99 (1.2)	58.65 (7.3)	1.49 (0.2)	801.42 (100.0)
95-99	996.39 (47.4)	176.68 (8.4)	155.03 (7.4)	127.61 (6.1)	78.57 (3.7)	62.96 (3.0)	181.03 (8.6)	110.58 (5.3)	2,102.85 (100.0)
2000-04	867.77 (34.1)	219.60 (8.6)	157.42 (6.2)	107.19 (4.2)	170.99 (6.7)	46.47 (1.8)	223.80 (8.8)	392.76 (15.4)	2,544.70 (100.0)
05-09	1,529.97 (40.2)	224.74 (5.9)	98.41 (2.6)	156.89 (4.1)	185.77 (4.9)	41.15 (1.1)	140.42 (3.7)	919.14 (24.2)	3,805.41 (100.0)
10-14	3,512.93 (61.6)	291.48 (5.1)	116.12 (2.0)	308.85 (5.4)	153.01 (2.7)	28.29 (0.5)	131.75 (2.3)	635.70 (11.1)	5,706.06 (100.0)

注：1936は年末投資残高，1979-88は契約高累計，1990-2014は実績期間累計．1936は，香港・マカオを中国の一部として取り扱うため，対中投資の主体としては取り上げていない．租税回避地にはバージン諸島，モーリシャス，ケイマン諸島，サモアを含む．1991-97の内訳には借款を除くその他の外匯投資も含む．
出所：1936; Hou, Chi-ming [1974] pp.225-226．1979-88；今井理之 [1990] 21頁．1990-94；TN [1991] 630頁，[1993] 648-649頁，[1995] 555-556頁．1995-99；[1996] 598-599頁，[1998] 639-641頁，[2000] 606-608頁．2000-04；TN [2002] 630-632頁，[2004] 732-734頁，[2006] 753-755頁．2005-09；TN [2006] 753-755頁，[2008] 730-732頁，[2010] 251-253頁．2010-14；TN [2012] 255-257頁，[2014] 350-357頁，[2015] 378-380頁．

表 VII-2-6　戦前期各国別対中投資の内容の推移

(単位：百万US$)

投資国/年	総額	借款金額	直接投資金額	直接投資内訳（％）					
				工業	鉱業	交通	公共	貿易	金融
イギリス									
/1930	1,189.2	225.8	963.4	18.0	2.0	13.9	5.0	25.1	12.0
36	1,220.8	161.5	1,059.3	17.0	1.5	5.8	4.6	23.0	28.5
アメリカ									
/1930	196.8	41.7	150.2	13.7	0.1	7.2	23.4	31.8	16.8
36	298.8	54.2	244.6	3.8	—	2.5	28.6	38.6	21.8
日本									
/1907	…	…	…	5.8	23.0	31.4	1.7	28.7	1.5
14	219.6	9.6	192.5	5.5	15.1	35.5	1.8	22.7	3.3
26	…	…	…	19.1	7.6	21.2	2.3	21.0	11.6
30	1,136.9	224.1	874.1	21.0	8.0	23.3	1.8	21.0	8.4
36	1,394.0	241.4	1,117.8	29.4	2.0	50.0	0.3	4.1	8.6

出所：Hou [1974] pp.225-226．ただし日本の直接投資1907-30の内訳のみ松本 [1980] による．

表 VII-2-7　日本の対中借款（1980-2007 年）

(単位：億円，(　) 内 %)

項目	第1次 1980-83	第2次 1984-89	第3次 1990-95	第4次 1996-2000	2001-07	累　計
農林水産業		171	1,063	386	738	2,358（7.1）
鉄道敷設	1,300	1,619	2,675	741		6,335（19.1）
港湾整備	707	1,260	579	181		2,727（8.2）
道路橋梁			457	1,304	430	2,191（6.6）
空港整備			708	543		1,251（3.8）
電力ガス	1	1,357	1,875	2,361	860	6,454（19.5）
通信設備		350	586	266	202	1,404（4.2）
水道衛生		307	290	1,167	1,562	3,326（10.0）
環境保全				1,380	1,053	2,433（7.3）
教　育					1,035	1,035（3.1）
宝山製鉄	1,300					1,300（3.9）
その他		557	318	861	606	2,342（7.1）
合　計	3,308	5,621	8,551	9,190	6,486	33,156（100）

注：金額は調印時の貸付限度額．対中円借款は 2007 年度をもって終了．
出所：NC [1989] 184-190 頁，NC [1994] 96-98 頁，長谷川他 [2008] 28-29 頁．

あがってくることになる．またそれぞれの国の対外投資総額のうちで対中投資が占めた比率は，イギリス 5.9%，アメリカ 1.3%，日本 81.9% という情況であった [Remer, C. F. 1933]．1930 年代の日本経済は，英米と較べ格段に密接な形で，中国経済に対する関係を構築していたといえよう．それに対し 1980 年代の情況はやや異なっていた．日本の対中投資は政府借款が主体であり，民間資本の大規模な進出は，なお将来に残された問題となっていたし，日本の対外投資のなかで対中投資が占める比重も 1930 年代とは比較にならないほど小さなものだったからである（1951-89 年の日本の対アジア直接投資の 6.3%，[今井理之 1990]）．ただし 1990 年代以降，日本の民間企業の中国進出も急激な伸びを見せ，今やきわめて密接な経済関係が形成されている．

　この 1980 年代以降の日本の対中投資の特徴について少し詳しく見ておこう．政府間の円借款は，当初は主に鉄道，港湾の整備や水力発電事業のために（表 VII-2-7），また日本輸出入銀行のローンは石油・石炭の開発のために用いられている（表 VII-2-8）．産業基盤整備やエネルギー産業の振興を促すとともに，それぞれの事業に際し，日本製品の対中国輸出が増加することも期待されたのであり，その点は，19 世紀末から 20 世紀初めにかけての対中借款が果たした役割と同様の効果が見込まれたわけである．21 世紀に入り，中国が GDP では

表 VII-2-8　日本輸出入銀行の対中借款

(単位：億円)

使　途	第1次 1980-86	第2次 1985-89	第3次 1990-95	計
石炭開発	1,974	611	2,100	4,685
石油開発	1,534	3,765	4,900	10,199
合　計	3,508	4,376	7,000	14,884

注：第1次と第2次の金額は契約高．
出所：NC [1989] 193-194頁．NC [1994] 120頁．

表 VII-2-9　日本の業種別対中直接投資（期間累計）

(単位：億円，比率は％)

業　種		1951-89		1990-99		2000-09		2010-13	
		金額	比率	金額	比率	金額	比率	金額	比率
製造業	食料	86	2.2	887	4.6	2,278	4.7	817	2.3
	繊維	49	1.2	1,934	10.1	1,147	2.4	771	2.1
	木材・パルプ	16	0.4	228	1.2	1,316	2.7	1,075	3.0
	化学	71	1.8	923	4.8	3,537	7.3	2,500	7.0
	鉄・非鉄	48	1.2	1,201	6.3	3,210	6.6	2,837	7.9
	機械	89	2.2	1,752	9.2	5,306	10.9	4,986	13.9
	電機	324	8.2	3,459	18.1	7,437	15.3	2,792	7.8
	輸送機	9	0.2	1,441	7.5	8,631	17.8	5,833	16.2
	その他	123	3.1	2,117	11.1	2,510	5.2	1,360	3.8
	(小計)	814	20.5	13,942	72.9	36,875	76.1	23,685	65.9
非製造業	農・林業	10	0.2	37	0.2	36	0.1	34	0.1
	漁・水産業	63	1.6	57	0.3	52	0.1	0	0.0
	鉱業	18	0.5	46	0.2	13	0.0	0	0.0
	建設業	13	0.3	423	2.2	245	0.5	55	0.2
	商業	97	2.4	900	4.7	4,291	8.9	5,087	14.1
	金融・保険	16	0.4	93	0.5	3,527	7.3	2,879	8.0
	サービス業	1,056	26.6	1,933	10.1	1,110	2.3	1,030	2.9
	運輸業	38	0.9	221	1.2	472	1.0	268	0.7
	不動産業	160	4.0	949	5.0	832	1.7	2,468	6.9
	その他	1,546*	39.0	0	0.0	226	0.5	436	1.2
	(小計)	3,016	76.0	4,659	24.3	11,169	23.0	12,272	34.1
支　店		116	2.9	535	2.8	433	0.9	0	0.0
不動産		20	0.5	0	0.0	0	0.0	0	0.0
合　計		3,967	100.0	19,137	100.0	48,478	100.0	35,959	100.0

注：*は主に石油開発．
出所：1951-89：ZKT [1989]（452号，12月）58-59頁．1990-99：ZKT [1997]（548号，12月）60-61頁，[2006]（645号，1月）60-61頁．2000-09：ZKT [2006]（645号，1月）60-61頁，[2007]（657号，1月）30-31頁，[2007]（668号，12月）30-31頁，[2008]（680号，12月）26-27頁，[2009]（692号，12月）26-27頁，[2010]（704号，12月）28-29頁．2010-13：ZKT [2012]（717号，1月）26-27頁，[2012]（728号，12月）26-27頁，[2014]（741号，1月）26-27頁，[2014]（752号，12月）22-23頁，[2016]（765号，1月）22-23頁．

日本と対等な経済大国になったことを受けて，日本国内からの批判が強まり，2008年から対中円借款は廃止された．現在は環境・衛生など工業化がもたらした歪みを是正する技術の協力が中心となっている（技術協力の累計は2013年現在1817億円）．一方，日本の民間資本の直接投資は，1980年代末までのところ非製造業部門が8割と圧倒的に多い．しかし石油開発関係を除くと製造業の比率は33.5％となり，日本の対アジア直接投資の平均値である38.4％に近いものになる．1990年代からはとくに中国側が資源などの戦略部門への投資を制限するようになったことから，日本の対中投資は製造業に集中する傾向が見られた（表VII-2-9）[日中経済協会 1990].

3. まとめ

1880年代から1920年代にかけて，中国の対外貿易と中国への外国投資とは急速な展開を見せ，初めは商業及び金融業の新たな発展を促す要因となり（V章），やがて近代的な機械工業が導入されるうえでも大きな刺激となった（I章）．汽船が運航され鉄道が敷設されるようになるうえでも，外国資本の活動や外国からの借款は決定的な役割を果たしている（II章）．さらに国際経済において，19世紀末から20世紀初頭にかけて成立した多角的な貿易決済機構は，こうした中国の対外経済関係の活性化を可能にする基礎的な条件となった．

しかし1930年代から70年代にかけ，中国の対外経済関係は全般的に縮小した．それは一つには国内自給化の達成に力を入れた輸入代替工業化が，この時期に急進展したためである（I章）．そしてもう一つの重要な理由は，国際経済全般の動向に求められなければならない．1929年の大恐慌以降，国際貿易と国際投資は大幅な減退を示すようになっており，とくに第二次世界大戦の勃発はそれに拍車をかけることになる．第二次世界大戦後，東西両陣営への分裂と冷戦の激化は，中国の対外経済関係を一層冷えきったものにさせた．1950年代に一時深まるかに見えたソ連・東欧圏との経済関係も，貿易量や投資額としてはそれほど大きなものではなかったし，長期的に続くことなく終わっている．

こうした停滞期を経た後，東西冷戦の終結をも一つの背景として，中国の対

外経済関係は1970年代末から再び活発化した．そして2001年のWTO加盟は，巨大市場中国の開放というメッセージとなり，これまで以上に多くの外資を呼びこみ，今や中国は世界最大の貿易黒字国となった．巨額の貿易黒字は，2015年末までに中国に巨額の外貨準備（3.33兆ドル）を抱えさせている．今後は資本輸出国としての中国の動向が注視される．

〈補論　日本の対中直接投資の新動向〉

　序章で触れた日中関係の展開（1頁）にともない，2012年をピークに日本の対中直接投資が急速な減少傾向に転じた．中国商務部の調査によれば，2014年に対前年比38.3％減と1985年以降最大の落ち込みを記録したのをはじめ，対中直接投資の総額は，2016年上半期まで減少し続けている．尖閣諸島をめぐる対立の激化が，こうした状況を招く直接の契機になったことは疑いない．経済成長につれ，中国の賃金水準が上昇したことも影響している．

　一方，そうした要因に加え，表VII-2-9（155頁）に示した長期的な傾向にも注意しておく必要がある．製造業についてみれば，繊維・食品など軽工業分野と電機製造業に代表される労働集約的な組立業の比率が減少した反面，機械製造業への投資比率は，1990-99年累計の9.2％から，2000-09年平均の10.9％，2010-13年平均の13.9％へと着実に伸びており，化学工業，鉄・非鉄などの金属製造加工業，自動車関係を中心とした輸送機製造業なども高い投資比率を維持している．日本の直接投資を何もかも受け入れるというのではなく，中国経済の持続的な発展を可能にする産業構造の高度化に結びつく投資が歓迎されている，と読みとることができる．

　さらに注目されるのは，商業・金融業などのサービス業における投資比率が急伸していることである．町を歩いても，日系のコンビニやスーパーが目につくようになった．運輸業でも外資への市場開放の動きが伝えられている．これも中国市場の構造変化に対応したものであ

る．GDP における個人消費の規模が 21 世紀以降年平均 11% の成長を見せている［TN 2011］．

こうしてみると，日本の対中直接投資は，その中身を変え，ある程度の規模を保ちながら継続していくことになるであろう．

●コラム● セント・ジョン大学

1930 年代上海で活躍したトップクラスの中国人ビジネスマンを輩出したのが，このセント・ジョン（聖ヨハネ）大学である．全寮制で，授業は英語により行われた．外国との商売が多かった上海では英語が必須であったし，同窓生のネットワークはビジネスに役立った．紡績業・製粉業を仕切った栄氏一族の子どもたち——1980 年代に中国国際投資信託公司の社長を務めた栄毅仁はその 1 人——，セメント製造やマッチ製造を手がけた劉鴻生，政府の財政経済を支えた宋子文など，皆ここで学んでいる．

アメリカのキリスト教団体（米国国教会）によって支えられていたが，中国の民族運動が高まった 1925 年には，中国人の民族感情に対する米人学長の無理解に抗議し，多くの学生，教員が一斉に退学するという事件も起きた．彼らは，上海財界の後援を得て光華大学という新たな大学を設立し，そこで勉強を続けることになる．

セント・ジョン大学の敷地には緑に包まれた美しい校舎群が残り，人民共和国になり大学自体が改組改称された後も教育施設として使われた．

(久保　亨)

VIII

財政経済政策の展開

　以上II章からVII章までの分析によって明らかになった中国近現代の経済過程に対し，政府の財政経済政策が果たしてきた役割を検討しようというのが本章の課題である．辛亥革命（1911年），国民革命（1920年代に国民党が主導して行われた革命），及び49年革命（1949年）の3度の革命を経て，近現代中国の政治体制は，清朝 → 中華民国政府（首都・北京）→ 中華民国国民政府（南京―重慶―南京）→ 中華人民共和国政府（北京）という変遷を遂げてきた．このような激動のなかにあって，政府の財政経済政策には，当然，大きな変化が生じている．しかしながら政治体制の変化は，必ずしも社会経済状態の変化と直接に連動するものではなく，たとえ政治体制が変わったとしても，新しい政治体制の下の社会経済の実体にただちに大きな変化が生じるわけではない．同じ社会経済構造を対象とする以上，財政経済政策上の選択肢も自ずから限られてくることになり，新旧両政府の間の財政経済政策面における共通性，あるいは継承関係は，かなり大きい場合が多かった．そのことを念頭に置きながら，以下，近現代中国における政府の財政経済政策の展開過程を，財政，通貨政策，及び工業化を軸とする全般的な経済政策という三つの側面から探っていくことにしたい．

1. 財　　政

　現代中国の国家財政は，きわめて大規模なものになっている．しかし歴史的

160　VIII　財政経済政策の展開

表 VIII-1-1　年平均財政規模の推移

時　　期	財政支出	国民所得	％
〈北京政府期，単位：百万元〉			
1913…19	492	…	…
〈国民政府期，単位：百万元〉			
1931-36	973	16,948	5.7
〈人民政府期，単位：億元〉			
1950-52	122	504	24.3
53-57	269	807	33.3
58-62	458	1,096	41.8
63-65	402	1,184	33.9
66-70	504	1,606	31.4
71-75	784	2,276	34.4
76-80	1,049	3,024	34.7
81-85	1,497	6,512	23.0
86-90	2,573	14,684	17.5
91-95	4,877	38,598	12.6
96-2000	11,409	84,023	13.6
2001-05	25,605	141,807	18.1
06-10	45,819	311,360	14.7
11-14	131,800	557,422	23.6

注：1913…19は，1913・14・16・19各年の予算平均．なおここでの「国民所得」概念はサービス等を除いた独自の「国民所得」概念による．1931-36年の国民所得は日本の占領下にあった東北分として，15％を減額した数値を使用．
出所：1913…19；楊蔭溥［1985］3頁．1931-36；久保［1983］220-221頁，巫宝三［1947］21頁．1950-80；TN［1990］34, 229頁．1981-2014；TN［2015］58, 214頁．

に見ると，こうした情況が生まれたのはそれほど古いことではない．歴代の専制王朝の時代にも，また辛亥革命以降の中華民国時代になってからも，国家財政の規模が経済全体のなかで占める比重は，存外に小さなものであった．たとえば清朝の国家財政についていえば，元来が宮廷費の支出を手当することを中心に組み立てられたものにすぎず，経済活動への積極的な介入は企図されていない．また国民政府の1930年代における財政規模について，同じ時期の国民所得推計に対する比率を求めてみると，わずか6％弱にしかならない（表VIII-1-1）．こうした状態に変化が生じたのは，国民政府の末期のことであった．これまでに見てきたとおり抗日戦争中から戦後期にかけ，鉱工業・商業・金融業などにおける国営部門の比率が激増したことにともない，経済活動全体のなかで国家財政の占める比重も急上昇したからである．そうした傾向が一層強まった人民共和国期には，30-40％にまで国家財政の比重が高まっている（同上）．ただし4割を越えたのは1960年前後のことであって，経済成長が続いた1990年代以降は20％を下回るようになった．この水準は6割を上回っていたソ連よりはかなり低く，最も高かった時期でも現在（2015年）の日本と同じ程度であったと評価される．

中央政府財政と地方政府財政の相対的な比重の変化を見てみると，清朝から中華民国北京政府の時代までは，中央政府の独自収入といったものがほとんど存在しないか（清朝の中央政府は地方からの送金に依拠していた），たとえあったとしても少額にすぎなかったりした（北京政府の場合）ため，当然の結果として，

中央政府財政の比重も低いものであった．それに対し国民政府時代になると「国地画分」という中央政府・地方政府の財政を画然と分別する方針が明確にされ，それにともなって次第に中央政府財政の比重が上昇していくようになる［金子肇 2008］．1935 年段階では，国家財政全体のうちのほぼ 4 分の 3 が中央政府に属するようになっていた（表 VIII-1-2）．こうした中央政府財政が大きな比重を占める構造は，1953 年以降の中央の収入比率の低下を見ると，人民共和国期には必ずしも引き継がれていないような印象を受ける．しかし，実際には財政統計に明示されない形で地方政府から中央政府への送金が行われており［加島潤 2007；2012］，地方が財政収入の実現において大きな役割を果たす一方で，中央の国家財政におけるプレゼンスは維持されていた．それは，極度に地方分権化が進んだ 1958-62 年を除き，中央政府の支出の比率が 1970 年代半ばまで一貫して地方を上回っていることにも表れている．しかし 1970 年代後半以降はこの比率が逆転し，中央政府の支出比率は 2000 年代には 30% を割り込み，現在は 10% 台に落ち込んでいる．収入の面では，改革開

表 VIII-1-2　中央と地方の財政（収入・支出額比率の推移）

（単位：%）

時期	収入		支出	
	中央政府	地方政府	中央政府	地方政府
〈国民政府期〉				
1935	75.8	24.2	77.2	22.8
〈人民政府期〉				
1953-57	45.4	54.6	74.1	25.9
58-62	22.7	77.3	48.1	51.9
63-65	27.6	72.4	59.7	40.3
66-70	31.2	68.8	61.1	38.9
71-75	14.7	85.3	54.2	45.8
76-80	15.6	84.4	49.4	50.6
81-85	30.3	69.7	49.8	50.2
86-90	33.4	66.6	34.4	65.6
91-95	40.3	59.7	30.0	70.0
96-2000	50.5	49.5	30.6	69.4
2001-05	53.8	46.2	28.6	71.4
06-10	52.6	47.4	21.8	78.2
11-14	47.3	52.7	14.9	85.1

注：1935 年の収入は中央 11.82 億元，地方 3.78 億元，支出は中央 11.82 億元，地方 3.49 億元より算出．支出は，江蘇，浙江，安徽，江西，湖北，湖南，四川，福建，広東，広西，河北，山西，河南，陝西各省の歳出予算額の合計．収入は上記各省に甘粛，雲南，貴州，寧夏，綏遠を加えた歳入予算額の合計．ただし，データの欠落により，四川は 1938 年，広東は 1937 年，広西・雲南は 1936 年の数値．また，寧夏・綏遠は税収予算額．
出所：1935；久保［1983］220 頁，楊蔭溥［1985］82-83, 85, 87-88 頁等．1953-80：中華人民共和国財政部総合計画司編［1987］53, 91 頁．1981-2014：TN［2015］214 頁．

放が進むにつれて地方政府の経済活動が活発化する一方で，計画経済期の中央への送金システムが機能しなくなったことにより，中央政府はより実質的な財源を確保すべく，国税と地方税を明確に区分する国民政府の「国地画分」にも似た分税制を 1994 年から実施した．1990 年代以降の中央財政収入比率の増加はこうした動きを反映しているが，これは裏を返せば地方財政のプレゼンスが高まったということにほかならず，中央―地方間の財政における綱引き関係は，

表 VIII-1-3　中央政府財政の主な収入構成の推移

(単位：％)

時　期	合計	税収						企業収入他		債務収入
		関税	塩税	工商税	農業税			企業収入		
北京政府 1913…19	79.4	15.1	17.2	7.6	#17.7			…		20.6
国民政府 1928-32	74.2	44.8	18.5	9.0	−			0.6		20.2
1933-37	62.0	31.2	16.6	11.6	−			3.7		23.6
1938-45	14.0	3.1	3.0	2.6	$3.6			0.3		78.5
人民政府 1950-52	59.6	4.0	2.7	34.7	18.3			25.3		5.5
1953-57	49.8	1.8	1.9	35.0	11.1			41.8		4.7
1958-62	43.3	1.4	2.0	33.3	6.5			55.4		0.3
1963-65	45.3	1.2	1.6	36.4	6.2			53.5		－
1966-70	44.6	1.2	1.5	35.9	5.9			54.7		－
1971-75	44.4	1.2	1.1	38.3	3.8			54.6		－
1976-80	47.7	2.5	1.0	41.5	2.7			42.7		7.0
1981-85	73.3	6.7	0.7	62.1	2.4			17.4		7.5
		関税	増値税	消費税	営業税	企業所得税	個人所得税			
1986-90	94.6	6.1	13.2	−	5.9	26.8	…	0.9	…	4.5
1991-95	89.0	5.0	29.1	4.2	15.3	15.2	…	3.0	…	8.0
1996-2000	83.6	3.9	32.1	6.6	13.1	8.2	1.9	5.4	…	11.0
2001-05	82.7	3.6	30.1	4.9	11.9	14.0	5.8	7.1	…	10.1
2006-10	83.8	2.5	26.9	5.5	12.4	16.1	5.7	11.2	…	5.0
2011-14	79.7	2.1	20.9	6.1	12.2	15.8	4.9	13.4	…	6.9

注：1913…19 は 1913・14・16・19 各年の予算平均．#は田賦，$は直接税．1986 年以降の債務収入の比率は，収支の差額により算出．工商税，農業税の内容については本文参照．税収合計には，その他の税収を含む．
出所：1913…19：楊蔭溥［1985］3, 5 頁，阮湘他編輯［1924］445, 451, 457, 467, 474 頁．1928-37：久保［1983］220-221 頁．1938-45：Young［1965］p.14．1950-85：中華人民共和国財政部総合計画司編［1987］26-27, 44-45 頁．1986-2014：TN［2015］217 頁．

現在も依然として重要な問題であり続けている［田島俊雄 2000；梶谷懐 2011］．

次に中央政府の収入と支出のそれぞれについて，やや詳しく検討していくことにする．

まず中央政府の収入について．清朝は中央政府の独自財源をほとんど持っておらず，もっぱら地方政府が集めた土地税（田賦）の中央への送金に依存していた．それに対し中央政府の独自の財源を確保しようとした中華民国北京政府の場合，地方政府からの土地税（田賦）送金分と塩税・関税からの収入がそれぞれ十数％ずつとなっており，借款・公債などからの収入も 2 割程度を占めるようになっている（表 VIII-1-3，以下同様）［楊蔭溥 1985］．地方政府が土地税（田賦）を自らの財源として使ってしまうようになり中央への送金が滞るよう

表 VIII-1-4　関税収支主要項目の年平均額と構成比の推移

(単位：千元, ( ) 内 %)

時　　期	税収総額	税収項目内訳			支出項目内訳		
		輸入税	輸出税	常関税	外債償還	内債償還	国庫金
北京政府	98,640	39,266	29,667	6,120	55,695	9,036	9,451
1912-27	(100)	(39.8)	(30.1)	(6.2)	(56.5)	(9.2)	(9.6)
国民政府	326,126	229,398	35,092	2,634	95,088	110,059	72,109
1928-37	(100)	(70.3)	(10.8)	(0.8)	(29.2)	(33.7)	(22.1)

出所：久保［1983］217 頁.

になった反面，塩税と関税という2種類の間接税が中央政府の有力な財源として登場するのである．

国民政府期になると，そのうちの関税の比重がさらに大きなものとなり，当初は実に総収入の半分近くを占めるまでになった．1928-30年の関税自主権回復以降における輸入税引上げが大きな増収効果をあげた結果であり，成立期国民政府の財政的な基盤は，関税自主権の回復によって確立したといっても過言ではない（表 VIII-1-4）［久保亨 1983］．他方，先に触れた「国地画分」という中央政府・地方政府の財政を画然と分別する方針により，土地税は一時その全額が地方政府のものとなり，中央政府の財源から姿を消した．そのほか債務収入の比重は北京政府期とほぼ同程度であり，工商税欄に算入してある統税（統一消費税，工場出荷時に綿糸・紙巻タバコなどの特定品目に課税）は漸増傾向を見せている．こうした情況は日中戦争の開始によって一変した．沿海部を日本軍に占拠された国民政府は，もはや関税収入に多くを期待することができなくなり，塩税や統税など他の税収も激減したことから，結局，戦時期の収入の8割近くを，外国からの借款を含むさまざまな債務収入に依存せざるを得なくなったのである［Young, Arthur N. 1965］．

1950-70年代における人民共和国政府の主な財政収入は，一種の営業税である工商税（名称には変遷があるが売上高に応じて各企業に課税），従来の田賦に該当する農業税（牧畜業に対する牧業税を含む），及び中央政府所属の各国営企業から国庫に納められる税引き後の収益（企業収入）から成り立っていた．ただしこのうち農業税の比重は次第に低下しており，企業収入の比重が高まる傾向が見られた．その後70年代末から80年代にかけ，企業経営の独立採算制が強化されるにつれ，国庫に組み入れていた企業収入を税収化し，企業所得税として徴

164　VIII　財政経済政策の展開

表 VIII-1-5　中央政府財政の主な支出構成の推移

(単位：％)

時　期	行政費（内経済関係）		軍事費	債務返済
北京政府 1913…19	30.2	…	36.0	33.8
国民政府 1928-32	22.1	…	42.4	34.6
33-37	28.6	…	38.2	24.9
38-45	16.6	(7.9)	65.7	8.0
人民政府 1950-52	61.8	(34.3)	37.8	1.2
53-57	72.4	(49.9)	23.4	1.9
58-62	84.2	(65.2)	11.9	2.2
63-65	74.3	(53.0)	18.8	1.6
66-70	72.3	(55.9)	21.8	0.3
71-75	73.6	(57.7)	19.1	—
76-80	78.9	(59.1)	16.5	0.6
81-85	78.6	(48.9)	12.9	3.3
86-90	81.4	(49.2)	8.4	3.4
91-95	80.9	(41.5)	9.5	…
96-2000	81.2	(38.3)	8.3	…
2001-06	74.1	(28.5)	7.5	…
07-10	[81.9]	[(16.1)]	[6.5]	…
11-14	[80.1]	[(16.5)]	[5.4]	…

注：北京政府は 1913・14・16・19 各年の予算平均．[　] 内は費目分類に変更があり，それ以前と合致しない．
出所：1913…19：楊蔭溥 [1985] 13頁．1928-37：久保 [1983] 220-221頁．1938-45：Young [1965] p.16．1950-90：TN [1993] 215, 221頁．1991-2006：TN [2007] 281頁．2007-14：国家統計局のデータベースに基づき算出．

収する措置がとられるようになり，それが収入構成の変化にも表れている．一方，従来の間接税は，付加価値税，営業税，消費税などに再編された．なお1980年代から一部の高所得者層を対象に始まった個人所得税の徴収は，徐々に課税対象が拡大されているとはいえ，2010年代になっても税収全体の5％程度を占めるにすぎない．したがって税制の手直しが何度か繰り返された現在も，全体としてみると間接税に依存するところが依然大きい．また債務収入の比率は，1990年代から2000年代にかけて増加した後，近年，国営事業などからの収益の増加と財政規模全体の拡大にともない低下した．

次に支出について．北京政府期から国民政府期にかけては，4割前後を占めた軍事費と3割前後の債務返済費とに圧迫され，行政費の比率は2-3割にすぎなかった（表VIII-1-5，以下同様）．さらに抗日戦争期には，軍事費が全体の3分の2程度までに増大している．1950-70年代の人民共和国政府期になってか

らも，若干の低下は認められるとはいえ，軍事費の比重は相当に高い状態が続いていた．それが顕著な低下を見せ始めるのは，欧米との関係が改善された 70 年代末から 80 年代にかけてのことであり，現在，公表されている軍事費の比重は，総額の 10% を下回るまでになっている．ただし実際には，一部の軍事技術開発費など，本来，軍事費に含まれるべきもので除外されている分があることにも，留意しておかなければならない．一方，人民共和国政府期の支出における最大の特徴は，

表 VIII-1-6　物価補償費推移

年	額（億元）	％
1980	242	20.0
81	328	29.4
82	318	27.6
83	342	26.5
84	370	23.9
85	279	16.2

注：％ は政府財政の支出総額に対する割合．
出所：中華人民共和国財政部総合計画司編 [1987] 62, 100 頁．

行政費，とりわけ経済行政関係への支出がきわめて多くなっていることである．国家主導による重化学工業化政策は，こうした財政支出によって初めて可能になった．しかし 1980 年代以降，経済行政関係の支出の比重は減少する傾向を示している．ここには，1980 年代の工業化における国家の役割の相対的低下と，個人経営や民間企業の活動の積極的な役割とが反映されているといえよう．他方，1980 年代にとくに増加した支出項目の中には，物価補償費というものが含まれていた（表 VIII-1-6）．これは，農産物などについて，生産者である農民には高い販売価格を保障するとともに，都市の労働者には安い消費者物価を保障しようとしたための費用であった．このように，統制経済の下で人為的に維持されてきた物価体系を，市場経済化を進めるなかでどのように改編していくのかという点は，深刻な問題として残ったのである．

2. 幣　制

　清朝末期の中国には，銀を用いた秤量通貨である「銀両」を中心に，多種多様な貨幣が通用していた（表 VIII-2-1）．「銀両」とは，普通，馬の蹄の形をした 50 両（銀の計量単位としての「両」は 1 両＝約 37 g だから 1.8 kg 程度ということになる）の重さの純銀の塊を基本単位に用いる秤量通貨であって，その形状から馬蹄銀との呼称もある．地方ごとに重さや成分に微妙な違いがあったため，

表 VIII-2-1　貨幣流通概況の変遷

(単位：％)

時　期	銀貨	銅貨	紙幣	外国銀行	中国側銀行 政府	中国側銀行 民間
清　末① (1910年頃)	60.4	14.6	25.0	12.4	12.6	
国民政府期幣制改革前 (1935.10)②	42.2	4.7	53.1	14.1	21.4 * 6-80	17.6
幣制改革後 (1936.6)③	…	…	…	…		…

注：紙幣の内訳は、発券銀行の別による分類。＊上海80％、江蘇80％、浙江74％、湖北84％、山東84％、北京64％、湖南59％、広東23％ 等。
出所：①千家駒他［1982］99頁。②王業鍵［1981］49頁。③郵政儲金匯業局［1937］。

その種類は少なくとも100種類以上に達していた。清朝政府の徴税や財政収支の計算、長距離交易の決済、他の各種貨幣の交換レートの基準単位などに用いられ、国内における基軸通貨としての役割を果たしていたことから、清朝期の幣制は実質的には「銀両本位制」であったともいわれるほどである［魏建猷 1986］。一方、同じ銀で造られ国内に流通していた貨幣のなかには、「銀元」と呼ばれるコインの形状をしたものも含まれている。これはそもそも中国国内に大量流入したスペインやメキシコの銀貨について、それぞれのコインの純銀含有量に応じて「銀両」表示の貨幣価値を算出し、それにもとづいて通貨として用いたものである。スペイン銀貨（中国では、その図柄によって仏頭銀などと通称された）やメキシコ銀貨（同じく鷹洋）の純銀含有量が安定しており、実際の取引に便利であったため、非常に普及した。1890年以降になると、清朝政府も独自の銀元通貨（通称は龍洋）を発行するようになっている。

銀貨が比較的まとまった金額の取引や納税などの際に使われたものであったのに対し、庶民が日常生活に用いたのは、「制銭」という方形の穴あき銅製コインであった。名目上は銀1両＝制銭1000文とされていたが、実際には発行時期や発行機関によって銅の成分や重量がさまざまに異なっており、多数の交換レートが定められている。清末には、高額銅貨の「銅元」も発行された。

さらに以上の銀貨・銅貨に加え、外国銀行や中国資本の銀行が発行した紙幣の流通量も、清末には全体の4分の1を占めるほどの規模に達している（表 VIII-2-1）。このように簡単に挙げてみただけでも、19世紀末頃の中国の幣制が、きわめて複雑に錯綜したものになっていたことが知られるであろう。Ⅵ章2.の金融業の項で触れた銭荘という両替商などは、このような情況が存在したからこそ発展しえたのである。しかしながら、そうした情況を固定的なものよ

うに捉え，混乱が続いたままであったと見なしてはならない．19世紀末から20世紀初頭にかけ，国内の交易と生産が拡大するにつれて，広い市場圏で共通の貨幣を用いる傾向が強まりつつあった[黒田明伸 1994]．とくに中華民国時代に入ってから北京政府が発行した新通貨の袁世凱銀元（袁世凱の肖像が刻印されており，袁頭と通称された）は，通貨の統一化傾向を促進した．

表 VIII-2-2　紙幣発行額の推移

(単位：百万元)

年	政府銀行	民間銀行	外国銀行
1921	93	2	159
26	195	32	150
30	310	102	241
34	403	176	261
35	457	224	…
37	1,639	—	285
39	4,287	—	…
41	15,138	—	…
43	75,379	—	…
45	1,031,932	—	…
48	374,762,263	—	…

注：各年末の数字．ただし1935年は11月，48年は7月の数字．外国銀行発行の紙幣は，香港や東北を中心に流通．
出所：宮下[1941] 462-463頁，魏振民[1982] 66-67頁，唐傳泗他[1980]．

　国民政府期になると通貨発行権の集中が一段と強化されていく．まず1933年に実施された廃両改元政策により，秤量貨幣としての銀両が廃止され，政府の発行する銀元のみが通貨として認められるようになった．そして1935年には幣制改革が実施される．この結果，政府系銀行の発行する紙幣である法幣に中国の幣制はほぼ統一され，外国為替レートが安定化するとともに，経済活動全般にも好影響が表れた（表VIII-2-2, [野沢豊編 1981]）．

　こうして1930年代に，国民政府の手によって近現代中国の幣制は統一された．しかしこの時に成立した管理通貨制度の下においては，通貨の価値は，政府の財政金融政策の動向と内外の情勢に敏感に反応して変動することを避けられない．抗日戦争が始まってからもしばらくの間は，外国為替市場における法幣売りを政府系銀行が買い支えるなどの努力によって法幣の対外的な価値が辛くも維持され，国民政府は抗戦中国の政治的経済的な権威を保持することに成功した．しかし戦争末期の1940年代半ばには，物資そのものの絶対的な不足と政府の財政赤字を補うための紙幣増発とが影響し，激しいインフレーションが法幣を襲った．さらに戦後，一時の小康期を経た後，内戦のための軍費調達に向けたいへんな量の紙幣が増発され，法幣のインフレーションは破滅的な段階にたちいたるのである（表VIII-2-2）．しばしば引かれるたとえによれば，

1940年の法幣100元は子牛1頭の価格だったのに対し，1946年には卵1個，1947年には油条（一種のあげパン）5分の1本にまで暴落した．こうした幣制の破綻が国民政府の崩壊をもたらす大きな要因になったことは疑いない．

その後国民政府を打倒して成立した共産党政権は，新たな通貨として人民幣（人民元）を導入し，統制経済の下で一定量の物資を確保し価格を固定化させることによって，短期間の内にインフレーションを終息させることができた．1950-70年代を通じ，統制経済の下における通貨価値の安定という状態が，基本的に維持されていく．しかし1970年代の末以降，従来のような統制経済下の規制が緩和されるようになると，市場の実勢を反映した物価上昇や地方政府の財源手当のための貨幣増発などが原因になり，インフレーションが再び問題となってきた．

3. 経済政策

清朝洋務運動期，1860-90年代

急増する外交交渉やさまざまな通商問題全般に対処する行政機構として，清朝は1861年に「総理各国事務衙門」を設置した．以後ここを中心に，中国で最初の経済近代化政策と呼ぶべきものが推進されていく．後にそれは「洋務運動」と総称されるようになった［徐泰来 1986］．

洋務運動は，曽国藩（1811-72年，湖南），左宗棠（1812-85年，湖南），李鴻章（1823-1901年，安徽）らの有力な漢人官僚によって着手された．彼らはいずれも，19世紀半ばの大規模な農民反乱，太平天国運動を鎮圧する過程で力を蓄え台頭した官僚たちであって，反乱鎮圧の際に西欧諸国の武器や軍艦の威力を身をもって体験し，その国産化を図るべく西欧諸国の軍需機械工業の移植に力を注ぐようになったのである．したがって洋務運動開始当初の1860年代に関する限り，それは1865年に李鴻章が創設した江南製造局や，1866年に左宗棠が創設した福州船政局などに示されるように，国営軍需工業に著しく傾斜した動きだったといってよい（II章7.参照）．しかし張之洞（1837-1909年，河北），劉坤一（1830-1902年，湖南），盛宣懐（1844-1916年，江蘇）らが活躍する1870年

代以降——ただし前記の曽・左・李の3人のうち，李鴻章のみは，むしろこの時期に一層大きな力をふるっているが——になると，綿布などの消費財生産を含む工業全般を発展させ，輸入工業製品を国産化して貿易収支を改善することにも，大きな関心が向けられるようになる［鈴木智夫 1992］．そのため結果的には，いわゆる「輸入代替工業化」戦略に近い発想により，綿紡織業・製紙業・鉄鋼業などの広い範囲の工業分野に対し，さまざまな振興策が実施されるようになっていった（II章 1, 4, 8. 等参照）．汽船・鉄道・電信などの交通通信事業や近代的な石炭産業も，やはりこの1870-80年代に，洋務運動の推進者たちによって端緒が開かれている（III章，IV章 1. 参照）．

このように見てくると，洋務運動が中国の経済発展に対し積極的な役割を果たしたことは否定できない．しかし軍需工業の場合は別として，多くの新設工場・鉱山・汽船会社・電報会社等の実際の主な出資者は，清朝政府ではなく民間の商人たちであった（II-IV章参照）．すでに本章の 1. で見たように，清朝の財政力には大きな制約があったからである．加えて，洋務運動にかかわった清朝の漢人官僚たちは，個々の近代産業の導入移植には積極性を示したとはいえ，中国の社会経済全体の近代化を企てるような系統的全般的な経済政策を立案実施しようとはしなかった．あくまで清朝の統治体制を護持するという立場に立たねばならなかった彼らには，その意思も条件もなかったのである．したがって洋務運動の成果は，いわば中国の近現代経済史が幕を開け，そこにほのかな曙光が射し込んできたような時期に，近代的な経済発展の端緒を切り開いたというところに求められるべきである．

清朝光緒新政期，1900年代

日清戦争（1894-95年）における敗北や義和団運動の広がり（1899年頃から1901年）がもたらした体制の存廃を問うような深刻な危機感と，その試み自体は中途で挫折したとはいえ戊戌の変法（1898年）に象徴されるような抜本的改革を求める気運とを背景として，清朝政府は，1902年以降，政治経済社会の全般的な改革に向け，最後の努力を払うことになる．光緒新政と呼ばれる動きがそれであり，1903年に新設された商部を中心に経済政策にも新たな展開が見られた［劉世龍 2002］．商部に集まった王清穆（1860-1941年，江蘇），唐文治

(1865-1954年,江蘇)ら,欧米や日本の視察経験者も含む開明的若手官僚たちは,商法(「商律」)や会社法(「公司律」)の制定,急増しつつあった民間会社の政府機関への登記,商業会議所(「商会」)の組織化,経済情報の普及をめざす商務官報の発行,全国的な経済統計の作成,技術教育に当たる高等実業学堂の設立,国産品製造工場への免税措置など,経済活動の全般にわたる新政策を次々に打ち出していく.これらの施策は,II-VII章で見てきたような19世紀末から20世紀初頭にかけての経済発展に対応し,それを促進するような内容を備えていた.もしこれらの政策がすべて順調に実施されていったならば,清朝末期の社会経済は,それまでの様相を一変させていたかもしれない.しかし実際には,清朝政府内部の派閥抗争に影響され,商部の権限は,とくに1906年の農工商部への改組以降,弱体化してしまったし,有力な財源になるはずだった海関収入が上海に発生した恐慌の影響で減少したことから,予定していた計画も十分な展開を見ることなく終わった[倉橋正直 1978].こうして光緒新政期の経済政策は,すでに統治の終末期を迎えつつあった清朝政府にそれを実現する力が残されていなかったとはいえ,全般的な経済体制の刷新を展望していた点において,明らかに洋務運動期の個別的な近代産業移植の試みとは異質のものになってきていたのである.そうならざるを得なかったというべきかもしれない.

なお,李鴻章なきあと清朝における漢人官僚の最高実力者となった袁世凱(1859-1916年,河南)と彼の腹心の周学熙(1869-1947年,安徽)の下,1902年開設の北洋工芸総局(天津)を中心に推進された各種の官営モデル工場設立や,灤州礦務公司(石炭)・啓新洋灰公司(セメント)・華新紗廠(綿紡績)創設などの活動も,李鴻章らの洋務運動期の諸事業を継承しつつ,とくに華北方面の経済発展を促進する役割を果たしており注目される[渡辺惇 1960].

中華民国北京政府期,1910年代

1911年の辛亥革命により清朝を打倒して成立した中国最初の共和国政府として,中華民国政府は,民間企業の振興を軸に新たな経済発展をめざす意欲的な財政経済政策を展開した.革命指導者の一人である孫文が提唱してきた民族・民権・民生の三民主義によれば,革命後に樹立される新政権は,農民の小

経営を保護し，鉄道・港湾の整備や国営大工業の発展を図りつつ，それらを基礎に中小規模の民間資本による商工業一般の振興を促進しなければならなかったからである．1914年制定の公司条例，鉱業条例，商会法などに示されるような経済関係法制の整備，1915年に新設されることになった工業品化験処や棉業試験場など経済開発関連行政機関の拡充，綿紡績・製鉄・毛織物等の新設企業の株主配当金を政府が保障しようという1914年の公司保息条例の制定，各種の国際博覧会への中国企業の参加の組織化，政府系産業金融機関の増設，貨幣制度の統一に向けた新しい通貨の発行等々の諸政策が，堰を切ったような勢いで打ち出されていく．

こうした政策を推進した第一人者が，1913年から1915年にかけ農林部・工商部及び両部が合併してできた農商務部の総長を務めた張謇（けん）(1853-1926年，江蘇)であった［野沢豊1984］．彼は清末に自ら大生紗廠という綿紡績工場を設立し会社経営に携わってきており，その実地の経験を踏まえ「清朝時代に設立された公営事業には無駄が多く，その収益は民間企業に及ばない」として，公営企業の縮小もしくは撤廃と，民間企業の振興を重視する立場を公然と表明している．その際に張謇は，さまざまな産業の中でも，とくに輸入量の多かった綿布と鉄の国産化を図ることに力をいれようとした．これは「棉鉄主義」とも称され，資金面の手当などが現実に可能であったかどうかは疑問であるにせよ，軽工業・重化学工業の両分野における輸入代替工業化の同時進行がめざされていたといってよい．

張謇のほか，この時期の財政経済政策を担当した有力な人物には，1912-13年と1915-16年に財政総長を務めた周学熙と，1912年初めと1913-14年にやはり財政総長を務めた熊希齢（ゆう）(1865-1937年，湖南)がいる［渡辺惇1987］．政治的にはそれぞれ異なる立場にあったとはいえ，彼らの経済政策には張謇のものと共通する部分が多い．袁世凱の腹心の経済官僚であった周学熙は，すでに触れたとおり1900-1910年代に華北地方に各種の工場を新設してきていた．一方，旧立憲派の中心人物の一人であった熊希齢も，出身地の湖南で汽船会社や陶磁器製造会社の経営に携わっていた経験を持つ．このように北京政府の経済政策の主な推進者は，いずれも自ら会社を経営する実業家としての顔を持っており，そのことが，民間企業の振興を重視し国営企業の活動範囲を最小限に抑えると

いう基本姿勢にもつながっていたように思われる.

　北京政府の経済政策は，経済関係法制の整備や行政機構の拡充を軸に全般的な経済体制の刷新を推し進めようとした面において，清末光緒新政期の経済政策を継承しそれを一層徹底させたものになっていた．その一方，国営企業の発展よりもむしろ民間企業の振興を図ることに高い優先順位がつけられていた点は，明らかに光緒新政期の経済政策とは異なる新しい傾向である．経済政策のこうした基本的性格は，民間の軽工業を中心に工業化が急進展する1920-30年代の中国経済の発展を準備するものになった（II章参照）．しかし北京政府が1912年の成立直後に打ち出した経済政策は，外国から多額の借款を得て財政が好転していた1913-15年に若干の実績をあげたにとどまり，その後政府の財政状態が悪化すると，ほとんど新たな政策展開は見られなくなってしまう．全体としてみると，経済活動に対する北京政府の影響力は，かなり限られた範囲のものであった.

中華民国国民政府期, 1920-40年代

　1920年代半ばの国民革命により北京政府を打倒して成立した国民政府は，引き続き中華民国という国名を踏襲し，辛亥革命を指導した孫文の思想の正統な継承者であることを標榜していた．したがって孫文の三民主義や建国方略などに根拠を求めながら，絶えず積極的な経済政策の展開がめざされていくことになる．しかし各時期の経済政策担当者の政策理念には，国民政府を取り巻く内外の政治的経済的な環境の変化とも関連して，かなりの相違が見られた．次に主な経済政策担当者ごとに，それぞれの政策理念の特質を整理していってみよう.

　1928-31年に実業部長（1930年までは実業部の前身の工商部長）を務め，さらに1933-44年までは財政部長の任にあった孔祥熙（1880-1967年，山西）は，政府成立直後に開かれた国民党二期5中全会で，鉄鋼・水力発電・機械・製塩・化学・細糸綿糸・紙パルプ・アルコール製造の国営8大工場建設計画をぶちあげており，その後も同趣旨の発言を繰り返している．明らかに重化学工業を中心とする国家主導の急進的な輸入代替工業化政策が念頭に置かれていたのである．しかし孔祥熙の計画は資金的裏付けを欠いており，ほとんど進展を見せずに終

わった．

　それに対し1928-33年の財政部長で，1933-37年に全国経済委員会副委員長，戦後の1945-47年には行政院長まで務めた宋子文（1894-1971年，江蘇）の場合，財政部長だった時期に，民間資本の意向を汲みながら国内産業を保護する輸入関税の実施に尽力したことが知られている［久保亨1999］．また全国経済委員会で活動した時期を例にとると，国際連盟からの専門家派遣やアメリカからの棉麦借款獲得などに奔走し，そうした欧米諸国の資金的技術的援助を手がかりに，中国の産業基盤整備と民間企業の活性化を図ろうとした点に大きな特徴がみられる．全国経済委員会は1931年に設置された後，とくに1933年の拡大改組から1938年の経済部への吸収合併に至るまで，際立った活動を展開した経済行政機関であった．政府の関係機関の代表者，民間の企業関係者，専門的な技術者らによって構成され，テクノクラート層の主導下，棉花・蚕糸・茶などの改良品種普及や流通機構改善，道路建設，水利事業等々に，相当の成果を収めつつあった［川井悟1982］（本書II章2，III章3，V章1．なども参照）．このように宋子文の行った経済政策は，国家機関の主導の下，外国からの援助も活用しながら，1920-30年代に急進展した民間資本による軽工業中心の工業化を一層促進しようとするものであり，輸入代替工業化をさらに推し進める意味を持っていた．ただし戦後につくられた国営企業の中国紡織建設公司設立の政策決定過程［川井伸一1987］においても示されるように，孔祥熙や後述の翁文灝（おうぶんこう）らとは異なり国営工業の展開には消極的で，重化学工業化を急ぐような傾向も認められない．その意味において，宋子文の場合は漸進的な輸入代替工業化戦略をとっていたように思われる．

　一方，1931-35年に実業部長であった陳公博（1892-1946年，広東）は，「輸入が多いのではなく輸出が少なすぎるのだ」という発言からも知られるように輸出貿易の振興を重視し，そのため，とくに東南アジア市場への売込みが期待できそうだった人絹織物やセルロイド製品，電球，扇風機など主に新興の軽工業品製造業の発展に力を注いだ．そのため，一部の工場に対し，輸出品の製造を条件に原料の輸入税を免除する措置をとったり，担当者を派遣し東南アジア地域の市場調査に着手したりしている．1935年に結成された中華工業国外貿易協会も，実業部国際貿易局が強力にバックアップして輸出工業品製造業の民間

企業を結集してつくった組織である．このように陳公博の提起した経済政策は，全体として，第二次世界大戦後に一部の発展途上国がとった輸出志向工業化戦略に類似した内容を持っている［久保 1999］．しかし陳公博らによる輸出志向工業化戦略の模索は，それが実際に試みられたのがきわめて短期間のことであったうえ，折からの国際情勢が，ブロック経済化の進展と国際貿易の縮小へと動きつつあったことから，大きな実りを結ばないままに終わった．

　他方，1930年代の半ばから40年代にかけ最も強力に推進された経済政策が，翁文灝(おうぶんこう)（1889-1971年，浙江）らの主導した資源委員会によるものである．翁は1932年，国民政府軍の参謀本部に設けられた国防設計委員会の秘書長に就き，以後同委員会が1935年に軍事委員会所属の資源委員会に改組改称され，さらに1938年に経済部所属の機関へと拡大改組されてからも，この組織の実権を握り続けた．のみならず1938年から46年まで，実業部が拡大改組された経済部の部長にも任命されている．翁文灝の提起した経済政策は，1936年にまとめられた「重工業五年建設計画」によく示されているとおり，鉄鋼・アルミ・硫安・ガソリン・エンジン・電機など軍需に配慮した重化学工業を，国家資金を大量に投下して内陸部に短期間の内に建設しようとする野心的なものであった．日本の中国侵略の動きに対応し，軍需工業の確立に著しく傾斜した急進的な輸入代替工業化戦略だったといえよう［程麟蓀 2006］．多くのテクノクラートを結集した資源委員会は，ドイツやソ連に戦略物資を輸出し，その見返りに重化学工業の生産設備を輸入するというバーター貿易により，財政が困難ななかでも精力的に工場の建設を推進した［石川禎浩 1991］（II章7，IV章など参照）．その結果，1945年までに資源委員会は，傘下に機械工業，石炭石油産業，電力産業などの119の事業体を擁し，6万3700人の職員労働者を抱える大規模な経済行政機構になっていた．その後これに東北と台湾の旧日本資本企業を接収した分も加わったため，最終的に資源委員会の規模は事業所数1000，職員労働者数25万人にまで膨らんだ［程 2006］．この時期になると，資源委員会以外にも中国紡織建設公司や中国蚕糸公司などの国営企業が増加しつつあった．しかしこうして肥大化した国営部門は，戦後の経済の混乱のなかでしばしば腐敗や汚職の温床にもなったため，民間企業の活動が復興してくるにつれてさまざまな批判にさらされるようになり，やがて国民政府が崩壊する一因になった

のである．

　このように国民政府の経済政策には政策担当者の立場によってかなりの相違が見られ，急進的な輸入代替工業戦略もあれば，漸進的なそれもあり，かと思うとむしろ輸出志向工業化戦略に傾いたものも存在した．しかしそうした違いがあったにもかかわらず，総体としてみると国民政府期の経済政策には多くの共通性も認められる．まず一つは，程度の差こそあれ，政府が経済活動全般に積極的に介入すること自体が当然視されていたことである．北京政府期に見られたような国営企業の活動範囲を制限する主張は，ほとんど問題にならなかった．これは第一次世界大戦と大恐慌を経るなかで，世界的にも政府の経済過程への介入が一般化しており，ソ連の計画経済やナチスドイツの統制経済が発展するとともに，その他の欧米各国の資本主義のあり方にも大きな変化が生じていたことと無関係ではない．同時に，中国経済全体の発展が，II-IV 章や VII 章で見たように，すでに民間主導による軽工業中心の輸入代替工業化という局面を終了しつつあり，その限界を打破するような新たな発展の方向が求められていたことにも注意しておく必要がある［久保亨 2009］．もう一つの共通性は，それぞれの経済政策担当者たちがいずれも欧米への長い留学経験を持ち，近現代経済における経済財政政策というものの内容について，ある程度のまとまった知識と理解を持っていたことである．宋子文はアメリカのハーバード大とコロンビア大（1911-17 年），孔祥熙は同じくオベリン大とイェール大（1901-09 年），陳公博は修士課程のみであったがコロンビア大（1923-25 年），翁文灝はベルギーのルーヴァン大（1908-12 年）という具合であった．洋務運動期から北京政府期までの経済政策担当者たちの場合，開明的な人物も含めほとんどが伝統的な儒教教育のみを受けていたことを考えると，この事実のもつ意味は軽視できない．国民政府の経済政策は，それ以前の世代との間に大きな断絶を感じさせる新しい世代によって担われたのである．

人民共和国計画経済期，1950-70 年代

　1949 年の革命によって権力を掌握した中国共産党は，当初のうちこそ「新民主主義段階」という表現を使って国民政府期以来の民間資本の活動を容認していたが，やがて汚職・腐敗・浪費等への反対を掲げて展開された 1951-52 年

の「三反五反運動」を通じ民間企業の活動を厳しい統制と監視の下に置くようになった．そして1953年には「過渡期の総路線」という文書を発表し，共産党の構想する「社会主義」に向かって経済活動全般を改編していく方針を選択する．1950年代を通じて形を整えてくるその主な内容は，①経済的にも軍事的にも自立した大国となるため，重化学工業化を国家の主導により急速に推進すること，②重化学工業化に必要な資金を国家に集中するため，民間企業の実質的な国有化を強行するとともに，軽工業・農業・商業などへの投資を切りつめ，国民の消費生活も低い水準に抑制すること，③従来の地域的な不均衡の是正と戦時に備える意味を込め，内陸部の経済開発を重視すること，④資金を使わずに農業部門の生産を引き上げるため，集団化の強行による経営規模拡大で生産性向上を図ること，⑤ソ連東欧諸国からの支援を除き，欧米や日本などの外国資本への依存を断ち切ること，などであった［小杉修二 1988］．すでに国民政府期の後半，1930年代半ばから1940年代に有力となっていた軍需工業の確立に著しく傾斜した急進的な輸入代替工業化戦略を引き継ぎながら，それを「社会主義」の名の下にソ連が強行していた商工業企業の全般的な国有化や農業の集団化と組み合わせることによって，さらに徹底させたものといってよい．朝鮮戦争以降に中国が直面した厳しい国際情勢＝「冷戦」も，こうした軍需工業・重化学工業主軸の政策を促進する要因になった．

　このような経済政策の策定にあたったのは，当時，政府主席と共産党主席を兼任していた毛沢東（1893-1976年，湖南），政府副主席の劉少奇（1898-1969年，湖南），政務院（後に国務院）総理の周恩来（1898-1976年，江蘇），同副総理になる李富春（1901-75年，湖南），陳雲（1904-95年，江蘇），鄧小平（1903-97年，四川）らの共産党幹部たちである．彼らはいずれも，国民政府がまだ成立していなかった1920年代初めからの共産党党員であり，毛沢東と陳雲以外は欧米や日本に留学した経験を持っていた．そうした彼らにとって，「社会主義」を掲げながら，国民政府期の中国はもちろんのこと，同時代の欧米や日本をも遥かに上回る速度での重化学工業化を推進しつつあったソ連の事例は，きわめて魅力的なものと映ったに違いない．ただし彼らがまったく同じ考えを持っていたわけではない．経済的な合理性を顧みずに過大な生産目標を設定する一方，大衆動員によってそれを達成しようとして失敗した1950年代末の「大躍進」政

策の場合，その主導者が毛沢東だったのに対し，他の幹部たちは多かれ少なかれ批判的な見解を持っていた．逆に1960年代前半，劉少奇，李富春，鄧小平らが推し進めた市場経済の部分的復活などの政策的手直しは，毛沢東にとっては彼の理想とする「社会主義」に反するものと受け取られ，毛の主導した「文化大革命」期にほとんどが覆されてしまっている（136頁；コラム「経済学者・孫冶方」参照）．しかしこうした違いの存在にもかかわらず，1950-70年代の経済政策の大枠は，先に指摘した特徴点に大きな変更を迫るようなものではなかった．だからこそII-VII章で見てきたように，この時期を通じて重化学工業の一部の部門は生産性や品質の向上を伴わぬまま極端に肥大化していったが，その反面，軽工業などそれ以外の工業分野や農業・商業には停滞，もしくは後退状態が生まれ，交通通信事業やエネルギー産業にもさまざまなひずみが生じていくことになり，ひいては経済発展全体が行きづまりを見せるようになってくるのである．

人民共和国改革開放期，1980年代〜

1978年12月の共産党十一期3中全会以降，共産党政権は「改革開放」というかけ声の下，経済政策の抜本的な手直しに着手した．その要点は，①軍需工業・重化学工業偏重の状態を是正し，農業・軽工業・交通通信事業・エネルギー産業などへの投資比率を引き上げ，そうした部門の発展拡充を図ること，②農業や軽工業の速やかな発展と重化学工業部門の質的改善を促すためにも，小農経営，民間企業や市場経済をある程度復活させ，国営企業の活動や国家による統制経済の範囲を縮小すること，③上記のような方向にそって商業や金融業においても民間企業の活動を認め，それらの分野における経済活動を活性化させていくこと，④貿易や借款，合弁事業，経済特区の設置等を通じて欧米や日本との経済関係を深め，そこからも必要な資金と技術を獲得していくこと，⑤対外経済関係の拡大のため，沿海部の経済を先行的に発展させ，輸出産業も育成していくこと，などである．軍需工業強化の切迫性は，中国の対外関係における緊張緩和にともなって，すでにかなり弱まってきていた．また軽工業部門に加えて重化学工業部門もある程度の生産力水準を備えてきたことから，極端な輸入代替工業化戦略をとる必要性も薄らいでいた．先にみたような経済発展

全体の行きづまりとこのような事情とが，共産党政権による経済政策の手直しを可能にさせた客観的要因だったと考えられる．しかしこうした経済政策の抜本的手直しの方向性は，共産党政権の掲げてきた「社会主義」理念とは著しく異なっており，それに抵触するものを持っている．したがって新たな手直しの方針を強力に推進しようとした胡耀邦（1913-89 年，湖南），趙紫陽（1919-2005 年，河南）らと，1950-70 年代の経済政策の基本的骨格の継承に執着する李鵬（1928-，四川），陳雲らとの間には，1980-90 年代に激しい対立が生じた．

国営部門の比重が圧倒的に高かった 1950-70 年代の経済政策は，共産党による権力の独占状況に対応したものであった．したがってその経済政策の手直しを図ろうとすれば，何らかの政治的な変動が生じるのも不可避となる．清朝末期にも，また中華民国の末期にも見られたのと類似する事態が展開し，1989 年には天安門事件が発生した．深刻な事態に直面した共産党政権は，一時，70 年代以前の経済政策に回帰するような保守的対応を見せる．しかし，時期を同じくしてソ連と東欧の社会主義政権倒壊という大変動が起き，70 年代以前の経済政策に依存していては，結局，政権の維持すらも覚束なくなることが鮮明になった．そこで共産党指導部は，1992 年，鄧小平の南方視察（清朝以前の皇帝の活動になぞらえ「南巡」と呼ばれた）を機に，社会主義市場経済という言葉を掲げ一段と「改革開放」を加速させる方向へ経済政策を再転換した．こうして，折からの世界経済の拡大とも重なり，2010 年代まで続く高度経済成長が開始された．

4．まとめ

清末から現代に到るまでの財政経済政策史を振り返ってみると，経済に対する政府の介入の度合は，とくに国民政府期の後半から人民共和国の計画経済期にかけ，著しく増大する傾向が見られた．国民政府成立以前の清朝政府，並びに中華民国北京政府の場合，近代産業導入に向けた個々の努力や経済法制整備の進展などを認めなければならないとはいえ，そもそも中央政府財政の規模が経済活動全般に対し有効な影響力を行使し得るような規模にはなっていなかっ

4. まとめ

たし，幣制に関する国家の管理体制は未確立のままに終わり，工業化をめざす経済政策自体にも系統性・計画性が欠けていた．このような情況を一変させたのが，全国経済委員会や資源委員会などの新しい強力な経済行政機関を創設し，幣制改革を実施して管理通貨制度を導入し，ある程度体系的な工業化政策を追求しようとした国民政府だったのである．人民共和国政府が経済活動のあらゆる局面に介入していくようになる発端は，それに先行する国民政府期にすでに存在していた．むろん人民共和国政府の経済への介入の程度は，国民政府のそれに較べはるかに徹底した全般的なものになっていたにしても，である．それに対し人民共和国の改革開放期とした1980年代に入ってからは，市場経済，小農経営，民間企業，外資企業などの復活にともない，政府の経済への介入の程度はやや低下する傾向を見せている．

　一方，財政経済政策の具体的な内容について整理してみると，政治体制が激変しているにもかかわらず，ある程度は「通時代」的に共通する政策志向が認められることにも，注意しておくべきである．たとえば中国の経済的自立を図るための輸入代替工業化戦略に類似した発想は，あらゆる時期を通じて，近現代中国史上に登場したすべての政府（ただし傀儡政権は別だが）によって共有され，ある程度は実施されてきたといってよい．また中国国内に経済発展が認められ，しかも輸入代替工業化戦略の行きづまりが見えてきたような時期を中心に，輸出志向工業化戦略につながる政策が繰り返し提起されてきたことにも注目しておきたい．経済的な合理性にもとづいて中国の経済発展をめざそうとする限り，そこにはさまざまな政治的立場の違いを越えて共通の政策的課題が横たわっていたと見るべきであろう．そして冒頭にも述べたとおり，政治権力の交替が必ずしも社会経済状態の劇的な変化と一致するものではなかった以上，革命後の新政権といえども，さしあたりは革命前の旧政権の経済政策を引き継いでいく場合が多かったのである．

●コラム●　中国と台湾の経済関係

　中国と台湾の経済関係は複雑である．両者の関係は，17世紀に清朝が台湾を領有し，福建・広東の漢人が大挙して移住して以降本格化したとされる．しかし，1895年の下関条約で台湾が日本へ割譲されると，その関係は縮小した．その後，第二次世界大戦での日本の敗戦により台湾は中華民国に組み入れられるが，中国での内戦で共産党が勝利し，国民党率いる中華民国政府が台北に遷都すると，冷戦体制の下で両者の関係は分断されることとなる．

　両者が再び接近するのは，1980年代以降である．中国で改革開放政策が実施され，広東省・福建省など沿海部での「経済特区」設置と外資企業の誘致が進められた．それに敏感に反応したのが，台湾のアジアNIEsとしての成長の原動力でありながら，労賃高騰と台湾元高に苦しんでいた台湾企業であった．おりしも1987年には国民党政権の台湾支配の象徴であった戒厳令が解除され，1991年に対中間接投資が，93年には直接投資が容認されると，台湾から中国への投資は急激に増加した．

　こうして密接化した中国と台湾の経済関係であるが，それが日本・アメリカを含めた東アジア国際関係の微妙なバランスの上に成り立っていることは言うまでもない．経済交流を背景とした中国からの「統一」圧力に直面する台湾の人々の揺れ動く心理は，2000，04年の総統（国家元首）選挙で台湾独立を掲げる民主進歩党の陳水扁が勝利した後，2008，12年には中国との関係を重視する国民党・馬英九が勝ち，さらに2016年には再び民進党・蔡英文が勝利するという政治状況にも表れている．馬政権下の2010年には中国とのFTA（自由貿易協定）であるECFA（両岸経済協力枠組協議）が締結され，両者の経済関係は一歩進んだが，蔡政権の下ではどう展開するか，予断を許さない．
　　　　　　　　　　　　　　　　　　　　　　　　　　　　（加島　潤）

終章

中国の経済発展の趨勢

　これまでの叙述を振りかえりながら，近現代中国における経済発展の全般的な趨勢を考えてみることにしよう．

　部門別・産業別の検討が明らかにしているとおり，それぞれの発展過程は必ずしも一様なものではなく，特定のある一時点をとるならば，むしろ常に不均衡が生じつつあったといってよい．しかし各部門・各産業相互の間にはさまざまな関係が形成されており，特定分野の発達がその他の分野の発達を促していく契機となるような状況も存在した．しかも多くの場合，それは一方が常に他方の動きを規定するというような単方向的な関係ではなく，両者の動向が相互に影響を及ぼしあい規定しあっていくような双方向的な関係であったことが重要である．

　そうした関係の存在を念頭に置いてみると，近現代中国経済の発展の最初の重要な局面は，1880-1910年代半ばの対外貿易の拡大と外国資本の流入（Ⅶ章）に求められるように思われる．19世紀の末から20世紀初頭に形成された多角的な貿易決済網の下，中国においても順調に進んだ貿易の拡大は商業・金融業に新しい要素を持ち込んできているし（Ⅵ章），工業製品の輸入代替を企図する近代工業移植の試みも，この時期に本格化している（Ⅱ章）．活発化した内外の交易活動を支えるような鉄道の敷設，汽船の内陸河川航行などの近代的交通通信手段の導入（Ⅲ章）や石炭増産を軸とするエネルギー産業の発展（Ⅳ章）も，やはりこの時期のできごとであった．その一方，農産物対外輸出の増大は，商品的農業の拡大にも大きな刺激を与えている（Ⅴ章）．以上のような第1の局面を通じて進んだ中国国内における資本蓄積は，本格的な輸入代

替工業化の展開を準備する基礎的な条件を形成しつつあった．そうした時に発生したのが第一次世界大戦（1914-18）である．西欧諸国から中国などアジア諸国への工業製品輸入を激減させた第一次世界大戦は，結果的に見ると，中国などの工業化を刺激し，その経済的自立を促進することになった．

そして第2の局面は，軽工業を中心とする輸入代替工業化が進展し，軽工業製品の自給化がほぼ完成した1910年代半ばから1930年代に認められるべきである（II章）．対外経済関係が第一次世界大戦以降のこの時期に縮小もしくは停滞状態に陥っていたのに対し（VII章），国内における交通通信網や商業・金融業の整備拡充は着実に進んでおり，電力産業の発展を含めエネルギーの供給量も増大している（III，IV，VI章）．先に見た第1の局面が対外経済関係主導の発展の時期だったとするならば，この第2の局面は国内経済主導の発展が見られた時期だといってよいだろう．ただし重化学工業の発展は，一部の分野において開始されつつあったとはいえ，国内の一般の軽工業との結びつきは希薄なものが多かった（II章）．この時期までの工業化は，あくまで軽工業が主体だったのである．しかし日本の中国侵略が進み，やがて第二次世界大戦も始まろうとしていた1930年代後半になると，軍需工業を軸とする急速な重化学工業化の要請が，切迫したものとなってくる．

かくして日中戦争・第二次世界大戦・朝鮮戦争・冷戦という軍事的緊張が続いた1940-70年代に，軍需工業を軸とする重化学工業化へ極端に傾斜する第3の局面が訪れる．従来の経済発展において立ち遅れていた重化学工業分野が，きわめて短期間のうちに高い水準にまで発展し，産業構造全体のなかで鉱工業部門が占める比重も増大した（表I-3-4）．こうした方向性が可能になったのは，従来の中国経済の発展を通じ，重化学工業以外の分野がある程度の発展水準をすでに実現していたからだともいえるであろう．しかしながらこの時期，対外経済関係は一段と縮小していき，商業金融業も大きく衰退した（VI，VII章）．若干の発展が認められる農業や軽工業にしても，その相対的な発展の程度は国民経済の必要を十分に満たすものではなかった（II，V章）．軽工業や農業の国内市場を支える民衆の購買力はきわめて低い水準のままに据え置かれ，その分，重化学工業の設備投資のために資金が振り向けられる仕組みになっていたのである．長期的にみればこのような情況は，重化学工業の市場規模自体をも制限

終章　中国の経済発展の趨勢　183

することになり，重化学工業部門の内部循環という問題を生み出していく．さらに交通通信産業やエネルギー産業への投資も，当面の重化学工業化推進に必要な最小限度にまで切り縮められたため，さまざまなひずみを抱えることになった（III, IV章）．このような第3の局面そのものが到達しつつあった行きづまりが，新しい経済発展の方向性の選択を迫っていたのである．

1970年代の末以降，現在に到るまで展開しつつある第4の局面においては，重化学工業化への偏重が徐々に改められ，農業，軽工業が新しい発展を記録した（II, V章）．欧米や日本などとの関係改善にともなって対外経済関係は急速に拡大し，その国民経済全体に対する比重は，中国近現代史上かつて見られなかったほどの高い水準に達した（VII章）．商業・金融業に活気が広がり（VI章），高速道路，高速鉄道の整備をはじめ交通通信網やエネルギー産業の拡充も急速に進んだ（III, IV章）．これらの動きを基礎に高い経済成長率が続いた結果，今や中国は世界第2位の経済規模に達している．しかし，第3の局面の時期に生み出された地域間・社会階層間の不均衡やさまざまなひずみは，解消されるどころか，むしろ一層深刻なものになり，環境汚染も重大な事態を引きおこしている（108頁；コラム「PM2.5」参照）．加えて後述のような経済発展を担う主体の点にも多くの問題が存在しているため，今後の順調な発展は決して容易なことではない．

次にこの間の経済発展を担ってきた主体の問題について整理してみよう．対外経済関係が大きな役割を果たした第1の局面においては，当然のことながら外国資本が経済発展の主な担い手の一つとして指摘されなければならない．しかしこの時期においても，外国資本は中国の経済活動の主役だったわけではなく，商業，金融業，近代工業の移植などのさまざまな分野において中国人商人たちの活動が顕著であった．清朝政府の一部高官たちも近代工業や近代的交通通信事業の展開に積極的であった．ただし純然たる国営事業として存続したのは，鉄道や軍需工業など一部の部門に限られており，多くの場合，政府の監督を受け入れつつも，実質的には，民間資本主導の経営に落ち着いている．経済活動に対する非介入という清朝政府の伝統的なあり方や中央政府の小さな財政規模からすれば，こうした情況が生まれるのは自然なことであったように思われる．このように第1の局面においては，中国の民間資本と外国の民間資本と

が経済発展の主要な担い手であった．

　続く第2の局面では，中国の民間資本が一段と大きな役割を果たすことになる．むろんこの時期になっても香港上海銀行をはじめとする外国銀行や英米タバコ，日本の在華紡などの大規模な外資系製造業各社は，それぞれの分野において有力な地位を保持している．しかし金融業も含め中国の民間資本企業が全般的に発展する一方，外国の中国向け投資が消極化するなかで，中国経済全体のなかにおける外国資本の相対的な比重は，明らかに低下する傾向をたどりつつあった（VII章）．唯一の重要な例外は，東北地方の鉄鋼業・石炭産業・鉄道業などにおける日本資本の突出した活動であり，それが可能になった条件は，日本帝国主義の軍事的政治的な中国侵略に求められる．経済発展に対する国家の役割は，経済政策がより組織性と計画性をともなうようになってきたとはいえ，依然としてこの時期も比較的に小さなものであった．

　1940-70年代の第3の局面における変化は，国家の経済活動への介入が著しく肥大化したことである（VIII章）．すでに1930年代から系統的な工業化政策に着手し管理通貨制度の導入を進めていた国民政府期の場合，やがて日本の侵略戦争に抵抗するための戦時経済体制への傾斜を強めるなかで，国営軍需工業・重化学工業の確立をめざす資源委員会や，金融分野における国家統制を推進する四連総処などを設置してその機能の強化を図り，戦後はそうした国営事業体や政府の経済行政機関が旧日本資本の企業を接収して一層その事業規模を拡大させている．さらに人民共和国政府は，より徹底的な国家主導の重化学工業化を目標に据え，そのための条件を創出すべく1950年代に民間企業の国有化と農業の集団化を強行していく．そうした措置と並行し，外国資本の活動も厳しい規制の下に置かれるようになり，やがて中国経済のなかからほとんど排除されていった．

　しかし上記のような第3の局面の行きづまりを打破するためには，経済発展の担い手の面においても，新しい変化が必要になる．こうして1970年代末以降に始まる第4の局面は，経済活動における国家の肥大化した役割を削減するとともに，農業分野での小農経営や商工業分野での民間企業の蘇生を促し，外国資本を改めて中国経済に招き入れるような方向にそって展開されてきたのである．農業分野での小農経営は，農業生産発展の担い手としてめざましい役割

終章　中国の経済発展の趨勢　185

を果たしてきたし，商業分野での個人経営商店の激増ぶりも，中国の庶民生活の雰囲気を一新させつつある（V, VI 章）．外国の民間資本の活動領域も，製造業・流通業・金融業へと拡大してきた．しかし商工業分野を全体としてみると，国営企業の比重がなお相対的に高い分野も存在しており，企業の経営自主権の確立や株式会社制度の安定した運用には，依然として不確定的な要素がつきまとっている．その意味において，この第4の局面から次の局面への移行は，なお見きわめがたいものになっている．

文献目録

1) 日本語文献と中国語文献は，編著者名の50音順に混配方式で配列した．
2) 中国語文献は，編著者名の後に「†」を付し，日本語文献と区別した．
3) 英語文献は，編著者のファミリーネームのアルファベット順に配列した．
4) 図表の出所表記の際に用いた略号表は，この目録の末尾に付した．

安藤實　1966「漢冶萍公司借款」(1)(2)，(静岡大学)『法経研究』15-1，2．
飯塚靖　2003「満鉄撫順オイルシェール事業の企業化とその展開」『アジア経済』44-8．
飯塚靖　2005『中国国民政府と農村社会——農業金融・合作社政策の展開』汲古書院．
池田憲司　2012『日中蚕糸研究の関係資料集』〔池田憲司〕．
池田誠・奥村哲・田尻利・山本恒人・西村成雄　1982『中国工業化の歴史——近現代工業発展の歴史と現実』法律文化社．
石井摩耶子　1998『近代中国とイギリス資本——19世紀後半のジャーディン・マセソン商会を中心に』東京大学出版会．
石川禎浩　1991「南京政府時期の技術官僚の形成と発展——近代中国技術者の系譜」『史林』74-2．
石田浩　1980「1930年代華北棉作地帯における農民層分解」『アジア経済』21-12．
今井理之　1990『対中投資　投資環境と合弁企業ケーススタディ』日本貿易振興会．
今井就稔　2008「抗戦初期重慶国民政府の経済政策と上海租界」『東洋学報』90-3．
上原一慶　1987『中国の経済改革と開放政策』青木書店．
王燕謀編†　2005『中国水泥発展史』中国建材工業出版社．
汪海波†　1994『新中国工業経済史（1949.10-1957）』経済管理出版社．
王業鍵†　1981『中国近代貨幣与銀行的演進』中央研究院経済研究所．
王国強†　1987『中国兵工製造業発展史』黎明文化事業公司．
王子建†　1990「"孤島"時期的民族棉紡工業」『中国近代経済史研究資料』10，上海社会科学院出版社．
王樹槐†　1984「棉業統制委員会的工作成效，1933-1937」中央研究院近代史研究所『抗戦前十年国家建設史研討会論文集，1928-1937』．
王曙光　2012「中国の高速鉄道」(拓殖大学)『国際開発学研究』12-1．
王翔†　1990『中国絲綢史研究』団結出版社．
王尚殿編†　1987『中国食品工業発展簡史』山西化学教育出版社．
王立†　1993『当代中国的兵器工業』当代中国出版社．
岡本隆司編　2013『中国経済史』名古屋大学出版会．
奥村哲　2004『中国の資本主義と社会主義——近現代史像の再構成』桜井書店．
小山正明　1992『明清社会経済史研究』東京大学出版会．
温鉄軍　2010『中国にとって，農業・農村問題とは何か？——〈三農問題〉と中国の経済・社

会構造』作品社.
何漢威† 1979『京漢鉄路初期史略』中文大学出版社.
解学詩・張克良編† 1984『鞍鋼史（1909-1948年）』冶金工業出版社.
郝燕書 2000「石油・石油化学産業」丸川知雄編『移行期中国の産業政策』アジア経済研究所.
郭四志 2007「石油・石化産業」丸川知雄編『中国産業ハンドブック　2007-2008年版』蒼蒼社.
郭四志 2010「石油需給ギャップの拡大と石油企業の海外進出」堀井伸浩編『中国の持続可能な成長――資源・環境制約の克服は可能か？』アジア経済研究所.
郭文韜他編† 1989『中国近代農業科技史』中国農業科技出版社.
梶谷懐 2011『現代中国の財政金融システム――グローバル化と中央-地方関係の経済学』名古屋大学出版会.
加島潤 2007「政権交代と上海市財政構造の変動（1945〜56年）」『アジア経済』48-7.
加島潤 2012『中国計画経済期財政の研究――省・直轄市・自治区統計から』（現代中国研究拠点研究シリーズNo. 10）東京大学社会科学研究所現代中国研究拠点.
金子肇 2008『近代中国の中央と地方――民国前期の国家統合と行財政』汲古書院.
川井悟 1982「全国経済委員会の成立とその改組をめぐる一考察」『東洋史研究』40-4.
川井伸一 1987「戦後中国紡織業の形成と国民政府――中国紡織公司の成立過程」『国際関係論研究』6.
川井伸一 1992「大戦後の中国綿紡織業と中紡公司」『愛知大学国際問題研究所紀要』97.
神原周編 1970『中国の化学工業』アジア経済研究所.
魏建猷† 1986『中国近代貨幣史』黄山書社（初版1955年）.
魏振民† 1982「国民党政府的法幣政策」『歴史档案』1.
菊池敏夫 1979「京漢鉄道二七惨案に関する一考察」『中国労働運動史研究』6・7.
菊池敏夫 1985「南京政府期中国綿業の研究をめぐって」『歴史学研究』549.
木越義則 2012『近代中国と広域市場圏――海関統計によるマクロ的アプローチ』京都大学学術出版会.
北村豊 2012「総延長世界一を目指す中国の高速道路を俯瞰する」『高速道路と自動車』55-10.
許憲春著・作間逸雄監修・李潔訳者代表 2009『詳説中国GDP統計――MPSからSNAへ』新曜社.
喬啓明他† 1937『中国人口与食糧問題』中華書局.
清川雪彦 1983「中国繊維機械工業の発展と在華紡の意義」（一橋大学）『経済研究』34-1.
清川雪彦 2009『近代製糸技術とアジア――技術導入の比較経済史』名古屋大学出版会.
銀行週報社編† 1948『民国経済史』銀行週報社.
久保亨 1982「戦間期中国経済史の研究視角をめぐって――「半植民地半封建」概念の再検討」『歴史学研究』506.
久保亨 1983「国民政府の財政と関税収入1928-1937」増淵龍夫先生退官記念論集刊行会編『中国史における社会と民衆』汲古書院.
久保亨 1993「内陸開発論の系譜」丸山伸郎編『長江流域の経済発展――中国の市場経済化と地域開発』アジア経済研究所.
久保亨 1994「戦時上海の物資流通と中国人商」中村政則他編『戦時華中の物資動員と軍票』多賀出版.
久保亨 1999『戦間期中国〈自立への模索〉――関税通貨政策と経済発展』東京大学出版会.
久保亨 2005『戦間期中国の綿業と企業経営』汲古書院.

久保亨　2009「統制と開放をめぐる経済史」飯島渉・久保亨・村田雄二郎編『シリーズ20世紀中国史3　グローバル化と中国』東京大学出版会.
久保亨　2011「1950年代の中国綿業と在華紡技術」富澤芳亜・久保亨・萩原充編『近代中国を生きた日系企業』大阪大学出版会.
久保亨編　2012『中国経済史入門』東京大学出版会.
久保亨　2013「戦後東アジア綿業の複合的発展」秋田茂編『アジアからみたグローバルヒストリー』ミネルヴァ書房.
久保亨・波多野澄雄他編　2014『戦時期中国の経済発展と社会変容』慶應義塾大学出版会
倉橋正直　1978「清末の実業振興」野沢豊・田中正俊編『講座中国近現代史』3巻, 東京大学出版会.
黒田明伸　1994『中華帝国の構造と世界経済』名古屋大学出版会.
景暁村†　1990『当代中国的機械工業』上・下, 中国社会科学出版社.
阮湘他編輯†　1924『第1回中国年鑑』商務印書館.
厳善平　2009『農村から都市へ——1億3000万人の農民大移動』岩波書店.
厳中平†　1955『中国棉紡織史稿——1289-1937　従棉紡織工業史看中国資本主義的発生与発展過程』科学出版社.
厳中平・姚賢鎬他編†　1955『中国近代経済史統計資料選輯』科学出版社.
呉承禧†　1934『中国的銀行』商務印書館.
呉承明†　1955『帝国主義在旧中国的投資』人民出版社（初版）.
呉承明†　1985『中国資本主義与国内市場』中国社会科学出版社.
江小涓　2003「綿紡織業——移行過程における低効率競争」田島俊雄・江小涓・丸川知雄編『中国の体制転換と産業発展』東京大学社会科学研究所調査研究シリーズNo. 6.
江蘇省政協文史資料委員会・江蘇省国防科学技術工業辦公室編†　1989『江蘇近代兵工史略』江蘇文史資料第28輯, 江蘇文史資料編輯部.
〔国民政府行政院〕土地委員会編†　1937『全国土地調査報告綱要』（1935年の全国的な調査の概要）.
　†『国民経済統計提要　1956』李徳彬『中華人民共和国経済史簡編, 1949-1985』（湖南人民出版社, 1987年）190頁より再引.
　†「国民党農民部1927年調査」人民出版社編輯『第一次国内革命戦争時期的農民運動』（人民出版社, 1953）4-5頁より再引.
小杉修二　1988『現代中国の国家目的と経済建設——超大国志向・低開発経済・社会主義』龍渓書舎.
国家統計局工業交通司編†　1989『中国運輸郵電事業的発展』中国統計出版社.
国家統計局工業統計司編†　1985『中国工業経済統計資料, 1949-1984』中国統計出版社.
国家統計局国民経済核算司編†　2007『中国国内生産総値核算歴史資料1952-2004』中国統計出版社.
国家統計局国民経済綜合統計司編†　2010『新中国六十年統計資料彙編』中国統計出版社.
国家統計局貿易物価統計司編†　1984『中国貿易物価統計資料, 1952-1983』中国統計出版社.
蔡謙他†　1934「民国20年来中国対外貿易的性質和趨勢」『社会科学雑誌』4-3.
財政部国定税則委員会編†　1937『上海物価年鑑』民国25年版.
斎藤修　2008『比較経済発展論——歴史的アプローチ』岩波書店.
笹川裕史　2002『中華民国期農村土地行政史の研究——国家-農村社会間関係の構造と変容』汲古書院.

笹本武治・嶋倉民生編　1977『日中貿易の展開過程』アジア経済研究所．
佐野健太郎　1977・1989「B.A.T.の対中国進出」(I) (II),『中央大学大学院研究年報』17,『中央大学企業研究所年報』10．
蚕糸業同業組合中央会編（上原重美執筆）　1929『支那蚕糸業大観』岡田日栄堂．
斯波義信　2002『中国都市史』東京大学出版会．
嶋倉民生・丸山伸郎　1983『中国経済のディレンマ』有斐閣．
上海市医薬公司・上海市工商行政管理局・上海社会科学院経済研究所編†　1988『上海近代西薬行業史』上海社会科学院出版社．
上海市工商行政管理局・上海市橡膠工業公司史料工作組編,中国社会科学院経済研究所主編†　1979『上海民族橡膠工業』中華書局．
上海市工商行政管理局・上海市第一機電工業局機器工業史料組編†　1966『上海民族機器工業』中華書局．
上海市工商行政管理局・上海市紡織品公司棉布商業史料組編,中国社会科学院経済研究所主編†　1979『上海市棉布商業』中華書局．
上海市工商行政管理局・上海市毛麻紡織工業公司毛紡史料組編,中国科学院経済研究所・中央工商行政管理局主編†　1963『上海民族毛紡織工業』中華書局．
上海市档案館編†　1989『呉蘊初企業史料　天原化工廠巻』档案出版社．
上海市档案館編†　1992『呉蘊初企業史料　天厨味精廠巻』档案出版社．
上海市棉紡織工業同業公会籌備会編†　1951『中国棉紡統計史料』．
上海市糧食局・上海市工商行政管理局・上海社会科学院経済研究所経済史研究室編,上海社会科学院経済研究所主編†　1987『中国近代面粉工業史』中華書局．
上海社会科学院経済研究所編†　1958『大隆機器廠的産生,発展和改造』上海人民出版社．
上海社会科学院経済研究所編†　1962・1986『栄家企業史料』上・下,上海人民出版社（上巻再版,1980）．
上海社会科学院経済研究所編†　1981『劉鴻生企業史料』上・中・下冊,上海人民出版社．
上海社会科学院経済研究所編†　1983『江南造船廠廠史,1865-1949.5』江蘇人民出版社．
上海社会科学院経済研究所編†　1991『龍騰虎躍八十年――上海中華製薬廠廠史』上海社会科学院出版社．
上海社会科学院経済研究所・(軽工業部)軽工業発展戦略研究中心編†　1989『中国近代造紙工業史』上海社会科学院出版社．
朱新予主編†　1985『浙江絲綢史』浙江人民出版社．
祝慈寿†　1989『中国近代工業史』重慶出版社．
祝慈寿†　1990『中国現代工業史』重慶出版社．
徐新吾主編†　1990『中国近代繰絲工業史』上海人民出版社．
徐新吾主編†　1991『近代江南絲織工業史』上海人民出版社．
徐新吾主編†　1992『江南土布史』上海社会科学院出版社．
徐雪筠主編†　1991『海普之光――上海海普廠廠史』上海社会科学院出版社．
徐泰来†　1986『洋務運動新論』湖南人民出版社．
商業部商業経済研究所編†　1984『新中国商業史稿（1949-1982）』中国財政経済出版社．
庄正†　1990『中国鉄路建設』中国鉄道出版社．
章有義†　1988「本世紀二・三十年代我国地権分配的再估計」『中国社会経済史研究』1988-2．
白石和良　1999『中国の食品産業――その現状と展望』農山漁村文化協会．
申力生主編†　1988『中国石油工業発展史』第2巻,石油工業出版社．

鈴木智夫　1992『洋務運動の研究』汲古書院.
千家駒編†　1955『旧中国公債史資料，1894-1949』中華書局（1984年再版）.
千家駒他編†　1936『中国郷村建設批判』新知書店.
千家駒他†　1982『中国貨幣発展簡史和表解』人民出版社.
全漢昇†　1972『漢冶萍公司史略』香港中文大学.
曽田三郎　1994『中国近代製糸業史の研究』汲古書院.
孫毓棠編†　1957『中国近代工業史資料』第1輯，科学出版社.
高村直助　1982『近代日本綿業と中国』東京大学出版会.
田島俊雄　1990「中国鉄鋼業の展開と産業組織」法政大学比較経済研究所編『中国経済の新局面　改革の軌跡と展望』法政大学出版局.
田島俊雄　2000「中国の財政金融制度改革――属地的経済システムの形成と変容」中兼和津次編『現代中国の構造と変動2　経済――構造変動と市場化』東京大学出版会.
田島俊雄編　2005『20世紀の中国化学工業――永利化学・天原電化とその時代』東京大学社会科学研究所研究シリーズNo. 17.
田島俊雄編　2008『現代中国の電力産業――「不足の経済」と産業組織』昭和堂.
田島俊雄・朱蔭貴・加島潤編　2010『中国セメント産業の発展――産業組織と構造変化』御茶の水書房.
田中正俊　1973a『中国近代経済史研究序説』東京大学出版会.
田中正俊　1973b「日清戦争後の上海近代"外商"紡績業と中国市場――C. Denby Jr., Cotton Spinning at Shanghai the Forum, September 1899の分析を中心として」山田秀雄編『植民地経済史の諸問題』アジア経済研究所.
段子俊†　1988『当代中国的航空工業』中国社会科学出版社.
チェン，N. C. 他，前田寿夫訳　1971『中国経済の分析と展望』ぺりかん社（原著：Chen, Nai-ruenn and Galenson, Walter, *The Chinese Economy under Communism*, Aldine Publishing Company, 1969）.
千葉正史　2006『近代交通体系と清帝国の変貌――電信・鉄道ネットワークの形成と中国国家統合の変容』日本経済評論社.
中華人民共和国国家統計局工業統計司編†　1958『我国鋼鉄，電力，煤炭，機械　紡織，造紙工業的今昔』統計出版社.
中華人民共和国財政部総合計画司編†　1987『中国財政統計（1950-1985）』中国財政経済出版社.
中華全国道路建設協会†　1929『道路全書』上海道路月刊社（初版）.
中共棗荘礦務局委員会・山東大学歴史系・中国科学院山東分院歴史研究所編写†　1959『棗荘煤礦史』山東人民出版社.
中国科学院経済研究所・中央工商行政管理局資本主義経済改造研究室編†　1966『旧中国機製面粉工業統計資料』中華書局.
中国科学院上海経済研究所・上海社会科学院経済研究所編†　1960『南洋兄弟烟草公司』上海人民出版社.
中国銀行総管理処編　各年『中国銀行営業報告』中国銀行総管理処.
中国近代金融史編写組†　1985『中国近代金融史』中国金融出版社.
中国近代煤礦史編写組†　1990『中国近代煤礦史』煤炭工業出版社.
中国近代兵器工業档案史料編委会編†　1993『中国近代兵器工業档案史料』兵器工業出版社.
中国経済統計研究所†　1934『経済統計月誌』中国経済統計研究所（1934年1月，1巻1期）.

中国公路運輸史編審委員会† 1990『中国公路運輸史』第 1 冊，人民交通出版社.
中国人民銀行上海市分行編† 1960『上海銭荘史料』上海人民出版社（1978 年再版）.
中国人民銀行上海市分行金融研究室編† 1983『金城銀行史料』上海人民出版社.
中国人民銀行上海市分行金融研究所編† 1990『上海商業儲蓄銀行史料』上海人民出版社.
中国文化建設協会編 1937『十年来的中国』商務印書館.
中国電器工業発展史編輯委員会編 1989『中国電器工業発展史』（総合巻）機械工業出版社.
中西薬廠・上海社会科学院経済研究所編 1990『中西薬廠百年史』上海社会科学院出版社.
張鈞他† 1986『当代中国的航天事業』中国社会科学出版社.
趙岡・陳鐘毅† 1977『中国棉業史』聯経出版事業公司.
張后銓主編† 1988『招商局史（近代部分）』人民交通出版社.
趙国壮 2014「抗戦期四川の製糸金融と製糸業」久保亨・波多野澄雄・西村成雄『戦時期中国の経済発展と社会変容』慶應義塾大学出版会.
張俊杰† 1989『上海軸承工業五十年』上海社会科学院出版社.
張瑞徳† 1987『平漢鉄路与華北的経済発展 1905-1937』中央研究院近代史研究所.
張仲礼他編 1983『英美烟公司在華企業資料彙編』中華書局.
張柏春† 1992『中国近代機械簡史』北京理工大学出版社.
張彬主編† 1998『中国電力工業誌』当代中国出版社.
張彬等主編† 1994『当代中国的電力工業』当代中国出版社.
陳岩松編† 1983『中華合作事業発展史』台湾商務印書館.
陳敦義他† 1983『中国経済地理』展望出版社.
陳礼正・袁恩楨† 1990『新亜的歴程――上海新亜製薬廠的過去現在和未来』上海社会科学院出版社.
青島市工商行政管理局史料組編，中国科学院経済研究所・中央工商行政管理局資本主義経済改造研究室主編† 1963『中国民族火柴工業』中華書局.
鄭会欣† 2009『国民政府戦時統制経済与貿易研究 1937-1945』上海社会科学院出版社.
帝国書院編集部編 1993『総合新世界史図説』13 訂版，帝国書院.
程望† 1992『当代中国的船舶工業』当代中国出版社.
程麟蓀 2006「国民政府資源委員会とその人民共和国への遺産」久保亨編『1949 年前後の中国』汲古書院.
手塚正夫 1944『支那重工業発達史』大雅堂.
東亜研究所編（藤本實也執筆） 1943『支那蚕糸業研究』大阪屋号書店.
唐傳泗† 1980「1897〜1920 年中国銀行業資本的重新估計」『経済学術資料』6.
唐傳泗他† 1980「1890〜1936 年外国在華銀行紙幣発行量的重新估計」『経済学術資料』8.
唐傳泗他編† 1982「中国近代商業史統計資料」『経済学術資料』2.
当代中国叢書編集部編† 1984『当代中国的紡織工業』中国社会科学出版社.
当代中国叢書編集部編† 1985『当代中国的軽工業』上巻，中国社会科学出版社（第 10 章造紙工業，第 16 章火柴工業）.
当代中国叢書編集部編† 1986『当代中国的軽工業』下巻，中国社会科学出版社（第 21 章煙草工業）.
当代中国叢書編集部編† 1987『当代中国的石油化学工業』中国社会科学出版社.
当代中国叢書編集部編† 1988a『当代中国的糧食工作』中国社会科学出版社.
当代中国叢書編集部編† 1988b『当代中国的化学工業』中国社会科学出版社.
当代中国叢書編集部編† 1990『当代中国的建築材料工業』中国社会科学出版社.

『当代中国的石油工業』編輯委員会編† 1988『当代中国的石油工業』中国社会科学出版社.
『当代中国的煤炭工業』編輯委員会編† 1988『当代中国的煤炭工業』中国社会科学出版社.
富沢芳亜 1994「銀行団接管期の大生第一紡織公司──近代中国における金融資本の紡織企業代理経営をめぐって」『史学研究』204.
富澤芳亜 2011「在華紡技術の中国への移転」富澤芳亜他編『近代中国を生きた日系企業』大阪大学出版会.
内閣総理大臣官房調査室監修 1956『中共鉄鋼業調査報告書』中共鉄鋼業調査報告書刊行会.
中井英基 1979「清末中国綿紡績業について──民族紡不振の原因再考」(北海道大学)『人文科学論集』16.
中井英基 1996『張謇と中国近代企業』北海道大学図書刊行会.
永瀬順弘 1978「1930 年代における中国蚕糸業の動向──"華中蚕糸"を中心として」『桜美林エコノミックス』7.
中村義 1979『辛亥革命史研究』未来社.
中屋信彦 2008「鉄鋼業の高度化──その飛躍的成長と産業再編」今井健一・丁可編『中国産業高度化の潮流』アジア経済研究所.
奈倉文二 1984『日本鉄鋼業史の研究』近藤出版社.
南開大学経済研究所・南開大学経済系編† 1963『啓新洋灰公司史料』生活・読書・新知三連書店.
野沢豊 1984「民国初期, 袁世凱政権の経済政策と張謇」『近きに在りて』5.
野沢豊編 1981『中国の幣制改革と国際関係』東京大学出版会.
野村浩一・高橋満・辻康吾 1991『もっと知りたい中国Ⅰ 政治・経済篇』弘文堂.
馬洪他† 1991『中国地区発展与産業政策』財経出版社.
萩原充 2000『中国の経済建設と日中関係──対日抗戦への序曲 1927-1937 年』ミネルヴァ書房.
長谷川純一・Ramstetter, Eric D.・戴二彪 2008「対中円借款と中国の開発政策──日本の政策, 中国の政策」国際東アジア研究センター Working Paper Series, Vol. 2008-10.
波多野善大 1961『中国近代工業史の研究』東洋史研究会.
浜勝彦 1987『鄧小平時代の中国経済』亜紀書房.
浜下武志 1990『近代中国の国際的契機』東京大学出版会.
樊百川† 1985『中国輪船航運業的興起』四川人民出版社.
宓(伏)汝成† 1980『帝国主義与中国鉄路 1847-1949』上海人民出版社.
巫宝三執筆† 1947「中国国民所得, 1933 年, 1936 年及 1946 年」『社会科学雑誌』9-2.
巫宝三主編† 1947『中国国民所得 (1933 年)』上・下, 中華書局 (復刻版, 商務印書館).
武宝実† 1983「中国兵器工業民品生産概況」『中国機械工業的発展』中国農業機械出版社.
武少文† 1991『当代中国的農業機械化』中国社会科学出版社.
弁納才一 2004『華中農村経済と近代化──近代中国農村経済史像の再構築への試み』汲古書院.
方顕廷他 1937『支那経済建設の全貌』日本国際協会太平洋問題調査部.
方憲堂主編† 1989『上海近代民族巻烟工業』上海社会科学院出版社.
堀井伸浩 2000「石炭産業──産業政策による資源保全と持続的発展」丸川知雄編『移行期中国の産業政策』アジア経済研究所.
堀井伸浩 2010「石炭・電力の需給逼迫の背景と供給制約の見通し」堀井伸浩編『中国の持続可能な成長──資源・環境制約の克服は可能か?』アジア経済研究所.

堀井伸浩　2015「資源・エネルギー」中国研究所編『中国年鑑　2015』中国研究所．
松村史穂　2011「1960年代半ばの中国における食糧買い付け政策と農工関係」『アジア経済』52-11．
松本俊郎　1980「戦前日本の対中事業投資額推移」『岡山大学経済学会雑誌』12-3．
松本俊郎　2000『「満洲国」から新中国へ――鞍山鉄鋼業からみた中国東北の再編過程　1940-1954』名古屋大学出版会．
マディソン，アンガス　2004『経済統計で見る世界経済2000年史』柏書房（原書：Angus Maddison, *The World Economy: A Millennial Perspective*, Development Centre of the Organisation for Economic Co-operation and Development, 2001）．
丸川知雄　2007『現代中国の産業』中央公論新社．
丸川知雄　2013『現代中国経済』有斐閣．
丸川知雄・安本雅典編　2007『携帯電話産業の進化プロセス――日本はなぜ孤立したのか』有斐閣．
丸山伸郎　1988『中国の工業化と産業技術進歩』アジア経済研究所．
丸山伸郎編　1991『中国の工業化――揺れ動く市場化路線』アジア経済研究所．
南満州鉄道株式会社（満鉄）天津事務所（三品頼忠執筆）　1937『支那に於ける酸，曹達及窒素工業』〔北支経済資料第32輯〕．
南亮進　1990『中国の経済発展――日本との比較』東洋経済新報社．
南亮進・牧野文夫編　2014『アジア長期経済統計3　中国』東洋経済新報社．
南満洲鉄道株式会社（満鉄）総裁室弘報課編　1937『南満洲鉄道株式会社30年略史』南満洲鉄道株式会社．
峰毅　2009『中国に継承された「満洲国」の産業――化学工業を中心にみた継承の実態』御茶の水書房．
宮下忠雄　1941『支那銀行制度論』厳松堂書店．
三和良一・原朗編　2010『近現代日本経済史要覧』補訂版，東京大学出版会．
村上勝彦　1982『大倉財閥の研究――大倉と大陸』近藤出版社．
森時彦　2001『中国近代綿業史の研究』京都大学学術出版会．
矢沢康裕　1961「民国中期の中国における農民層分解とその性格」『社会経済史学』27-3．
柳澤和也　2000『近代中国における農家経営と土地所有――1920-30年代華北・華中地域の構造と変動』御茶の水書房．
山本恒人　1982「中国型工業化（開発戦略）への模索」池田誠・奥村哲・田尻利・山本恒人・西村成雄『中国工業化の歴史――近現代工業発展の歴史と現実』法律文化社．
郵政儲金匯業局†　1937「中華民国24年度郵政儲金匯業事務年報」『銀行週報』21-5．
郵電史編輯室編†　1984『中国近代郵電史』人民郵電出版社．
楊蔭溥†　1985『民国財政史』中国財政経済出版社．
楊大金編†　1938『現代中国実業誌』〔長沙〕商務印書館．
吉田浤一　1980「1920年代前半中国の江南稲作地帯における農業経営と生産力」『静岡大学教育研究報告』31．
吉田浤一　1986「20世紀前半華北穀作地帯における農民層分解の動向」『東洋史研究』45-1．
吉田建一郎　2005「戦間期中国における鶏卵・鶏卵加工品輸出と養鶏業」『東洋学報』86-4．
李代耕編†　1983『中国電力工業発展史料　解放前的70年（1879-1949）』水利電力出版社．
李代耕編†　1984『新中国電力工業発展史略』企業管理出版社．
李鷹翔他†　1987『当代中国的核工業』中国社会科学出版社．

劉寅他† 1987『当代中国的電子工業』中国社会科学出版社.
劉国良† 1992『中国工業史（近代巻）』江蘇科学技術出版社.
劉世龍 2002『中国の工業化と清末の産業行政——商部・農工商部の産業振興を中心に』渓水社.
渡辺惇 1960「袁世凱政権の経済的基礎——北洋派の企業活動」『中国近代化の社会構造』教育書籍.
渡辺惇 1987「袁世凱政権の財政経済政策——周学熙を中心として」『近きに在りて』11.

Chang, John K.　1969 *Industrial Development in Pre-Communist China: A Quantitative Analysis*, Aldine Publishing Company.
Cheng, Yu-kwei（鄭友揆）　1956 *Foreign Trade and Industrial Development of China*, The University Press of Washington.
Cochran, Sherman　1980 *Big Business in China —Sino-Foreign Rivalry in the Cigarette Industry 1890-1930*, Harvard University Press.
Cochran, Sherman　1992 "The Roads into Shanghai's Market; Japanese, Western and Chinese Companies in the Match Trade 1895-1937," Wakeman, Frederic Jr. and Yeh Wen-hsin *Shanghai Sojourners*, University Press of California.
Eckstein, Alexander　1961 *The National Income of Communist China*, Free Press of Glencoe.
Feuerwerker, Albert　1995 *The Chinese Economy, 1870-1949*, Center for Chinese Studies, the University of Michigan.
Hou, Chi-ming（侯継明）　1974 *Foreign Investment and Economic Development in China, 1840-1937*, Harvard University Press.
Hsiao, Liang-lin　1974 *China's Foreign Trade Statistics, 1864-1949*, Harvard University Press.
International Monetary Fund　2015 *World Economic Outlook Database, October 2015*, International Monetary Fund（http://www.imf.org/external/pubs/ft/weo/2015/02/weodata/index.aspx）.
Liu, Paul K.C. and Hwang, Kuo-shu　1979 "Population Change and Economic Development in Mainland China since 1400," Hou, Chi-ming and Yu, Tzongshian eds., *Modern Chinese Economic History*, Institute of Economics, Academia Sinica.
Liu, Ta-chung（劉大中）　1946 *China's National Income 1931-36: An Exploratory Study*, Brookings Institution.
Liu, Ta-chung（劉大中）and Yeh, Kung-chia（葉孔嘉）　1965 *The Economy of the Chinese Mainland: National Income and Economic Development, 1933-1959*, Princeton University Press.
Maddison, Angus　2007 *Chinese Economic Performance in the Long Run*, 2nd ed.rev. and updated: 960-2030 AD, Development Centre of OECD.
Perkins, Dwight H.　1969 *Agricultural Development in China, 1368-1968*, Aldine.
Rawski, Thomas G.　1980 *China's Transition to Industrialism: Producer Goods and Economic Development in the Twentieth Century*, University of Michigan Press.
Rawski, Thomas G.　1989 *Economic Growth in Prewar-China*, University of California Press.

Remer, C. F.　1933　*Foreign Investments in China*, Macmillian（邦訳：東亜研究所編『諸外国の対支投資——第一調査委員会報告書』東亜研究所，上・中・下巻，1942-43年）.

Skinner, G. William eds.　1977　*The City in Late Imperial China*, Stanford University Press.

The Population Division of the Department of Economic and Social Affairs at the United Nations Secretariat　1999　*The World at Six Billion*, United Nations（http://www.un.org/esa/population/publications/sixbillion/sixbillion.htm）.

The Population Division of the Department of Economic and Social Affairs at the United Nations Secretariat　2015　*World Population Prospects, the 2015 Revision*, United Nations（http://esa.un.org/unpd/wpp/）.

U.S. Geological Survey　2016　*Mineral Commodity Summaries 2016*, U.S. Geological Survey（http://dx.doi.org/10.3133/70140094）.

Wright, Tim　1984　*Coal Mining in China's Economy and Society 1895-1937*, Cambridge University Press.

Wright, Tim　2011　*The Political Economy of the Chinese Coal Industry: Black Gold and Blood-Stained Coal*, Routledge.

Wu, Harry X.　2011　"The Real Growth of Chinese Industry Debate Revisited: Reconstructing China's Industrial GDP in 1949-2008," *Economic Review*（IER, Hitotsubashi University）Vol. 62, No. 3.

Yeh, Kung-chia（葉孔嘉）　1979　"China's National Income, 1931-36," Hou, Chi-ming and Yu, Tzongshian eds., *Modern Chinese Economic History*, Institute of Economics, Academia Sinica.

Young, Arthur N.　1965　*China's Wartime Finance and Inflation, 1937-1945*, Harvard University Press.

文献略称一覧

DN 中国対外経済貿易年鑑編輯委員会編†『中国対外経済貿易年鑑』中国対外経済貿易出版社等.

GJN 中華人民共和国国家統計局工業交通統計司編†『中国工業経済統計年鑑』中国統計出版社（2009年以降の編者は中華人民共和国国家統計局工業統計司）.

GN 中華人民共和国国家統計局工業統計司編†『中国工業統計年鑑』中医統計出版社.

HB †『海関報告』．中国海関総税務司により編纂発行されていた貿易経済関係等全般に関する報告書の総称．その中心的な内容は貿易の年次統計であり，時期によって *Annual Returns of Trade*（1859-64），*Returns of Trade*（1865-81），*Returns of Trade* and Trade Reports（1882-1919），*Foreign Trade of China*（1920-31），*The Trade of China*（1932-47）などの異なった名称を持つ．

NC 日中経済協会『日中経済交流』日中経済協会.

SBN 申報年鑑社編†『申報年鑑』申報社.

SGN 中国食品工業年鑑編輯委員会編†『中国食品工業年鑑』中華書局等.

SN 中国商務年鑑編輯委員会編†『中国商務年鑑』中国商務出版社.

TN 中華人民共和国国家統計局編†『中国統計年鑑』中国統計出版社.

TZ 中華人民共和国国家統計局編†『中国統計摘要』中国統計出版社.

ZKT 大蔵省等『財政金融統計月報』大蔵財務協会等.

図表一覧 （[ ]内は頁数）

表 I-2-1　中国と世界の人口および中国の都市人口比率　[12]
表 I-2-2　就業者数と産業別就業構造　[14]
表 I-3-1　実質 GDP と 1 人当たり実質 GDP　[17]
表 I-3-2　年平均経済成長率　[17]
表 I-3-3　1 人当たり GDP（当年価格表示）の国際比較　[18]
表 I-3-4　産業構造（当年価格粗付加価値額の産業別構成比）　[19]

表 II-1-1　機械製綿糸の生産と輸出入　[23]
表 II-1-2　機械織綿布の生産と輸出入　[24]
表 II-1-3　手工業綿糸布生産量の比重の推計　[24]
表 II-1-4　綿糸布輸入額と総輸入額中の比重の推移（1870-94 年，5 年間平均）　[24]
表 II-1-5　綿紡織生産設備の資本国籍別比率の推移　[25]
表 II-1-6　紡績会社配当率推移（1896-1909 年）　[26]
表 II-1-7　中国資本紡と日本在華紡の紡錘数推移　[27]
表 II-1-8　第一次世界大戦期の綿糸布輸入と利益率　[27]
表 II-1-9　綿紡績業の国営化の展開過程　[30]
表 II-1-10　綿紡織業への投資動向（1950-56 年）　[30]
表 II-1-11　綿紡設備の地帯分布　[31]
表 II-1-12　綿布等 1 人当たり消費量　[31]
表 II-1-13　「大躍進」失敗前後の食糧輸入と綿糸布輸出（1957-64 年）　[31]
表 II-2-1　生糸（器械糸・手繰糸合計）の生産と輸出　[33]
表 II-2-2　絹織物の生産と輸出　[34]
表 II-2-3　上海糸の平均輸出価格推移（1 担当たり価格）　[34]
表 II-2-4　各国産生糸の欧米市場占有率　[34]
表 II-2-5　器械製糸業の地域別工場数推移　[36]
表 II-2-6　各国生糸消費量　[37]
表 II-2-7　大恐慌期の生糸価格と国際市場　[37]
表 II-2-8　華中蚕糸公司の営業推移　[39]
表 II-3-1　機械製小麦粉の生産と輸出入　[40]
表 II-3-2　新設粉工場数　[41]
表 II-3-3　第一次世界大戦期の小麦粉輸出入の推移　[41]
表 II-3-4　機械製小麦粉の地域別生産高（1933 年）　[42]
表 II-3-5　生産形態別の小麦粉生産量の推計　[42]
表 II-4-1　毛糸・毛織物の生産と輸入　[44]
表 II-4-2　毛織物製品の自給状況（1934 年）　[45]
表 II-4-3　紙巻タバコ生産・販売量の推移　[46]
表 II-4-4　上海の中国資本タバコ工場の生産設備規模（紙巻たばこ製造機の設置台数別工場数）　[47]
表 II-4-5　マッチ工場数推移　[48]
表 II-4-6　マッチの生産と輸入　[48]
表 II-4-7　大中華火柴公司の利益率推移　[48]
表 II-4-8　近代製紙業の発展　[50]
表 II-4-9　洋紙類の生産と輸入　[50]
表 II-5-1　セメントの生産と輸出入　[52]
表 II-5-2　工場規模別セメント生産高（1957-90 年）　[52]
表 II-6-1　ソーダ工業製品の生産と輸入　[54]
表 II-6-2　永利公司ソーダ灰生産推移　[54]
表 II-6-3　石油化学工業製品の生産と輸入　[55]
表 II-6-4　石化製品生産の国際比較（1972 年）　[58]
表 II-7-1　上海の中国資本機械工場数の推移

200　図表一覧

表 II-7-2　上海の機械工場の営業高と純益額の推移（1930-36 年）　[60]
表 II-7-3　機械類輸入額推移（1912-36 年）　[61]
表 II-7-4　機械類の生産と輸入（1931 年）　[61]
表 II-7-5　上海の中国資本機械工場の生産設備　[62]
表 II-7-6　機械工業投資額の推移　[62]
表 II-7-7　主要機械工業製品の生産量の推移　[63]
表 II-8-1　銑鉄の生産と輸出入　[65]
表 II-8-2　粗鋼及び鋼材の生産と輸出入　[65]
表 II-8-3　主要製鉄所の銑鉄生産推移　[66]
表 II-8-4　日本資本の製鉄所の製品販売情況　[68]
表 II-8-5　鉄鋼業投資額の推移　[69]
表 II-8-6　鉄鋼業の工場規模別生産性比較（1980 年）　[70]
表 II-8-7　鋼材輸入額の推移　[71]
表 II-9-1　製造業生産額の業種別構成（1933-90 年）　[73]
表 II-9-2　製造業生産額の業種別・地域別・資本国籍別構成（1933 年）　[73]

表 III-1-1　鉄道営業距離の推移　[76]
表 III-1-2　鉄道貨物の輸送量の推移　[78]
表 III-1-3　主要幹線の貨物輸送能力と実際の輸送量の推移　[81]
表 III-2-1　汽船輸送の推移　[82]
表 III-2-2　汽船会社の営業損益の推移　[83]
表 III-2-3　川江（四川）の汽船・帆船数の推移　[83]
表 III-3-1　自動車保有台数の推移　[85]
表 III-3-2　自動車道路の延長距離　[86]
表 III-3-3　自動車の貨物輸送量　[86]
表 III-5-1　延べ輸送量の輸送手段別構成　[90]

表 IV-1-1　石炭輸入の推移（各年の平均）　[92]
表 IV-1-2　炭鉱の資本国籍別生産高推移　[93]
表 IV-1-3　石炭の生産と輸出入　[94]
表 IV-1-4　石炭需給地帯構造（1930 年）　[95]
表 IV-1-5　石炭消費先の推移（1915-85 年）　[95]
表 IV-1-6　主要都市の市場動向，出炭地別石炭販売額推移　[95]
表 IV-1-7　撫順炭の販売先推移（各年平均）　[96]
表 IV-1-8　各炭鉱の経営動向（出炭 1t 当たり損益）　[97]
表 IV-1-9　炭鉱出炭能力の増加数　[98]
表 IV-2-1　原油・石油製品（ガソリン，灯油，軽油等）の生産と輸出入　[100]
表 IV-2-2　オイル・シェール石油の生産　[101]
表 IV-2-3　油田別原油生産量の推移（1960-89 年）　[102]
表 IV-2-4　輸出入総額に占める石油の比率　[102]
表 IV-2-5　燃料用の原油生だき率　[103]
表 IV-3-1　発電設備と発電量の推移　[104]
表 IV-3-2　各種工業の生産量と発電量・発電設備の発展の成長率比較　[105]
表 IV-4-1　エネルギー源の消費比率推移　[107]
表 IV-4-2　エネルギー消費効率の日中比較（1979 年）　[107]

表 V-1-1　主な農産物の生産量と全国総人口の推移　[110]
表 V-1-2　主な農産物の作付面積の推移　[110]
表 V-2-1　主な農産物の単位面積当たり収量の推移　[113]
表 V-2-2　化学肥料使用量の推移（1952-94 年）　[113]
表 V-2-3　1930 年代の省別穀物需給関係　[114]
表 V-3-1　全国の土地所有の概況（1927 年）　[115]
表 V-3-2　全国農家 129.5 万戸調査（1935 年）　[115]
表 V-3-3　農民層分解の進行，江蘇省南通（1940 年）　[116]
表 V-3-4　農家経営の分析，経営規模別の土地地帯生産性比較　[117]
表 V-3-5　農業合作社の発展（1928-37 年）　[118]
表 V-3-6　土地改革前後の農村の階級構成

表 V-3-7　農業の食糧供出負担の推移　[119]
表 V-3-8　農業集団化の強行過程　[119]
表 V-3-9　大躍進前後の穀物生産推移　[120]
表 V-3-10　農産物と工業製品の交換比率　[121]
表 V-3-11　農家小経営の復活　[121]

表 VI-1-1　上海の商品取引所の取引高　[124]
表 VI-1-2　商品販売額（小売）の推移　[125]
表 VI-1-3　卸売・小売業における購入商品の内容構成推移　[126]
表 VI-1-4　上海の綿布商店数の推移　[126]
表 VI-1-5　商店数及び店員数の推移　[128]
表 VI-2-1　上海の銭荘の変遷　[130]
表 VI-2-2　銀行の開設数推移　[132]
表 VI-2-3　中国資本銀行の払込資本金額と行数の推移　[132]
表 VI-2-4　内国債発行額の推移　[132]
表 VI-2-5　各銀行の貸付金の貸付先別推移　[133]

表 VII-1-1　対外貿易の全般的趨勢　[138]
表 VII-1-2　対外貿易の占める比重　[139]
表 VII-1-3　輸出商品構成の推移　[140]
表 VII-1-4　輸入商品構成の推移　[142]
表 VII-1-5　輸出相手国別構成の推移　[144]
表 VII-1-6　輸入相手国別構成の推移　[145]
表 VII-2-1　外国投資の全般的推移　[148]
表 VII-2-2　外国投資の使途別構成比の推移　[150]
表 VII-2-3　外国直接投資の業種別構成比の推移　[150]
表 VII-2-4　各国投資額とその総額に占める比率の推移　[151]
表 VII-2-5　国・地域別の対中直接投資額とその比率の推移　[153]
表 VII-2-6　戦前期各国別対中投資の内容の推移　[153]
表 VII-2-7　日本の対中借款（1980-2007年）　[154]
表 VII-2-8　日本輸出入銀行の対中借款　[155]
表 VII-2-9　日本の業種別対中直接投資（期間累計）　[155]

表 VIII-1-1　年平均財政規模の推移　[160]
表 VIII-1-2　中央と地方の財政（収入・支出額比率の推移）　[161]
表 VIII-1-3　中央政府財政の主な収入構成の推移　[162]
表 VIII-1-4　関税収支主要項目の年平均額と構成比の推移　[163]
表 VIII-1-5　中央政府財政の主な支出構成の推移　[164]
表 VIII-1-6　物価補償費推移　[165]
表 VIII-2-1　貨幣流通概況の変遷　[166]
表 VIII-2-2　紙幣発行額の推移　[167]

図 I-1-1　清朝の領域と中華人民共和国　[8]
図 I-3-1　実質GDPと成長率（1932-40年，1952-2010年）　[17]
図 II-1-1　紡績会社利益率推移の日中比較（1922-36年）　[28]
図 II-1-2　中国資本紡の利益率推移の地帯別比較（1922-36年）　[28]
図 II-1-3　綿糸布の輸入数量と関税率の推移（1922-36年）　[29]
図 III-1-1　主要鉄道路線図（1985年）　[77]
図 III-1-2　中国国有鉄道の営業収支動向　[79]
図 VII-1-1　輸出商品構成の推移　[141]
図 VII-1-2　輸入商品構成の推移　[143]
図 VII-1-3　相手国別輸出商品構成の推移　[146]
図 VII-1-4　相手国別輸入商品構成の推移　[147]

あとがき

　19世紀の半ば過ぎから現在まで，およそ150年ほどの中国経済のあゆみを一望の下に見渡すというのは，ずいぶん欲ばった目標である．本来書くべくして書けなかったという問題は多い．次の機会を期すことをお許しいただくほかない．

　本書には前身がある．3人の筆者のうちの1人である久保が『中国経済100年のあゆみ——統計資料で見る中国近現代経済史』と題し，創研出版から1991年に刊行した小著である．その後，統計数字の一部を差し替え若干加筆訂正したものを，同書第2版として1995年に刊行した．同書は多くの読者を得て，さまざまな機会に参照されてきている．

　しかし『中国経済100年のあゆみ』初版刊行から25年が過ぎ，中国経済も四半世紀の間に大きく変貌した．そこで，同書の内容を一新しまとめ直すことはできないかという会話が3人の筆者の間で交わされたのが，2年ほど前のことであった．その後，折を見て東京大学出版会の山本徹氏に本書の執筆計画を伝えたところ，出版を快く引き受けて下さり，多くの助言をいただくことができた．3人の筆者に氏を加えた4人が集まりやすい場所を，ということで，新横浜に集合し編集会議を重ねたのも，今は懐かしい思い出である．氏の御尽力に対し，深い感謝の念を表しておきたい．

　2016年8月

久保　亨，加島　潤，木越義則

執筆者紹介

久保　亨（くぼ　とおる）
1953年生．信州大学人文学部教授
［主要著作］
『戦間期中国〈自立への模索〉——関税通貨政策と経済発展』（東京大学出版会，1999年）．『戦間期中国の綿業と企業経営』（汲古書院，2005年）．『現代中国の歴史——両岸三地100年のあゆみ』（共著，東京大学出版会，2008年）．『社会主義への挑戦 1945-1971』（シリーズ中国近現代史4，岩波書店，2011年）．

加島　潤（かじま　じゅん）
1976年生．横浜国立大学大学院国際社会科学研究院准教授
［主要著作］
「政権交代と上海市財政構造の変動（1945-1956）」（『アジア経済』48巻7号，2007年）．『中国セメント産業の発展——産業組織と構造変化』（共著，御茶の水書房，2010年）．「計画経済期の経済史」（久保亨編『中国経済史入門』東京大学出版会，2012年）．『中国計画経済期財政の研究——省・直轄市・自治区統計から』（東京大学社会科学研究所現代中国研究拠点研究シリーズ No.10，2012年）．

木越義則（きごし　よしのり）
1974年生．名古屋大学大学院経済学研究科准教授
［主要著作］
『近代中国と広域市場圏——海関統計によるマクロ的アプローチ』（京都大学学術出版会，2012年）．「海関統計に基づく貿易史」（久保亨編『中国経済史入門』東京大学出版会，2012年）．「満鉄撫順炭鉱の労務管理制度と小把頭——1901～1940年」（『日本史研究』560号，2009年）．

統計でみる中国近現代経済史

2016 年 9 月 20 日　初　版

[検印廃止]

著　者　久保　亨・加島　潤
　　　　木越義則

発行所　一般財団法人　東京大学出版会

代表者　古田元夫

153-0041　東京都目黒区駒場 4-5-29
http://www.utp.or.jp/
電話　03-6407-1069　Fax 03-6407-1991
振替　00160-6-59964

印刷所　株式会社三秀舎
製本所　牧製本印刷株式会社

© 2016 Toru Kubo, Jun Kajima, and Yoshinori Kigoshi
ISBN 978-4-13-042144-7　Printed in Japan

|JCOPY|〈(社)出版者著作権管理機構　委託出版物〉
本書の無断複写は著作権法上での例外を除き禁じられています．複写される場合は，そのつど事前に，(社)出版者著作権管理機構（電話 03-3513-6969，FAX 03-3513-6979，e-mail : info@jcopy.or.jp）の許諾を得てください．

著者	書名	判型	価格
久保亨・土田哲夫・高田幸男・井上久士 著	現代中国の歴史	A5判	2800円
久保亨 編	中国経済史入門	A5判	3800円
高原明生・丸川知雄・伊藤亜聖 編	東大塾 社会人のための現代中国講義	A5判	2800円
劉傑・川島真 編	1945年の歴史認識	A5判	3200円
劉傑・三谷博・楊大慶 編	国境を越える歴史認識	A5判	2800円
岡本隆司・川島真 編	中国近代外交の胎動	A5判	4000円
貴志俊彦・谷垣真理子・深町英夫 編	模索する近代日中関係	A5判	5800円
川島真・清水麗・松田康博・楊永明 著	日台関係史 1945-2008	A5判	2800円
岡本隆司・吉澤誠一郎 編	近代中国研究入門	A5判	3200円
高原明生ほか 編	日中関係史 1972-2012［全4巻］	A5判	各3000～3800円
飯島渉・久保亨・村田雄二郎 編	シリーズ20世紀中国史［全4巻］	A5判	各3800円

ここに表示された価格は本体価格です．御購入の際には消費税が加算されますので御了承下さい．